吉林省职业教育"十四五"规划教材

高等职业教育物流工程技术专业系列教材

精益生产物流管理

主　编　任　玲　郑　治　韩　萍

副主编　颜巾明　陈　爽　朱先月

参　编　甘淑婷　王玉茹　张　瑶

　　　　毛清华　黄　原　杨文成

机械工业出版社

本书包含 8 个项目、33 项任务。秉承精益生产理念，以生产物流典型作业环节为载体，通过介绍精益生产体系、精益物流体系、精益生产的管理工具、入库作业要点、存储策略、生产方式与配送模式、生产物流典型区域规划、企业现场物流改善案例，阐述并总结各环节的作业核心与要点。本书架构清晰、内容翔实，是实践经验与理论研究的有机结合体。书中包含大量生产物流现场作业的典型做法、现场改善的典型案例与生产物流区域的规划项目，以图表方式呈现，实用性较强。

本书可作为高职高专、高职本科院校物流工程技术、现代物流管理、工业工程等专业的教材，也可以作为企业物流规划人员、现场改善专员、物流工程人员等专业技术人员的工作参考书。

图书在版编目（CIP）数据

精益生产物流管理 / 任玲，郑治，韩萍主编.— 北京：
机械工业出版社，2023.1（2025.4重印）
高等职业教育物流工程技术专业系列教材
ISBN 978-7-111-72061-4

Ⅰ.①精… Ⅱ.①任… ②郑… ③韩… Ⅲ.①精益生产–物流管理–
高等职业教育–教材 Ⅳ.①F273.2

中国版本图书馆CIP数据核字（2022）第217341号

机械工业出版社（北京市百万庄大街22号 邮政编码100037）
策划编辑：陈玉芝 张雁茹 责任编辑：陈玉芝 张雁茹
责任校对：肖 琳 张 征 封面设计：马若濛
责任印制：邹 敏

中煤（北京）印务有限公司印刷

2025年4月第1版第4次印刷
184mm×260mm · 14印张 · 340千字
标准书号：ISBN 978-7-111-72061-4
定价：55.00元

电话服务 网络服务
客服电话：010-88361066 机 工 官 网：www.cmpbook.com
010-88379833 机 工 官 博：weibo.com/cmp1952
010-68326294 金 书 网：www.golden-book.com
封底无防伪标均为盗版 机工教育服务网：www.cmpedu.com

前言
PREFACE

"十三五"期间，我国工业增加值由 23.5 万亿元增加到 31.3 万亿元，在此期间我国制造业占世界制造业的比重接近 30%。2010 年以来，我国连续 11 年成为世界最大的制造业国家。更值得关注的是，我国高技术制造业增加值平均增速达 10.4%。这些确凿的数据充分说明我国不仅是世界最大的制造业国家，而且正走在向制造业强国奋发的征程上。在飞速发展的同时，我国制造业也在面临着前所未有的挑战。数字化转型，由高速增长转向高质量发展，已经成为我国制造业亟须解决的关键性问题。

然而，在推动我国制造业高质量发展的进程中，仍面临一些现实问题有待解决：供需失衡、生产过剩、产出效率不高、能源利用效率较低、资源消耗量较大……这些不可回避的问题，通过以往生产物流的管理手段已经不能得以解决，需要更加高效、集约、绿色、聚焦的融入精益生产管理理念的"精益物流"，为制造企业数字化转型和高质量发展保驾护航。同时以清洁、高效、低碳、循环为导向，打造绿色供应链，改造升级产业链，全面推动产业链品质提升、效率变革。

精益物流源于精益生产，是建立在精益思想上的一种物流方式，在以汽车行业为代表的制造业生产中广为应用。编者在调研我国各大代表型汽车制造企业后发现，这些企业都已经开始将精益物流应用于生产实践，并在不断地进行持续改进和优化。因此，本书围绕制造业物流中最为复杂的"汽车零部件物流"，通过大量实践案例、实训任务、视频资源，介绍企业是如何引入、规划、开展精益物流的，旨在帮助读者更直观地学习和理解精益物流的精髓，指导实践应用。

本书由任玲、郑治、韩萍任主编，颜巾明、陈爽、朱先月任副主编，甘淑婷、王玉茹、张瑶、毛清华、黄原、杨文成参与编写。任玲编写项目 1、项目 5，郑治、韩萍编写项目 4、项目 7，颜巾明编写项目 6，陈爽编写项目 2、项目 3 中的任务 1 和任务 5，朱先月编写项目 8，甘淑婷编写项目 3 中的任务 2~任务 4。王玉茹、张瑶、毛清华、黄原、杨文成提供了部分案例。任玲负责全书统稿工作。

本书在编写过程中参考了大量的书籍、文献、论文和网络资源等，作者已尽可能在参考文献中详细列出。在此，对提供这些资料的前辈、专家和学者表示深深的感谢。如有引证材料因疏漏没有列出的，在这里深表歉意。本书的编写得到了长春汽车工业高等专科学校、湖南现代物流职业技术学院、湖南财经工业职业技术学院、一汽物流有限公司、一汽解放集团股份有限公司、路创科技有限公司等院校和企业的大力支持，在此表示衷心的感谢，并对参与和支持本书出版的每一位朋友表示诚挚的谢意。

由于编者水平所限和时间仓促，书中不足之处在所难免，恳请广大读者批评指正。

编　者

目　录
CONTENTS

项目 1
走入精益生产

扫码看视频

┃任务 1   精益生产体系的产生与构成 ◎

➤ 任务描述

精益生产（Lean Production，LP）是一种深受制造企业喜爱的管理方法，各行各业的生产制造企业都在持之以恒地学习和应用这套管理方法，以期达到"降本增效"的目的。究竟是什么样的魅力，让精益生产受到众多企业的青睐呢？让我们一起来探究一下精益生产体系强大的底层逻辑，探寻其强大之处。

➤ 任务要求

1. 理解精益生产的思想。
2. 熟悉精益生产的两大支柱。
3. 掌握精益生产的五大原则。

➤ 相关知识

1. 精益生产的由来

精益生产是管理产品开发、生产运作、供应商以及客户关系的整个业务的方法。与大批量生产系统相比，精益生产强调以更少的人力、更少的空间、更少的投资和更短的时间，生产符合顾客需求的高质量产品。

- "精"，即不投入多余的生产要素，只在适当的时间生产必要数量的顾客所需产品（或下道工序所需的产品）。
- "益"，即所有经营活动都要有效益。

精益生产由日本丰田汽车公司在第二次世界大战之后首创。1985 年，为了揭开丰田汽车工业成功之谜，美国麻省理工学院启动了"国际汽车项目计划"（International Motor Vehicle Program，IMVP）的研究。"精益生产"这个术语是由 IMVP 助理研究员、麻省理工学院斯隆商学院学生 John Krafcik 于 20 世纪 80 年代最先提出的，1988 年，他在《斯隆商业评论》发表了一篇论文《精益生产系统的胜利》（*Triumph of the Lean Production System*）。从 1984 年到 1989 年，IMVP 成员用了五年时间对 14 个国家的近 90 个汽车装配厂进行实地考察，对西方的大批量生产方式（Batch Production）与日本的丰田生产方式（Toyota Production System，TPS）进行对比分析，最后于 1990 年出版了《改变世界的机器》（*The Machine That Changed The World*）一书。丰田生产方式正式被命名为精益生产，同时被誉为"改变世界的机器"，成为继泰勒生产方式（科学管理法）、福特生产方式（大批量流水线）之后人类现代生产方式的第三个里程碑。

2. 精益生产的思想

精益生产的思想可以用一句话来概括，即 Just In Time（JIT），是"在需要的时候，按需要的量，生产所需的产品"。因此有些管理专家也称精益生产为 JIT 生产方式、准时制生产方式、适时生产方式或看板生产方式。核心内容包括以下几点：

（1）追求零库存　精益生产并不是不设置真实库存，而是一种追求无库存的生产，或使库存达到极小的生产系统。由于受到不确定供应、不确定需求和生产连续性等诸多因素的制约，企业为了将不可控风险降到最低，库存就不可能为零，通常会基于成本和效益最优化原则设置安全库存。所谓的"零库存"是以整条供应链为基础，上下游企业协同配合，在高水平的信息化联动下，以强大的物流系统作为支撑才能够实现的。

（2）追求快速反应　快速反应，就是快速应对市场的变化，它关系到企业是否能及时满足用户的服务需求。企业面对多品种、小批量的市场，不是储备了"产品"，而是准备了各种"要素"，在用户提出要求时，能以最快速度抽取"要素"，及时"组装"，提供所需的服务或产品。

（3）企业内外环境的和谐统一　精益生产成功的关键是把企业的内部活动和外部的市场（用户）需求和谐地统一于企业的发展目标。和谐的内部环境是企业稳定发展的关键，是做好各项工作的效率保证；和谐的外部环境能够赢得外界对企业的认同和支持，便于企业更好地开展各项工作。只有企业内外部各种关系能够得到较为妥善的处理，并处于一种相互协调的平衡发展状态，调动员工的积极性、主动性和创造性，才能发挥出精益生产的作用。

（4）以人为本　对于制造业来说，生产现场是创造价值的地方，价值的创造者就是"人"，唯有人的思想真正转变，才能彻底地推行精益生产。精益生产是在深入生产现场、研究整个价值创造的过程中，充分尊重员工，把人的凝聚力、内在的驱动力发挥出来，共同协作为企业创造更多的价值。

（5）库存是"祸根"　高库存是大批量生产方式的特征之一。由于设备运行的不稳定、工序安排的不合理、较高的废品率和生产的不均衡等原因，常常出现供货不及时的现象，库存被看作是必不可少的"缓冲剂"。但精益生产则认为库存是企业的"祸根"，因为库存既增加了经营的成本，又掩盖了企业的问题。

3. 精益生产的两大支柱

精益生产以准时化（JIT）及自働⊖化作为两个主要的支柱，如图 1-1 所示。制造产品时最理想的状况是使机械、材料、人等经济地、有效地组合，实现全部无浪费，最大限度地只做对提高附加价值有作用的工作。

（1）准时化　准时化是指在需要的时候，按需要的量，生产所需的产品。准时化生产是一种"拉动"式生产管理模式，看板系统是准时化生产的重要工具之一。主要包括以下几个方面：

1）看板。看板是为了达到准时生产方式而控制现场生产流程的工具。看板的信息包括零件号码、品名、制造编号、容器形式、容器容量、发出看板编号、移往地点、零件外观等。在生产线上分为领取看板和生产看板两类。

2）标准作业。标准作业，是将作业人员、作业顺序、工序设备的布置、物流过程等问

⊖　"働"是"劳动"的"动（働）"的异体字。

题做最适当的组合，以达到生产目标而设立的作业方法。它是以人的动作为中心，按没有浪费的操作顺序进行生产的方法。它是管理生产现场的依据，也是改善生产现场的基础。

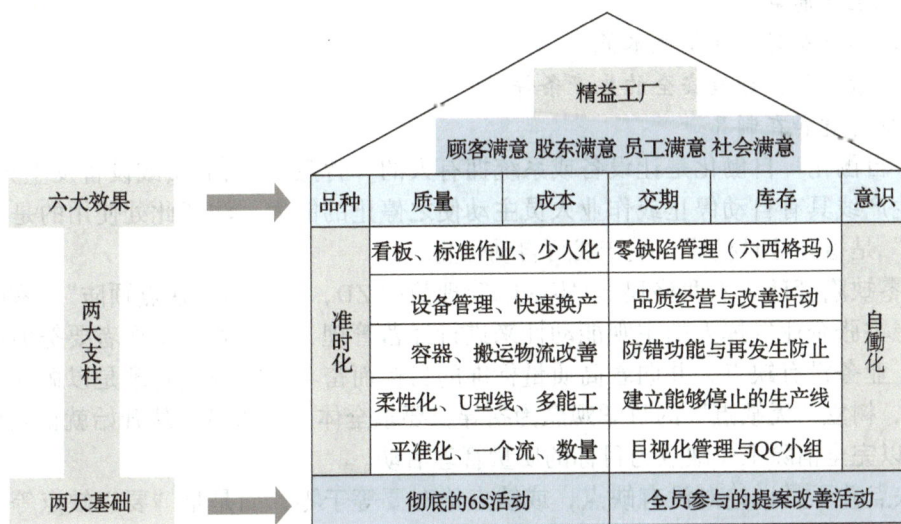

图 1-1 精益生产的两大支柱

3）少人化。少人化，就是根据产量的多少来增减人工，这样的生产线又称为少人化生产线，从而达到用最少的人员满足顾客的生产需求。实现少人化，必须满足以下三个前提条件：采用一个流生产；要经常审核、修改作业标准和作业标准组合；有具备能操作多种工序能力的训练有素的作业人员。

4）快速换产。快速换产即 SMED（Single Minute Exchange of Die），是一种能有效缩短产品切换时间的理论和方法。切换时间是指从前一种产品加工结束转换到能生产出后一种合格的产品时所需要的时间。

5）柔性化。柔性化，是通过系统结构、人员组织、运作方式和市场营销等方面的改革，使生产系统能对市场需求变化做出快速的适应，同时消除冗余无用的损耗，力求企业获得更大的效益。柔性化是全面的，不仅是设备的柔性，还包括管理、人员和软件的综合柔性。

6）U 型线。U 型线，是指在加工的过程中物流的过程是 U 型，而不是设备排布像 U 型。脱离原有生产线设计思想，使物流路线形成 U 型，进料和出料由一个人承担，这样可避免由于投入的人看不到出货情况而造成的中间在制品增加。中间在制品增加的最大弊端是，会使品质难以保证，先入先出不能得以实施，使系统的灵敏度严重下降。

7）多能工。多能工就是具有操作多种机器设备能力的作业人员。多能工是与设备的单元式布置紧密联系的。在 U 型生产线上，多种机器紧凑地组合在一起，这就要求作业人员具有能够应对循环时间和标准作业组合的变化以及在多数情况下能应对一个个作业内容变化的能力。作业人员必须是多能工，能够进行多种设备的操作，负责多道工序。为此必须通过工作岗位轮换把作业人员训练成对所有工序的所有岗位都熟练的作业人员，也就是多能工。

8）平准化。平准化，就是要求生产平稳地、均衡地进行，即在多品种生产条件下，科学地组织和管理可变流水线上若干品种产品投产顺序的一种最优化方法。

9）一个流。一个流生产又称为一件流生产，是指将作业场地、人员、设备合理配置，按照一定的作业顺序，零件一个一个地依次经过各工序设备进行加工、移动。一个流生产的优点包括：

- 最短生产周期。
- 发现问题及时，质量成本低。
- 搬运最小化，创造安全的生产条件。
- 减少存货和在制品。

（2）自働化　自働化是让设备或系统拥有人的"智慧"，当品质或设备发生异常时，设备或生产线具有自动停止或作业人员主动使之停止的能力。注意此处使用的是"働"，"自働化"是指异常时机器或生产线可自动停止。

1）零缺陷管理（六西格玛）。零缺陷管理简称 ZD，又称为"缺点预防"。零缺陷管理的思想主张企业发挥人的主观能动性来进行经营管理，生产者、工作者要努力使自己的产品、业务没有缺点，并向着高质量标准的目标而奋斗。零缺陷管理是以抛弃"缺点难免论"，树立"无缺点"的哲学观念为指导，要求全体工作人员"从开始就正确地进行工作"，以完全消除工作缺点为目标的质量管理活动。

零缺点并不是说绝对没有缺点，或缺点绝对要等于零，而是指"要以缺点等于零为最终目标，每个人都要在自己工作职责范围内努力做到无缺点"。它要求生产工作者从一开始就本着严肃认真的态度把工作做得准确无误，在生产中从产品的质量、成本与消耗、交货期等方面的要求进行合理安排，而不是依靠事后的检验来纠正。

零缺陷特别强调预防系统控制和过程控制，要求第一次就把事情做正确，使产品符合对顾客的承诺要求。开展零缺陷管理可以提高全员对产品质量和业务质量的责任感，从而保证产品质量和工作质量。

六西格玛（Six Sigma）又称为六式码、六标准差、6σ、6Sigma，不能使用大写的 Σ；西格玛（Σ，σ）是希腊文的字母，在统计学中称为标准差，用来表示数据的分散程度。其含义引申后指：一般企业的瑕疵率是三个西格玛，以四西格玛而言，相当于每一百万个机会里有 6210 次误差。如果企业达到六西格玛，就几近完美地达成顾客要求，在一百万个机会里只有三四个瑕疵，近乎"零缺陷"。

2）防错功能与再发生防止。防错是指通过究源性检查找出产生缺陷的根本原因，设计装置或方法对此差错实现 100% 检验，避免缺陷再次出现的方法。

再发生防止，简称再发防止，是指已经发生过的问题不允许第二次发生。具体实施步骤见表 1-1。

表 1-1　再发防止的实施步骤

步骤	内容
1	问题发生后，立即采取临时对策，使不良现象处于受控状态
2	针对问题发生的原因，制定若干具体措施，逐条落实
3	认真查找产生不良现象的根本原因
4	将行之有效的措施标准化、文件化，写入规格书或作业指导书
5	相关部门要认真地填写再发防止报告书

3）目视化管理。目视化管理，是指通过三现主义（现场、现实、现物）来开展管理的方法。生产管理不能顺利进行的主要原因在于，生产现场被间接地交给其他部门的人管

理。目视化管理是一种直接的管理方法，是使生产管理业务顺利开展下去的非常有效的手段。

4）QC 小组。QC 小组，是指在生产或工作岗位上从事各种劳动的员工，围绕企业的经营战略、方针目标和现场存在的问题，以改进质量、降低消耗、提高人的素质和经济效益为目的地组织起来，运用质量管理的理论和方法开展活动的小组。QC 小组是企业中群众性质量管理活动的一种有效的组织形式，是职工参加企业民主管理的经验与现代科学管理方法相结合的产物。

4. 精益生产的五大原则

精益生产的思想在生产中应用时，要时刻体现出五大原则，如图 1-2 所示。

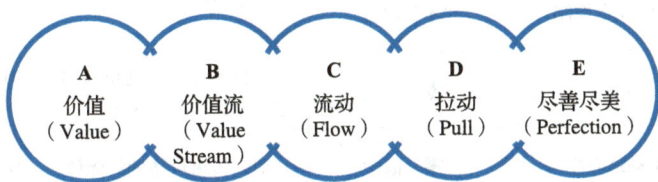

图 1-2 精益生产的五大原则

（1）价值（Value） 精益思想认为企业产品（服务）的价值只能由最终用户来确定，价值也只有满足特定用户需求才有存在的意义。精益思想重新定义了价值观与现代企业原则，它同传统的制造思想（即主观高效率地大量制造既定产品向用户推销）是完全对立的。

（2）价值流（Value Stream） 价值流是指从原材料到成品赋予价值的全部活动。识别价值流是实行精益思想的起点，并按照最终用户的立场寻求全过程的整体最佳。精益思想的企业价值创造过程包括：从概念到投产的设计过程，从订货到送货的信息过程，从原材料到产品的转换过程，全生命周期的支持和服务过程。

（3）流动（Flow） 精益思想要求创造价值的各个活动（步骤）流动起来，强调的是"动"。传统观念是"分工协作和大批量生产才能高效率"，但是精益思想却认为成批、大批量生产经常意味着等待和停滞。精益将所有的停滞作为企业的浪费。

精益思想号召"所有的人都必须和部门化的、批量生产的思想做斗争，因为如果产品按照从原材料到成品的过程连续生产的话，我们的工作几乎总能完成得更为精确有效"。

（4）拉动（Pull） "拉动"的本质含义是让企业按用户需要拉动生产，而不是把用户不太想要的产品强行推给用户。拉动生产通过正确的价值观念和压缩提前期，保证用户在要求的时间得到需要的产品。实现了拉动生产的企业具备当用户需要时，就能立即设计、计划和制造出用户真正需要的产品的能力；最后实现抛开预测，直接按用户的实际需要进行生产。

实现拉动的方法是实行 JIT 生产和单件流（One-Piece Flow）。JIT 和单件流的实现必须对原有的制造流程做彻底的改造。流动和拉动将使产品开发周期、订货周期、生产周期缩短 50%~90%。

（5）尽善尽美（Perfection） 精益思想定义企业的基本目标是：用尽善尽美的价值创造过程（包括设计、制造和对产品或服务整个生命周期的支持）为用户提供尽善尽美的价值。

5. 精益生产的七个"零"目标

"零浪费"为精益生产的终极目标，具体表现在生产、库存、成本、品质、运转率、反应速度和安全七个方面，即 PICQMDS，见表 1-2。

表 1-2　精益生产的七个"零"目标

缩写	表现方面	追求目标	相关解释
P （Products）	多品种混流生产	"零"转产工时浪费	将加工工序的品种切换与装配线的转产时间浪费降为"零"或接近"零"
I （Inventory）	消减库存	"零"库存	将加工与装配相连接流水化，消除中间库存，变市场预估生产为接单同步生产，将产品库存降为零
C (Cost)	全面成本控制	"零"浪费	消除多余制造、搬运、等待的浪费，实现"零"浪费
Q （Quality）	高品质	"零"不良	不良不是在检查位检出，而应该在产生的源头消除它，追求"零"不良
M （Maintenance）	提高运转率	"零"故障	消除机械设备的故障停机，实现"零"故障
D （Delivery）	快速反应、短交期	"零"停滞	最大限度地压缩前置时间（Lead Time）。为此要消除中间停滞，实现"零"停滞
S （Safety）	安全第一	"零"灾害	安全是生产最基本的前提条件，也是生产顺利进行的重要保障

➤ 学习自测

一、填空题

1. 精益生产强调以更少的人力、更少的空间、更少的投资和更短的时间，生产符合_____需求的高质量产品。
2. 精益思想要求创造价值的各个活动（步骤）流动起来，强调的是"_____"。
3. _____是指企业面对多品种、小批量的市场，不是储备了"产品"，而是准备了各种"要素"，在用户提出要求时，能以最快速度抽取"要素"，及时"组装"，提供所需的服务或产品。

二、选择题

1. 以下不属于精益生产核心内容的是（　　）。
　　A. 追求零库存　　　　　　　　　　B. 追求快速反应
　　C. 追求利益最大化　　　　　　　　D. 追求以人为本
2. 精益生产的两大重要支柱是指（　　）和（　　）。
　　A. 准时化　　　　B. 平准化　　　　C. 自働化　　　　D. 智能化
3. 拉动生产通过正确的价值观念和压缩提前期，保证用户在要求的时间得到需要的产品，实现拉动的方法是实行（　　）和（　　）。
　　A. JIT 生产　　　　B. 多件流　　　　C. 零库存　　　　D. 单件流

三、思考题

精益生产追求的"零"目标，在企业生产中表现在哪些方面？

➢ 任务工单

任务名称	精益生产体系的构成				
学生姓名		班级		学号	
学习场所		学时		日期	
任务目标	1. 理解并认同精益生产的思想 2. 能够对精益生产"准时化"和"自働化"两大支柱的具体内容进行准确分析 3. 能够辨识出 7 个工作领域中的"零浪费"				
任务描述	通过对任务 1 的学习，梳理精益生产的各项核心要素，独立绘制完成"精益生产关键要素"的思维导图				
任务构思					
相关概念					
任务准备					
任务设计					
核心要素及 注意事项					
任务实施					
绘制 思维导图					
任务总结					
任务结果					

| 任务 2　精益物流体系的构成 ⌖

➢ 任务描述

　　精益物流是从精益生产的理念中蜕变而来的，是精益思想在物流管理中的应用。其核心是通过消除生产和供应过程中的非增值的浪费，缩短备货时间，提高客户满意度。什么样的精益物流标准化体系，才能达到物流系统安全、高效、稳定运行，从而保障精益物流高可靠性运转呢？精益物流在汽车行业的具体应用又分为哪几部分呢？我们一起走进精益物流的世界。

➢ 任务要求

　　1. 了解精益物流的基本概念。
　　2. 熟悉精益物流标准化体系。
　　3. 熟悉汽车精益物流体系。

➢ 相关知识

1. 精益物流的概念

　　精益物流主要是指通过精益理念实现对物流活动的管理。它的目的是企业最大限度地满足顾客需求的同时，要实现企业成本的控制、效益的提升。企业物流活动中的浪费现象很多，常见的有不满意的顾客服务、无需求造成的积压和多余的库存、实际不需要的流通加工程序、不必要的物料移动、因供应链上游不能按时交货或提供服务而等候、提供顾客不需要的服务等，努力消除这些浪费现象是精益物流最重要的内容。例如日本丰田汽车公司的车间运用复合管、流利条、快滑条、平滑筒等柔性化产品构筑的生产体系，运用低成本自动化时刻体现着每日持续改善、精益求精的精益生产思想，也是精益物流的广泛应用。

　　在精益物流模式中，价值流的流动要靠下游顾客的拉动，而不是靠上游来推动。当顾客没有发出需求指令时，上游的任何部分都不要去生产产品；而当顾客的需求指令发出后，则快速生产产品，提供服务。当然，这不是绝对的现象，在实际操作中，要区分是哪一种类型的产品，如是需求稳定、可预测性较强的功能型产品，可以根据准确预测进行生产；而需求波动较大、可预测性不强的创新型产品，则要采用精确反应、延迟技术，缩短反应时间，提高顾客服务水平。

2. 精益物流的目标与特征

　　精益物流是从精益生产的理念中蜕变而来的，是精益思想在物流管理中的应用。其核心是通过消除生产和供应过程中的非增值的浪费，缩短备货时间，提高客户满意度，它有以下目标与特征：

　　1）小批量，多频次，等间隔时间到货。为了降低生产现场的库存量，减少对生产车间场地的占用，精益物流会通过减少单次送货的数量、增加送货的频次，来降低现场库存，实现"零"库存的目标。同时，由于生产线均衡化生产的实现，生产线上对物料需求的时间固定，物流送货的间隔时间也就能够实现相对固定。

　　2）缩短作业循环时间，环节简单浪费少。将精益思想应用于物流系统后，物流规划部门在物流系统规划与设计阶段，就开始以"精益"的思想，减少一切"浪费"为目标，系统地规划物流作业流程的每一个环节，减少不必要的环节，降低操作人员的劳动强度，缩短作业时间。

3）包装箱规格统一，运输车辆标准化（箱体）。实现精益物流的前提之一就是"标准化"，包括运输车辆车厢外部尺寸、内部尺寸的标准化，工位器具外部尺寸的标准化，包装箱规格的系列化和标准化等。只有实现器具的系列化、标准化、规范化，才能更加有助于提高物流系统各环节之间的作业效率和准确性。

4）车辆高积载率，安全行驶。提高运输车辆的积载率，保障运输安全行驶，是降低物流成本的关键要素，也是评价物流企业管理水平的重要指标。

5）系统物流量稳定均衡。"平准化"是精益生产的构成要素之一，也是均衡生产的高级阶段。同理，"平准化"也是精益物流的重要组成部分，它不仅有利于提高设施设备使用率、降低物流成本，更有助于为客户提供长期而稳定的高质量物流服务。

6）计划与物控信息联动统一，信息管理能力强。高度的信息共享和快速的信息处理能力，能够让物流企业或企业的物流部门在第一时间掌握客户的需求，便于在最短的时间内对客户需求做出快速响应，提高物流系统的柔性和反应速度。

7）以"零"库存为目标的拉动式物流系统。企业中，拉动生产是由客户的需求拉动的，是由下一道工序的需求拉动上一道工序的生产。与生产同步的物流也是由客户的需求拉动的，通过"看板"快速传递物料需求信息，按照需求的种类、数量、顺序、地点，及时供应生产装配所需的各种零部件，保障生产的顺利进行。

3. 精益物流标准化体系

为了达到物流系统的安全、高效、稳定运行，物流工程在系统的各个环节进行了工程级别的标准化和岗位级别的可视化规范，从企划到现场、从管理者到作业人员、从软件到硬件等，无一例外地进行标准化管理，并且严格地进行训练和稽核。精益物流标准化体系如图 1-3 所示，这些标准有力地保障了精益物流的高可靠性运转，具体的作业要领书的编制流程如图 1-4 所示。

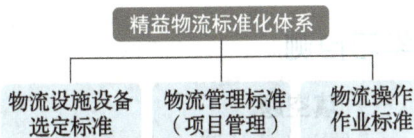

图 1-3　精益物流标准化体系

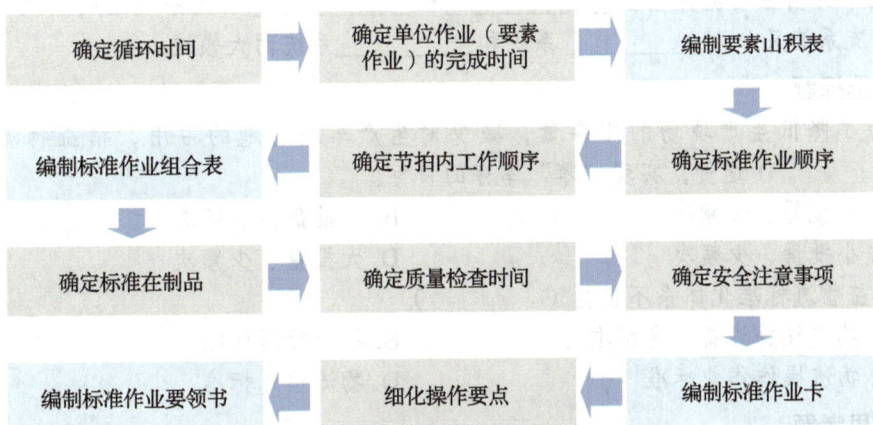

图 1-4　作业要领书的编制流程

4.汽车的精益物流体系

汽车的精益物流体系由汽车零部件物流和整车物流两大系统组成。汽车零部件物流系统又分为厂内物流系统和厂外物流系统两大领域，它们之间的划分如图 1-5 所示。

（1）厂外物流　厂外物流系统是指工厂受入口以外所有的零部件物流，包括供应商的集货和空箱返回、中继地的中转、中继地—YARD（车场）、YARD—工厂受入口的交付等。厂外物流系统是汽车零部件物流系统的重要组成部分。

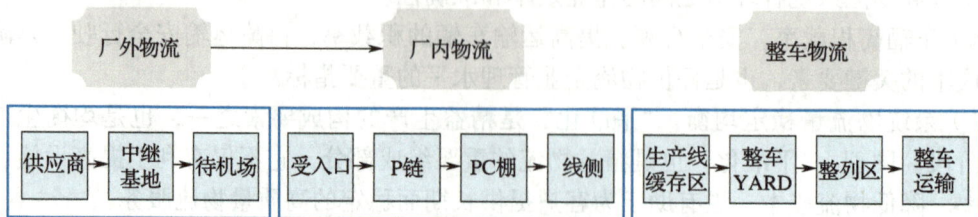

图 1-5　汽车的精益物流体系

（2）厂内物流　厂内物流系统是指零部件从验收场到货确认开始到物料上线为止的全部物流过程，包括从 P-lane（P 链）和 PC 棚（现场物料暂存区，和 P 链一样都起到缓冲的作用）搬入，经过分类场零件分拣再到出发链的按需配送上架，SPS（单量份配送）和顺引上线，以及空容器返回、整理的全过程。厂内物流系统的功能目标是实现来料与生产的无缝对接。厂内物流系统采用拉动式物流模式，根据生产进度，按需领取零部件，厂内各环节以最小库存实现汽车的 JIT 准时化生产。

（3）整车物流　整车物流指生产线下线的车辆直到交付销售店的整车物流，包括生产线缓存区、缓存区—整车 YARD、整车 YARD—整列区、整列区—整车运输（运输车、船运等）至销售店。

➤ 学习自测

一、填空题

1. 在精益物流模式中，_____要靠下游顾客的拉动，而不是靠上游来推动。当顾客没有发出需求指令时，上游的任何部分都不要去生产产品；而当顾客的需求指令发出后，则快速生产产品，提供服务。

2. 汽车的精益物流体系由_____和_____两大系统组成。汽车零部件物流系统又分为_____ 系统和_____系统两大领域。

二、选择题

1. 为了降低生产现场的库存量，减少对生产车间场地的占用，精益物流会通过（　　　　）送货，实现"零"库存的目标。

　　A.小批量、多频次　　　　　　　　　　B.大批量、多频次

　　C.小批量、少频次　　　　　　　　　　D.大批量、少频次

2. 精益物流标准化体系不包括（　　　　　　）。

　　A.物流设施设备选定标准　　　　　　　B.物流管理标准

　　C.物流操作作业标准　　　　　　　　　D.物流信息标准

三、思考题

作为一名物流计划员，为了保证精益物流的高可靠性运转，你将如何编制作业要领书？

➢ 任务工单

任务名称	精益物流体系的构成				
学生姓名		班级		学号	
学习场所		学时		日期	
任务目标	1. 能够准确描述精益物流的特征 2. 能够辨别清楚精益物流体系的构成与划分				
任务描述	作为物流规划部门的一名物流规划工程师，请结合本任务学习的内容，以一汽丰田（天津）公司生产物流为研究对象，探究该企业的精益物流体系构成并进行说明				
任务构思					
相关概念					
任务准备					
任务设计					
划分精益物流体系的各组成部分					
任务实施					
该企业精益物流体系的具体介绍					
任务总结					
任务结果					

| 任务 3　精益生产与人机工程 ✐

➤ 任务描述

在精益生产制造中，对人的要求越来越高，不仅体现在体力上，而且体现在脑力和心理上，在这种环境下，心理紧张、情绪化、自身能力等都可能影响工作效率，甚至产生安全隐患。同时，对企业也提出了更高的要求：如何把人—机—环境系统作为研究的基本对象，运用生理学、心理学和其他有关学科知识，根据人和机器的条件和特点，合理分配人和机器承担的操作职能，并使之相互适应，从而为人创造出舒适和安全的工作环境，使工效达到最优？在精益生产中，人机工程学的理念在现场改善中得到了广泛的应用。

➤ 任务要求

1. 熟悉人机工程的基本概念。
2. 理解精益生产与人机工程的关系。
3. 掌握人机工程在现场改善中的应用。

➤ 相关知识

1. 人机工程的基本概念

人机工程学是一门多学科的交叉学科，研究的核心问题是不同的作业中人、机器及环境三者间的协调，涉及心理学、生理学、医学、人体测量学、美学、设计学和工程技术等多个领域。通过各学科知识的应用，来指导工作器具、工作方式和工作环境的设计和改造，使得作业在效率、安全、健康、舒适等几个方面的特性得以提高。

人机工程学，在美国称为"Human Engineering"（人类工程学）或"Human Factor Engineering"（人类因素工程学）；日本称为"人间工学"；欧洲称为"Ergonomics"。在我国，所用名称也各不相同，有"人类工程学""人体工程学""工效学"和"机器设备利用学"等。为便于学科发展，大部分人称其为"人机工程学"，简称"人机学"。

人机工程学的确切定义是，把人—机—环境系统作为研究的基本对象，运用生理学、心理学和其他有关学科知识，根据人和机器的条件和特点，合理分配人和机器承担的操作职能，并使之相互适应，从而为人创造出舒适和安全的工作环境，使工效达到最优的一门综合性学科。

> 📝 练一练　人机工程不只在现场改善中有所应用，在我们的生活中也处处存在着人机工程的影子，请同学们仔细想想我们生活中人机工程应用的例子。

2. 精益生产体系中的人机工程

现代制造企业的精益生产系统大都采用新技术、精密制造设备、自动控制流水线和各种传感器、控制器，而且外观和操作性也要求符合人机工程学，在整个加工过程中都要求满足人机环境工程的需要。

人机工程学研究的是人与机器相互关系的合理方案，即对人的知觉显示、操作控制、人机系统的设计及其布置和操作系统的组合等进行研究，其目的在于获得最高效率及操作时感到安全和舒适。在整个生产系统中，我们希望能够像图 1-6 所示的一样，使得精益生产体系能够得到多赢的局面。

在精益生产系统中，通过人—机器、人—组织和组织—技术的接口技术，将人的一些想法和改善迅速地传递给机器和制造系统。如果以技术为中心的柔性制造系统 FMS、计算机集成制造系统 CIMS 等先进制造系统，能够逐渐转为以人为中心的集成系统，那么制造系统的柔性化、人性化将会更加突出其优势，人在现代制造系统中的作用没有变小反而会变得越来越重要和关键。

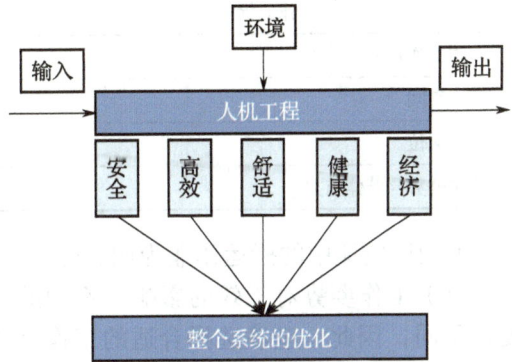

图 1-6 精益生产体系中的人机工程

人机工程学在实现现代精益生产体系的技术和目标的过程中，参与塑造未来制造模式。在未来的制造模式中，对人的要求越来越高，主要不是体力上的要求，而是脑力劳动和心理的要求，人在这种环境下，心理紧张、情绪化、自身能力等都可能导致不安全因素，影响工作效率的提高，企业一旦发生事故，对企业的损失是比较大的。人作为生产的主体，也是影响生产的关键因素之一。精益生产在追求极限目标的过程中，如果不能使生产系统中的人的因素发挥到极致，那么这个生产系统是不可能保证高品质、高效率的。人机工程学为精益生产的稳定需求拉动式生产提供了可靠的保障和持续性。在整个人机生产系统中，工艺可以保证机器的稳定性和高效率，组织管理可以保证生产的科学性和合理性，人机工程学就是为了保证人这个因素的持续性和高效性，同时避免人本身的不安全性。

3. 现场改善中的人机工程

人机工程包括的内容非常广泛，尤其是现场改善中的人机工程，即跟人的作业直接相关的内容，应用更加广泛。现场改善要依据一定的标准，具体分为国际标准和国家标准，见表 1-3。

表 1-3 人机工程的国际标准与国家标准

国际标准（ISO/TC—159）	国家标准
人的基础特点（物理，生理，心理，社会）标准	GB/T 16251—2008 工作系统设计的人类工效学原则
对人有影响的与物理因素有关的标准	GB/T 13547—1992 工作空间人体尺寸
人在操作中，在过程和系统中的功能有关的标准	GB/T 14776—1993 人类工效学 工作岗位尺寸设计原则及其数值
人机工程学的实验方法及其数据处理标准	GB/T 15241.2—1999 与心理负荷相关的工效学原则 第 2 部分：设计原则
协调与 ISO 其他技术委员会的工作标准	

人机工程在实际作业中的应用主要有如下几个方面，见表 1-4。

表 1-4　人机工程在实际作业中的应用

作业标准	涉及方面
人体工作尺寸	立姿、坐姿、爬姿等
工作空间	工作高度的安排布置、水平桌面、脚的空间
工作岗位	工作岗位类型与选择、工作岗位的尺寸空间
工作姿势与肢体施力	工作姿势对工效的影响、工作体位

下面以物流中的搬运作业为例，介绍工作姿势与肢体施力之间的关系和影响。

（1）工作姿势对工效的影响　不同的工作姿势对工效的影响是不同的，而且疲劳程度也不同，因此，应该选择合适的工作姿势进行作业，尤其是在物流的搬运作业中，对于需要人工搬运的作业环节设计，更应从人机工程的角度去设计作业标准。两种工作姿势对工效的影响如图 1-7 所示。

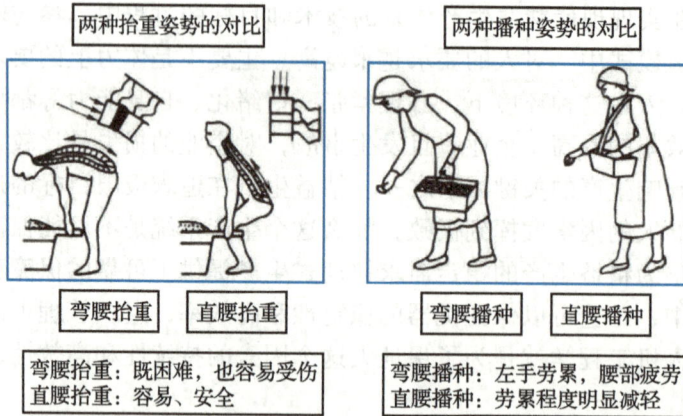

图 1-7　两种工作姿势对工效的影响

（2）工作体位　工作中肢体在既定位置施力时的身体姿势称为工作体位。不同的工作体位对工效的影响是不同的，而且疲劳程度也不同，因此，应该选择合适的工作体位进行作业。不当的工作体位对工效的影响如图 1-8 所示。

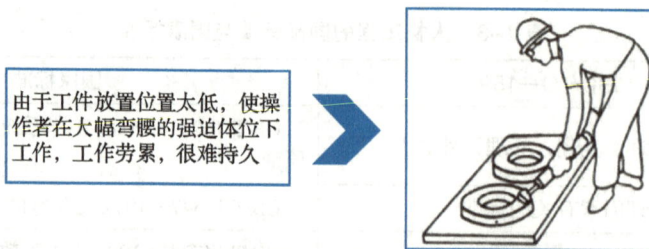

图 1-8　不当的工作体位对工效的影响

（3）动态施力和静态施力　动态施力和静态施力是工作中两种工作施力的状态，为了较高的工效，应该尽量减少静态施力，具体如图 1-9 所示。

（4）改善搬运工作　改善工作姿势、工作体位和减少静态施力有时可以通过产品设计和工位安排来实现，如图 1-10 所示。

综上所述，肢体施力的合理方法应采取以下原则：

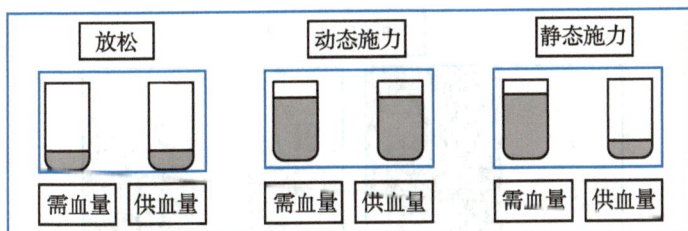

图 1-9 动态施力和静态施力

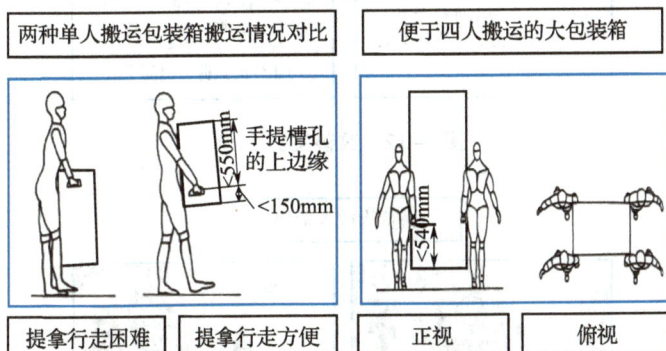

图 1-10 改善搬运工作

1）双手协同工作。

2）增强动作的节律性。

3）轮换和交替。长时间从事同样的操作难免感到单调乏味，使工效降低，差错增多。

4）身体的安稳和支靠。无论是头部后仰还是躯干的前倾侧偏，都应该为身体设置安稳的支撑或靠垫。

5）重力的应用。要尽可能地让地心引力给工作帮忙，减少它制造的麻烦。

6）动作的均衡和顺畅。肢体施力的轨迹和力量最好对人体左右对称或接近对称，这样对人体神经系统和运动系统最有利。

为了更好地理解人机工程在改善中的实际应用，现展示几组关于动作改善的实例，如图 1-11~ 图 1-13 所示。

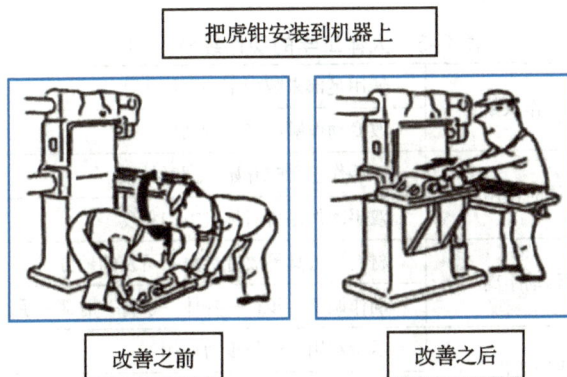

图 1-11 改善实例（1）

拆包作业

改善之前	改善之后
长时间、高频率进行弯腰工作，容易疲劳、工作效率低。	通过制作一个工作平台（利用货箱），将货物在工作平台上作业，无须弯腰，减少了对工作的负荷，提高了效率。

图 1-12　改善实例（2）

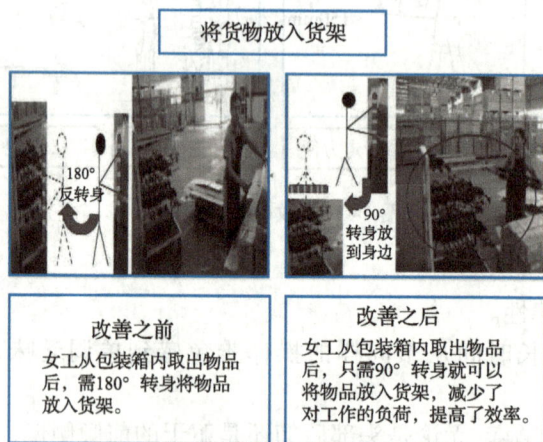

将货物放入货架

改善之前	改善之后
女工从包装箱内取出物品后，需180°转身将物品放入货架。	女工从包装箱内取出物品后，只需90°转身就可以将物品放入货架，减少了对工作的负荷，提高了效率。

图 1-13　改善实例（3）

　　抬起地板上的材料时的动作，拿起放在身后的材料时的动作，都是躯体动作。一般情况下，即使是相同的移动距离，躯体动作比手臂动作会多花近一倍的时间；同时，躯体动作容易产生疲劳。所以，作业过程中应该尽量减少躯体动作和转体动作。

　　通过以上实例可以看出人机工程改善相关理论知识的实际应用。尤其是在现场作业中的相关改善，需要遵循人体工学的动作经济原则，见表1-5。

表 1-5　人体工学的动作经济原则

原则1	减少动作次数	使用足部来减少手的动作
		改变动作顺序来减少动作
原则2	双手同时使用	双手作业同时开始，同时结束
		双手动作保持对称且方向相反
原则3	缩短移动距离	材料、工具等放置在触手可及的地方
		动作调整：步行—身体—手臂—肘部—手腕—手指
原则4	动作舒适化	尽量利用惯性与重力作用
		动作路径：突变型—曲线型

➢ 任务工单

任务名称	编制转换包装作业的标准作业卡				
学生姓名		班级		学号	
学习场所		学时		日期	
任务目标	1. 利用动作分析的方法，对转换包装作业的动作进行分解 2. 运用人机工程学的原则，对转换包装作业的动作进行优化 3. 绘制转换包装作业的标准作业卡，并分享改善点				
任务描述	小组配合，根据现有实训条件，模拟转换包装作业。组员通过对作业者操作行为的观察、录像、分析，将作业过程分解为动作要素，并运用人机工程学的原则，对各项动作进行优化，绘制标准作业卡				
任务构思					
相关概念					
任务准备					
任务设计					
动作分析与 改善点					
任务实施					
标准作业卡					
任务总结					
任务结果					

➤ 学习自测

一、填空题

1. 人机工程学主要是研究不同的作业中_____、_____及_____三者间的协调。
2. _____为精益生产的稳定需求拉动式生产提供了可靠的保障和持续性。
3. 在整个人机生产系统中，_____可以保证机器的稳定性和高效率，_____可以保证生产的科学性和合理性，_____可以保证人的持续性和高效性，同时避免人本身的不安全性。

二、选择题

1. 人体工学的动作经济原则不包括（　　　）。
   A. 减少动作次数　　B. 双手同时使用　　C. 缩短移动距离　　D. 动作标准化
2. 改善工作姿势、工作体位和减少静态施力，有时可以通过产品设计和（　　　）来实现。
   A. 工位安排　　　　B. 肢体动作　　　　C. 包装器具　　　　D. 辅助工具

三、思考题

请举出一个人机工程在物流作业系统中的应用案例，与同学们分享。

| 任务 4　精益生产与智能制造 ◎

➤ 任务描述

纵观人类工业发展史，一共经历过四次工业革命。在第四次工业革命中，通过大数据、云计算、物联网等新型技术，将实体物理世界与虚拟的网络系统连接起来，实现工厂的智慧制造，机器将进一步取代人工，并实现万物互联。对比各工业大国在这一竞争领域的不同发展路径，不难发现各自的发展重点与优势所在。智能制造给企业带来了哪些变化，它对精益生产和精益物流的实施又会带来哪些影响呢？带着这些问题，我们一起来研究学习。

➤ 任务要求

1. 了解四次工业革命的发展历程。
2. 分析各工业大国在工业互联网相关领域的优势。
3. 掌握精益生产与智能制造的关系。

➤ 相关知识

1. 全球工业互联网的发展

人工智能技术与制造业的融合能够带来制造业的深度、全面变革。智能制造在微观层面能够帮助制造企业提高运营效率、降低成本、增强市场反应能力；在宏观层面会改变国家和地区间的比较优势、竞争优势，使世界产业格局发生重构，同时智能制造相关技术与服务也会催生规模可观的新兴产业。自通用电气公司提出工业互联网概念以来，世界主要制造大国都在积极推动制造业的智能化转型，大型制造企业、系统集成企业、工业软件企业和互联网企业也纷纷进军智能制造领域。

世界各国都在抓住新一轮科技革命和产业变革带来的机遇，通过推动工业互联网的发展加快制造业的数字化、智能化转型，并出台了一系列战略措施，其中最具代表性和影响力的国家是美国、德国、日本和中国。它们不仅是制造业规模最大的四个国家，而且在制造业、自动控制与工业软件、互联网信息服务等领域具有各自的优势。制造业的智能化或者说智能制造的发展需要工业互联网作为支撑，因此美国、德国、日本和中国都由政府或制造业知名企业主导，发布工业互联网参考架构，推动工业互联网平台的发展。

纵观人类工业发展史，一共经历过四次工业革命，如图 1-14 所示。

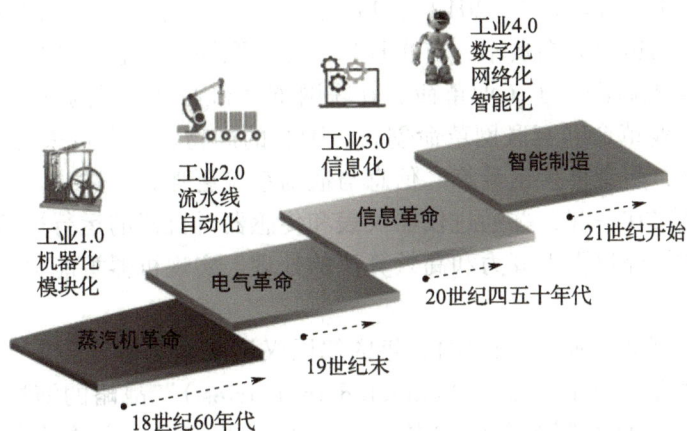

图 1-14　四次工业革命

"工业 4.0" 是德国提出的一个概念，目前德国已将工业 4.0 列入了战略规划，预计在 10~15 年内实现初步的工业 4.0 状态。工业 4.0 时代是通过大数据、云计算、物联网等新型技术，将实体物理世界与虚拟的网络系统连接起来，实现工厂的智慧制造。工业 4.0 时代将赋予机器自我学习和自我认知的能力，通过信息物理系统（Cyber Physical Systems，CPS），实现产品的可追溯性和智能维护，对产品进行生命全周期的管理，并进一步满足生产的多样化和个性化需求。在工业 4.0 时代，机器将进一步取代人工，并实现万物互联。

2. 智能制造概念的提出

（1）中国 "智能制造"　中国是世界上最大的制造业国家，以云计算、人工智能等为代表的新一代信息技术对于加快中国制造业转型升级具有重要作用。中国政府高度重视利用新一代信息技术改造提升制造业，先后出台了一系列政策。2021 年发布了《国家智能制造标准体系建设指南（2021 版）》，提出了一个三维的智能制造系统架构，从生命周期、系统层级和智能特征三个维度来阐述智能制造的内涵。生命周期包括设计、生产、物流、销售、服务等一系列相互联系的价值创造活动。系统层级是指与企业生产活动相关的组织结构的层次划分，包括设备层、单元层、车间层、企业层和协同层。智能特征是指制造活动具有的自感知、自决策、自执行、自学习、自适应之类功能的表征，包括资源要素、互联互通、融合共享、系统集成和新兴业态等五层智能化要求。所构建的智能制造标准体系结构包括基础共性标准、关键技术标准和行业应用标准三大部分，其中，关键技术标准包括智能装备、智能工厂、智慧供应链、智能服务、智能赋能技术和工业网络等六个部分。

（2）德国"工业4.0"　2013年，"工业4.0"纳入《德国2020高技术战略》中，成为德国政府确定的面向未来的十大项目之一。"工业4.0"的核心之一是三大集成：纵向集成是将包括机器设备、供应链系统、生产系统和运营系统等企业内部流程连接起来，实现信息的实时沟通；端到端集成是在价值链的角度，从产品的创意、设计到制造，再到运行服务，实现对产品的全生命周期管理；横向集成指的是企业的供应链上下游的供应商、合作伙伴之间的互联。"工业4.0"包括了智能工厂（Smart Factory）、智能产品、智能服务三大议题。

（3）美国"工业互联网"　2012年11月26日，通用电气公司发布《工业互联网：打破智慧与机器的边界》白皮书，首次提出工业互联网的概念。通用电气公司认为，过去200年里人类先后经历了工业革命、互联网革命和工业互联网三次创新和变革浪潮，工业互联网是工业革命和互联网革命创新、融合的产物，前者带来无数机器、设备组、设施和系统网络，后者催生出计算、信息与通信系统更强大的进步。工业互联网使世界上的机器都能连接在一起，并通过仪器仪表和传感器对机器的运行进行实时监控和数据采集，海量的数据经过强大算力和高效算法的处理，实现机器智能化并显著提高生产系统的效率。

（4）日本"互联工业"　在2017年的德国汉诺威工业博览会上，日本时任首相安倍晋三发表了关于"互联工业（Connected Industries）"战略的演讲。2018年6月，日本经产省发布《日本制造业白皮书（2018）》，将互联工业作为制造业发展的战略方向。互联工业是"社会5.0"在工业领域的具体表现，通过人、机器、技术跨越边界和代际的连接，从而持续创造新的价值。互联工业聚焦于自动驾驶/移动出行、制造业/机器人、生物技术/医疗健康、工厂和基础设施维护、智慧生活。互联工业的通用政策措施包括数据使用规则、IT技能和培训、网络安全、人工智能、知识产权和标准。

（5）各国工业互联网的优势比较　主要工业大国在工业互联网相关领域的优势比较见表1-6。

表1-6　主要工业大国在工业互联网相关领域的优势比较

国家	制造业优势	制造业优势产业	数字经济优势	数字经济优势产业
美国	前沿科技，产品研发设计、核心零部件、精密仪器、先进装备、品牌，制造业"空心化"	汽车、电子、化工、新材料、制药、精密仪器、航空航天等大多数高科技产业	前沿数字技术、商业模式、大型平台企业、独角兽企业、创业活跃	云计算、AI算法、芯片、5G、智能传感器、商业模式、智能终端
德国	产品研发设计、核心零部件、先进装备，产业集群和中小企业	汽车、机械、机器人、化工、制药	数字经济亮点不突出	工业软件、机器人、系统集成
日本	产品研发设计、核心零部件、先进装备，精益制造	汽车、制药、电气设备、精密仪器、新材料、机床	数字经济亮点不突出	精密传感器、机器人

（续）

国家	制造业优势	制造业优势产业	数字经济优势	数字经济优势产业
中国	产业体系齐全，制造业发展不平衡（1.0、2.0、3.0并存），拥有最丰富的智能制造应用场景；产业配套完善，产业规模大；创新型制造；产业化能力强，价格相对较低	纺织、服装、电子制造、工程机械	消费互联网发达、基础设施完善、大型平台企业、独角兽企业	电子商务、共享经济、人工智能、5G、智能终端

3. 精益生产与智能制造的关系

随着数字化技术的发展，精益管理中的 JIT、TOC（制约理论）等很多理念都可以通过数字化实现，特别是 TOC 通过数字化找到 C（约束点）是瞬间的事情，如果离开精益谈智能制造是不可能实现的。精益生产既是智能制造的基础，又是智能制造的目标。在智能制造导入前企业是一定要先实现精益生产的，让产品在恰到好处的时间、地点、成本，生产出恰到好处的数量和质量，而这些恰好是客户需要的。

（1）精益生产是实现智能制造的基础　实现智能制造的前提是需要通过数字化、精益化的生产，传输正确的数据。通过生产的精益化，采集节拍、换模、物流运输、采购、设计、生产成本、废品率等一系列的标准化数据和参考架构进行分析，智能制造才能客观、合理地评估自己企业的生产能力、生产特征、生产强项，在设计产品时避免自己生产的不足，制造自己可生产而对手不可生产的产品，用足自己生产的强项，从而提高企业的竞争力。

（2）精益制造是智能制造的基石　精益被德国列入构成未来智能工厂的四大模块之一，也是我国实现《中国制造 2025》规划，加快转型升级的基础与保障。从智能制造上看，它是一种由智能机器和人类专家共同组成的人机一体化智能系统，在制造过程中能进行智能活动，如分析、推理、判断、构思和决策等。它把制造自动化的概念更新，扩展到柔性化、智能化和高度集成化。不难看出，智能制造具有定制化、个性化、智能化分析、预测与管理等功能。精益管理以客户为核心，通过研发、制造、质量、供应链上的管理，驱动智能制造的实现。工业数据显示，工业企业利润增速呈回落态势，归结原因有三：产品销售增长缓慢、成本上升快于销售增长、价格走低挤压盈利空间。而精益管理正是以快速反应取胜，快速响应客户的需求，拉动生产，物畅其流的核心让 QCD（品质、成本、交付）均实现最佳平衡，在消除浪费、降低成本的持续改善中，提升生产率，降低成本，实现企业价值最大化。

（3）智能制造是精益生产的助推器　智能制造可以为精益管理提供足够的保证，把生产过程中以前认为不可能的事情变成可能，把以前困难的变得简单，把以前没有的变得可以实现。所以，在理解智能给精益生产带来的推动作用的同时，也要理解精益才是生产率、质量的根本来源。从精益生产到智能制造，将建立起以生产高度数字化、网络化、机器自组织为标志的新型智能化工业生产模式。

所以精益生产是企业的根本，它让企业多、快、好、省地获得客户的真实需求并及时生产出客户满意的产品，而智能制造技术可以让这种进步加速和飞跃。精益生产和智能制造最终会相互促进，相互激活，相互拉动，进一步向 AI 制造演变，从而改变世界。

➤ 学习自测

一、填空题

1. 智能制造系统架构模型，从＿＿＿＿＿＿＿、＿＿＿＿＿＿＿和＿＿＿＿＿＿＿三个维度来阐述智能制造的内涵。

2. 智能制造标准体系结构的关键技术标准，包括＿＿＿＿＿＿＿、智能工厂、＿＿＿＿＿＿＿、＿＿＿＿＿＿＿、智能赋能技术和工业网络等六个部分。

二、选择题

1. 智能制造时代，我国的数字经济优势产业主要集中在（　　　）。
   A. 电子商务
   B. 共享经济
   C. 人工智能
   D. 5G

2. （　　　）是指制造活动具有的自感知、自决策、自执行、自学习、自适应之类功能的表征，包括资源要素、互联互通、融合共享、系统集成和新兴业态等五层智能化要求。
   A. 智能特征
   B. 数字特征
   C. 精益特征
   D. 仿真特征

三、思考题

请结合中国、德国、美国、日本等工业大国对智能制造概念的定义，根据你的理解，对智能制造的内涵进行解释。

➢ 任务工单

任务名称		精益生产与智能制造的关系			
学生姓名		班级		学号	
学习场所		学时		日期	
任务目标	1. 掌握智能制造的内涵与特征 2. 分析精益生产对智能制造的影响 3. 解释清楚精益生产与智能制造的密切关系				
任务描述	以小组为单位，通过网络调研、实地调研等方法，绘制思维导图，通过实例解释精益生产与智能制造之间相互作用、相互影响的密切关系，进行小组汇报交流				
任务构思					
相关概念					
任务准备					
任务设计					
实际案例					
任务实施					
思维导图					
任务总结					
任务结果					

项目 2
精益生产的管理工具

扫码看视频

Ⅰ 任务 1　6S 与目视管理

➤ 任务描述

生活中，你常常会出现下列"症状"吗？
- 着急使用的东西找不到，心里特别烦躁。
- 桌面上的东西摆得零零乱乱，学习或生活空间有一种压抑感。
- 没有用的东西堆了很多，处理掉又舍不得，不处理又占用空间。
- 工作台面上有一大堆东西，厘不清头绪。
- 环境脏乱，导致情绪不佳。

如何应用 6S 和目视管理，解决上述问题呢？

➤ 任务要求

1. 掌握 6S 管理方法。
2. 能够结合现场实际情况进行目视化改善。

➤ 相关知识

1. 6S 管理

20 世纪四五十年代以前，日本制造的工业品因品质低劣，在欧美只能摆在地摊上卖。但随后他们发明的 5S 管理方法彻底改变了日本人，使他们养成了"认真对待每一件小事，有规定按规定做"的工作作风，这种作风对生产世界一流品质的产品是不可或缺的。6S 和 5S 一样兴起于日本企业，首先提出于 20 世纪 50 年代。6S 管理是 5S 的升级，6S 即整理（Seiri）、整顿（Seiton）、清扫（Seiso）、清洁（Seiketsu）、素养（Shitsuke）、安全（Security），因其日文罗马标注发音的英文单词都以"S"开头，所以简称 6S 管理。它指在生产现场中，对材料、设备、人员、方法等生产要素进行"整理、整顿、清扫、清洁、素养、安全"一类活动的总称。

（1）6S 管理目的及实施要点

1）整理。整理目的：腾出空间；防止误用、误送；塑造清爽的工作场所；现场没有放置任何有碍工作的物品。整理实施要点：全面现场检查（棚架、仓库、工具箱、墙角）；重要的是物品的"现有使用价值"，而不是"原购买价值"；制定废弃物的处理办法；每日自我检查；思考为什么有过多的不要品，分析不要品的产生原因。

> **练一练**　请观察如图 2-1~图 2-8 所示的企业工作场景，分析哪些存在问题，哪些值得借鉴。

图 2-1　现场闲置物料

图 2-2　生产线侧料架

图 2-3　半成品

图 2-4　企业生产现场

图 2-5　文件柜

图 2-6　目视管理板

图 2-7　库房

图 2-8　班组园地

2）整顿。整顿目的：工作场所一目了然；消除寻找物品的时间；井井有条的工作秩序；消除过多的积压物品，快速拿到多样物品。整顿实施要点：落实"整理"的工作；明确"3 要素"原则（即场所、方法、标示）；明确"3 定"原则（即定点、定容、定量）；大量使用"目视管理"。

其中"3 要素"原则可按如下步骤操作：

①分析情况（经常传递、常用近放）。

②明确场所（画线、分区、制度）。

③明确方法（用途、功能、形状）。

④明确标示（时间、分类、品名、数量）。

整顿时可遵循如下原则：易清扫、易操作、易检查、易取易放、一目了然、安全第一。

某汽车生产企业采取整顿措施后，现场整洁明亮、一目了然，如图 2-9~图 2-12 所示。

图 2-9　班组园地水杯放置处

图 2-10 零部件暂存区   图 2-11 生产线侧物料存放区   图 2-12 工具存放柜

请根据资料设计办公室定置管理办法。

练一练

1. 办公室人数：4 人。

2. 办公室尺寸（单位：mm）如图 2-13 所示。

3. 办公用品尺寸（单位：mm）如下：

办公桌 1400×700×800   椅子   600×600   笔筒   φ100

电脑桌 1200×460×740   文件箱 400×300×320   废纸篓   φ260

办公柜 1000×400×800   资料篮 330×260×320   水杯   φ100

活动柜 460×460×600   电话   250×170

4. 要求：整洁、明亮、舒适。

3）清扫。清扫目的：保证工作场所干净亮丽，没有污垢；减少伤害事故；减少脏污对品质的影响；查找现场的污染源。清扫实施要点：建立清扫责任区；进行全公司的大清扫；调查污染源，予以杜绝或隔离（登记、分析、解决）；建立清扫基准，作为规范（部位、要点、周期）；预防污染是最重要的。

练一练

建立班组清扫标准。具体要求如下：

1. 划分区域、名称，目标清晰明了。

2. 明确清扫步骤、清扫时间。

3. 制定验收标准、验收时间。

4. 指定清扫负责人。

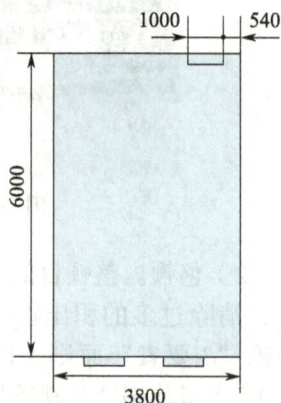

图 2-13 办公室尺寸图

4）清洁。清洁目的：通过整理、整顿、清扫，建立标准作业和工作规范；使以上推行 3S（整理、整顿、清扫）的优越点规范化、标准化。清洁实施要点：落实前面 3S 工作；制定考核方法；制定奖惩制度，加强执行；完善看板、颜色、灯号、表格、目视等管理办法（统一规范）；全员参与。

5）素养。素养目的：提升"人的品质"，成为对任何工作都持认真态度的人；培养良好习惯，遵守规则；营造团队精神。素养实施要点：统一服装（管理、浅色）；制定礼仪守则（问候、敲门）；加强培训（审美、观念）；推动各种精神提升活动（表彰）；制造环境、气氛；"人造环境，环境育人，近朱者赤、近墨者黑"。

想一想

　　观察如图 2-14~图 2-16 所示三个企业的卫生状况，分析不同企业员工的做法及态度，思考哪一个企业是值得我们学习的。如果是在校园内，为了维护和谐的教室环境，我们应具有哪些素养？

图 2-14　A 企业卫生状况　　　　图 2-15　B 企业卫生状况

图 2-16　C 企业卫生状况

　　6）安全。安全目的：克服不安全因素，防止伤亡事故发生；使劳动生产在保障劳动者安全、健康和国家、企业财产安全的前提下顺利进行。安全实施要点：形成安全意识；学会分析不安全因素；制定安全规范；建立安全管理体制；定期进行安全检查，排除隐患；采取适合的安全防范措施；完善应急预案。

　　（2）推行 6S 的步骤　成立推行组织；拟定推行方针及目标；拟定工作计划及实施方法；开展教育及培训；设计活动前的造势；确定 6S 活动评比办法；实施 6S 活动；评比，修正，改进；纳入定期管理活动中；改前、改后要拍照，对比改善成果。

　　为了便于记忆 6S 的具体实施要点，可做如下总结：

整理：要与不要，一留一弃。

整顿：科学布局，取用快捷。

清扫：清除垃圾，美化环境。

清洁：清洁环境，贯彻到底。

素养：形成制度，养成习惯。

安全：安全操作，以人为本。

2. 目视管理

　　人类的五种感觉器官是视觉、听觉、触觉、嗅觉、味觉，均灵巧无比，尤其视觉更是妙用无穷。人类靠五官吸收知识或促进记忆。据相关统计，其所占比例约是：视觉占 85%，听觉占 11%，有关触觉、嗅觉和味觉只占 3%~4%。由上列数据可知，目视是促进记忆及学习的有效方法。

（1）目视管理的定义　目视管理和我们的日常生活息息相关，体现在食、衣、住、行等各方面，只要稍加注意，不难发现到处都有目视管理的应用实例，如图2-17、图2-18所示。

图2-17　地面交通标识　　　图2-18　高速公路交通标识

标识板可快速高效地传递信息。全球通用标识为众人所知且易于理解，不需要任何语言符号，如图2-19所示。

图2-19　通用标识板

何为"目视管理"？目视管理是指通过视觉感应引起意识变化的管理方法；是利用形象直观、色彩适宜的各种视觉感知信息来揭示管理状况和作业方法，从而组织现场生产活动，达到提高劳动生产率、保障正常生产的一种管理手段。

目视管理的目的主要有以下几点：

● 提高企业工作效率，实现自主管理。

● 企业管理信息公开化，实现有效沟通。

● 开发企业员工的智慧。

● 展示工作成果、成绩，提高企业整体竞争力。

● 快速判断正确与否，不会因人而异。

● 实现企业管理统一化、标准化。

● 减少沟通带来的不必要麻烦，人际关系融洽。

（2）目视管理的实施　目视化作为一种管理手段，在实施中可以通过其体现出的直观效果，对其管理水平进行评价。通常分为初级水准、中级水准、高级水准三个等级，如图2-20所示。

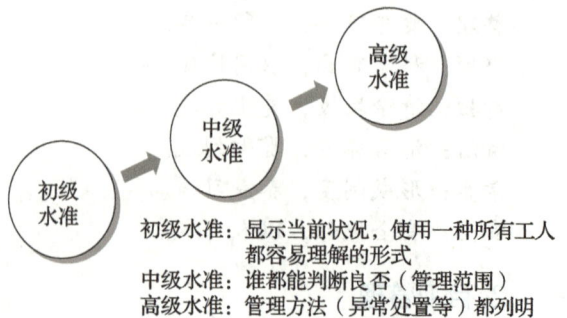

初级水准：显示当前状况，使用一种所有工人都容易理解的形式
中级水准：谁都能判断良否（管理范围）
高级水准：管理方法（异常处置等）都列明

图2-20　目视管理等级

> **想一想**
>
> 请观察表 2-1 液体料筒目视化改善案例，分析改善后效果。

表 2-1　液体料筒目视化改善案例

等级	目视管理内容	参考案例（液体数量管理）
初级水准	● 管理范围及现状明了	● 通过安装透明管，液体数量一目了然
中级水准	● 管理范围及现状明了 ● 管理范围及现在的状况一目了然	● 明确上限、下限、投入范围、管理范围，现在正常与否一目了然
高级水准	● 管理范围及现状明了 ● 管理范围及现在的状况一目了然 ● 异常处置方法明确，异常管理装置化	● 异常处理方法、点检方法、清扫方法明确，异常管理装置化

（3）目视管理的原则　目视管理在实施的时候，要遵循如下原则：视觉化——标示、标识，进行色彩管理；透明化——将需要看到的被遮隐的地方显露出来；界限化——标

明正常与异常的定量管理界限，使之一目了然。

（4）目视管理注意要点　由于目视管理属于感性的直接管理，有很大局限性，因此，运用目视管理需要把握以下要点：要能从远处也能辨认出来；任何人使用都一样方便、一样准确；在想要管理的地方做标示；任何人都容易遵守，也容易更改；易知正常与否，任何人都能看得出来；有助于把作业场所变得明亮、整洁；有助于维持安全、愉快的环境。

（5）目视管理基本要求　推行目视管理，要防止搞形式主义，一定要从企业实际出发，有重点、有计划地逐步展开。在这个过程中，应做到的基本要求是统一、简约、鲜明、实用、严格。

统一：目视管理要实行标准化，消除五花八门的杂乱现象。

简约：各种视觉显示信号应易懂，一目了然。

鲜明：各种视觉显示信号清晰，位置适宜，现场人员都能看见、看清。

实用：不摆花架子，少花钱、多办事，讲究实效。

严格：现场所有人员都必须严格遵守和执行有关规定，有错必纠，赏罚分明。

3. 目视管理在企业现场的应用

企业现场管理是任何一个企业管理的工作重点，也是一个难点。一个整洁、规范的工作现场，不仅会给人留下深刻的印象，改善员工的工作环境，更重要的是可以提高工作效率，改进工作作风，保障工作安全。目视管理作为现场管理的一个有效工具，已被广泛地应用于实际。

（1）物品目视管理的注意事项

1）标签：名称、用途、数量、时间，如图 2-21 所示灭火器检查标识。

2）区域图：各种物品在什么地方，如图 2-22 所示垃圾投放标识。

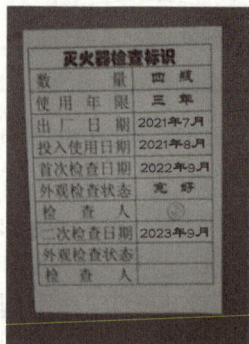

图 2-21　灭火器检查标识

图 2-22　垃圾投放标识

3）物品的库存限制：最高、最低库存线。

4）库存行走线图：保障先进先出。

5）库管负责制：责任人、标准作业书。

6）生产厂家、地址、联系电话。

7）物品的使用说明、要求、注意事项。

（2）作业目视管理的注意事项

1）标准作业指导书。表 2-2 为牵引车驾驶员标准作业卡。

表 2-2　牵引车驾驶员标准作业卡

标准作业卡	适用范围	岗位名称	编制	审核	批准
	货物向自由置场的运送 空料箱的返回	牵引车驾驶员			
			编制日期	年　　月　　日	
岗位职责描述	将转换完包装的料箱按照入库看板置于搬运台车上，驾驶牵引车将货物送到自由置场，置于相应货位，在目视板上进行货位标注，并负责空料箱集放区的空箱回运工作				
1. 驾驶前准备	2. 装货	3. 运货	4. 卸货		
牵引车驾驶员在驾驶牵引车前对牵引车进行点检，确保牵引车各项性能处于正常范围。如发现异常，应及时通知作业组长并进行记录，待修理后再进行作业	牵引车驾驶员将转换完包装的料箱按照入库看板置于搬运台车上。摆货时应遵循由下到上、由里到外的原则，双手拿取货物，每次只许拿取一件	驾驶员驾驶牵引车将货物运送到自由置场。在运货途中要安全行驶，按规定线路运行，注意货物是否有跌落现象发生	到达自由置场，将货物从台车卸下，置于相应的货位，并在目视板上进行货位标注。卸货时应遵循由上到下，由外到里的原则，双手拿取货物，每次只许拿取一件		
5. 空箱回运	6. 台车返回				
将拣选作业完毕后剩余的空箱装入台车，运回至空箱存放区域	将台车驶回空台车置场，按顺序停放在指定位置，等待下次作业				

2）作业计划，进度管理板。

3）出现异常显示及处理措施。

4）作业责任人、准责任人。

5）本岗位的注意事项。

6）本岗位在整体中的位置说明。

7）本岗位应用的工具、辅具、量具、夹具。

（3）设备目视管理的注意事项

1）设备点检表（如图 2-23 所示为电瓶叉车日常检查表）、设备点检路线图、设备润滑图。

2）设备检查档案。

3）设备使用责任人、准责任人。

4）设备完好、维修标识。

5）设备维修（大、中、小）计划表。

6）设备保养标准作业。

车辆编号：　　　型号：　　　日期：　　　年　月　日　　驾驶员（学生甲）：　　（学生乙）：　　（学生丙）：

分类	NO	检查项目	方法	点检标准示例	送修标准	检查标准	一 甲	一 乙	一 丙	二 甲	二 乙	二 丙	三 甲	三 乙	三 丙	四 甲	四 乙	四 丙	五 甲	五 乙	五 丙	六 甲	六 乙	六 丙	日 甲	日 乙	日 丙
A	1	车轮总成1	目视/手触/听音			轮辋无变形、行走无颠簸，胎边无严重磕损，紧固螺栓无缺失、紧固																					
	2	液压系统1	目视/手触/听音			无漏油、工作正常																					
	3	门架、货叉及链条1	目视/手触		出现问题立即停止使用	门架、货叉无裂痕，前叉架及挡货架无断裂，链条无断裂，链条螺母无松动																					
	4	叉车配重	目视/手触			配重紧固，间隙正常																					
	5	灯光	目视/手触			刹车灯、蓝光灯工作正常，无损坏																					
	6	制动系统1	目视/手触			手刹、急停开关、刹车系统功能有效																					
	7	安全带	目视/手触			安全带齐全有效，无损坏																					
	8	转向系统	目视/手触/听音			车辆转向灵活，方向盘固定部分无松动																					
	9	车轮总成2	目视/手触/听音			车轮总成无异响，胎面花纹未磨至警戒线																					
	10	液压系统2	目视/手触/听音			无漏油，无异响																					
	11	门架、货叉及链条2	目视/手触/听音		出现问题向车辆管理员报修	挡货架及货叉限位销无缺失																					
	12	车身	目视			车身无严重变形，无严重磕碰，车身无缺漆，玻璃无碎裂，车障无缺失目清晰可见，物料管理料管辖区域内叉车的红白反光条完好																					

	序号	检查项目	检查方式	图示	检查标准	处理方式																
B	13	制动系统 2	目视/手触/听音		急停复位功能正常																	
	14	灯光及灯罩	目视/手触		大灯、转向灯、双闪灯无损坏，灯罩无损坏或污染																	
	15	内饰	目视/手触		手臂靠垫、座椅无严重破损，座椅靠垫功能有效	出现问题向车辆管理员报修																
	16	仪表板	目视/手触/听音		钥匙门及钥匙、组合仪表、仪表灯及开关有效，无缺失损坏，计时功能完好																	
	17	喇叭及倒车镜	目视/手触/听音		喇叭、倒车镜无损坏，无缺失，功能有效																	
	18	电器系统罩盖	目视		罩盖功能有效																	
其他	19	安全检验合格证	目视		随车目视，无损坏，未缺失，字迹清晰	破损、丢失立即更换																
	20	基础信息卡	目视		随车目视，无损坏，未缺失，字迹清晰	破损、丢失立即更换																
小时数	21	行驶小时数	目视		每日每班下课前工艺车辆驾驶员如实填写目前累计行驶小时数	—																
点检确认	22	点检人签字	目视		点检人点检完成后在此栏签字确认	—																
	23	教师签字	目视		教师确认点检情况后在此栏签字确认	—																

记入方式：良好部位画（√），不良部位画（○）

图 2-23　电瓶叉车日常检查表

（4）品质目视管理的注意事项

1）合格、不合格（见图 2-24 不良品质量问题统计柱状图）、返修的标示。

2）混流生产时的标示牌，产品容器有明显区分。

3）不合格品登记表、不良品对策表。

4）个人质量柱状图。

5）废品、返修品成本核算表。

6）不同产品、不同颜色的工具、辅具、量具、夹具。

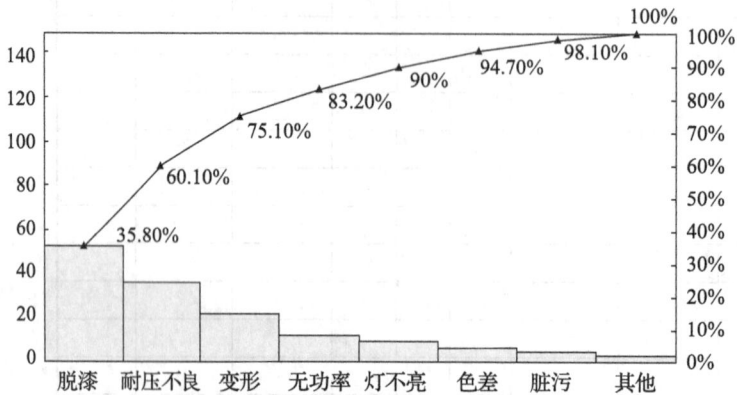

图 2-24 不良品质量问题统计柱状图

（5）安全目视管理的注意事项

1）安全提示，如图 2-25 和图 2-26 所示。

图 2-25 高温提示

图 2-26 安全提示

2）安全事故处理流程图。

3）消防设施的位置及使用方法。

4）危险品的保存及区域标示。

5）逃生路线图、安全日历。

6）道路交叉及转交盲区的停止观察警示。

7）劳保用品的穿戴要求，如图 2-27 所示。

工作帽（高架货区安全帽）

春秋套装工作服

工装长裤

劳保鞋

操作岗着装注意事项：
1.现场不能趿拉劳保鞋
2.女员工禁止裙装

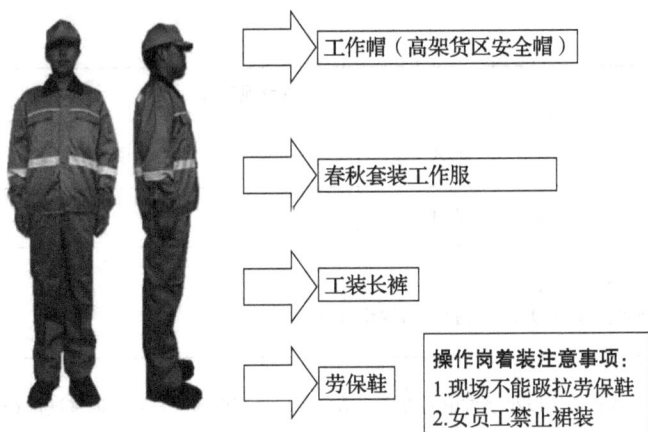

图 2-27 劳保用品的穿戴要求

（6）班组目视管理要点（见图 2-28 某企业内饰二班工位管理板）

1）班组变化点管理。

2）产品质量管理。

3）企业安全管理。

4）班组人事管理。

5）生产设备管理。

6）班组成本管理。

7）改善方案展示。

8）本周重点工作内容。

（7）库存目视管理要点（见图 2-29 零件动态库位看板）

1）货位信息。

2）零件信息。

3）库存动态变化、库存上限。

4）安全库存水平。

5）信息版应用说明。

图 2-28 某企业内饰二班工位管理板

图 2-29 零件动态库位看板

➢ 任务工单

任务名称	6S 与目视管理				
学生姓名		班级		学号	
学习场所		学时		日期	
任务目标	1. 掌握 6S 管理方法 2. 能够结合现场实际情况进行目视化改善				
任务描述	根据任务目标，以小组讨论的方式，结合实训室实地情况，对实训室进行 6S 管理及目视管理				
任务构思					
相关概念					
任务准备					
任务设计					
实施计划					
任务实施					
操作步骤					
任务总结					
任务结果					

➤ 学习自测

一、填空题

1.＿＿＿＿＿＿＿＿＿＿ 是把留下来的物品依规定位置摆放整齐有序并加以标识。

2. 清洁目的是通过＿＿＿＿＿＿＿ 、＿＿＿＿＿＿＿＿ 、＿＿＿＿＿＿＿＿ ，建立标准作业和工作规范；使以上推行 3S 的优越点规范化、标准化。

3. 目视管理的原则为＿＿＿＿＿＿＿ 、＿＿＿＿＿＿＿ 、＿＿＿＿＿＿＿ 。

二、选择题

1. 利用形象直观、色彩适宜的各种视觉感知信息来组织现场生产活动，目的是（　　）。

　　A. 使工作现场更加轻松愉悦

　　B. 一看便知，任何人都能对标准清楚明了

　　C. 没有任何感知

　　D. 起不到什么效果

2. 目视管理的基本要求是（　　）

　　A. 统一　　　　　　　B. 简约　　　　　　C. 鲜明　　　　　　D. 实用

3. 6S 活动推行中，下面哪个最重要？（　　）

　　A. 人人有素养　　　B. 地、物干净　　　C. 工厂有制度　　　D. 生产效率高

三、思考题

目视管理的基本要求包括哪几个方面？

┃任务 2　看板管理 ◎

➤ 任务描述

　　JIT 生产方式是以降低成本为基本目的，在生产系统的各个环节全面展开的一种使生产有效进行的新型生产方式。在实现 JIT 生产中，最重要的管理工具是看板（Kanban）。看板是用来控制生产现场的生产排程工具，犹如巧妙连接各道工序的神经，发挥着重要作用。JIT 与看板管理存在着哪些联系呢？

➤ 任务要求

　　1. 理解看板管理的核心思想。

　　2. 掌握看板的种类。

　　3. 学会制作看板。

➤ 相关知识

1. 看板管理的概念

　　看板管理方法是在同一道工序或者前后工序之间进行物流或信息流的传递。JIT 是一种拉动式的管理方式，它需要从最后一道工序通过信息流向上一道工序传递信息，这种传递信息的载体就是看板。没有看板，JIT 是无法进行的。因此，JIT 生产方式有时也被称作看板生产方式。一旦主生产计划确定以后，就会向各个生产车间下达生产指令，然

后每一个生产车间又向前面的各道工序下达生产指令,最后再向仓库管理部门、采购部门下达相应的指令。这些生产指令的传递都是通过看板来完成的。

看板管理亦称"看板方式""视板管理",是在工业企业的工序管理中,以卡片为凭证,定时定点交货的管理制度。"看板"是一种类似通知单的卡片,主要传递零部件名称、生产量、生产时间、生产方法、运送量、运送时间、运送目的地、存放地点、运送工具和容器等方面的信息、指令。一般分为:在制品看板,主要用于固定的相邻车间或生产线;信号看板,主要用于固定的车间或生产线内部;订货看板(亦称"外协看板"),主要用于固定的协作厂之间。

2. 看板的种类

看板的本质是在需要的时间,按需要的量对所需零部件发出生产指令的一种信息媒介体,而实现这一功能的形式可以是多种多样的。看板总体上分为六大类。

(1)工序内看板   工序内看板是指某工序进行加工时所用的看板,是指示工序必须生产的产品种类和数量信息的看板。因为只在工作地和它的出口存放处来回循环,因此又称生产看板,见表2-3。

表2-3   工序内看板

零件号		SX507866	
前工序	成型	后工序	组装
收容数	4	看板发行张数	5
看板编号	3086	安全库存	3
车型	31-59SY	储位	M102

(2)工序间看板   工序间看板是指工厂内部后工序到前工序领取所需的零部件时所使用的看板。表2-4为典型的工序间看板,前工序为部件1#线,本工序总装2#线所需要的是号码为A232-6085C的零部件,根据看板就可到前一道工序领取。

表2-4   工序间看板

前工序 部件1#线	零部件号:A232-6085C(上盖板) 箱型:3型(绿色)	使用工序总装2#线
出口位置号 (POSTNO.12.2)	标准箱内数:12个/箱 看板编号:2#5张	入口位置号(POSTNO.4)

(3)双看板系统   双看板系统是依靠工序内看板和工序间看板,分别来传递生产指令和搬运指令的生产信息系统。双看板系统使用循环图如图2-30所示。

双看板系统循环的七大步骤如下:

① 当后工序摘下的工序间看板积存在工序间看板箱到规定数量(或到规定好的时间)时,物料配送人员把工序间看板箱中的工序间看板和空容器装到搬运车上,走向前工序的零部件存放区。

② 如果物料配送人员在物料存放场A领取零部件,就取下附在容器内零部件上的工序内看板,并将这些看板放入生产看板接收箱。配送人员还要把空容器放到前工序指定的区域。

③ 配送人员在取下每一张工序内看板时,需换取一张工序间看板附到容器上。在交

换两种看板的时候，要注意仔细核对工序间看板和同种物品的工序内看板是否相符。

④ 在后工序，作业人员每开始使用一箱物料时，就必须把附在容器上的工序间看板摘下并放入工序间看板箱中。

⑤ 在工序前，生产了一定数量的零部件时，必须从生产看板接收箱中收集工序内看板，按照在存放场 A 摘下的顺序，放入工序内看板箱。

⑥ 按照看板领取物料。

⑦ 前工序按放入工序内看板箱的顺序进行生产。

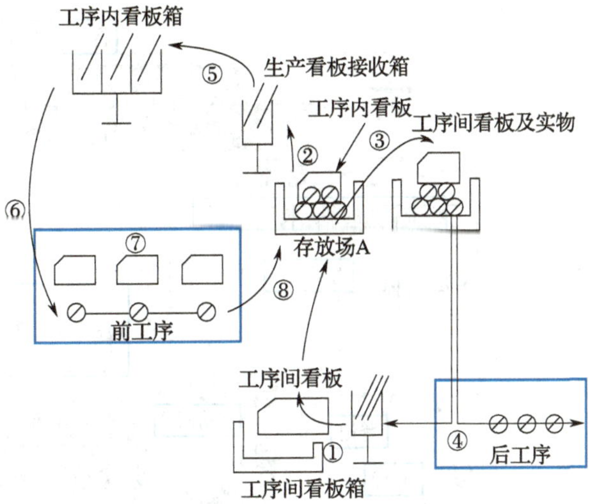

图 2-30　双看板系统使用循环图

⑧ 在前工序零部件加工完成装满一箱后，附上工序内看板，一起放到存放场 A，以便后配送人员随时领取。

（4）外协看板　外协看板是针对外部的协作厂家所使用的看板，见表 2-5。对外订货看板上必须记载进货单位的名称、进货时间、每次进货的数量等信息。外协看板与工序间看板类似，只是"前工序"不是内部的工序，而是供应商。通过外协看板的方式，从最后一道工序慢慢往前拉动，直至供应商。因此，有时候企业会要求供应商也推行 JIT 生产方式。

表 2-5　外协看板

进货时间	品名 _____		储位
09:30	供货厂 _____		
	交入场所 _____		
15:30	车种类别 _____		
进货循环	容器	收容数	看板张数	后工序
1-8-3		20		

外协看板的使用步骤如图 2-31 所示。

1）卡车司机把外协看板送到供货厂家的看板室，然后将空箱放回仓库。

2）将带着上次外协看板的部品装入卡车，送货入厂。

3）经过登记后，卸货送入集货区或订货厂家指定地点。

4）物流配送人员把零部件送入生产线。

5）出厂。

一般情况下，生产线与材料存放区域的距离较远，将材料送入生产线并要求外协厂家供应原材料需要经历七个阶段，如图 2-32 所示。

1）生产线上的作业人员如果发现材料箱空了，就按生产线旁的按钮。

将空箱放回仓库　　将看板放回看板室

供货单位

将带看板的部品装入卡车

送货入厂

看板厂家分类

出厂

工厂内部

登记

空箱回收

卸货

看板回收

送入集货区　　送至生产线

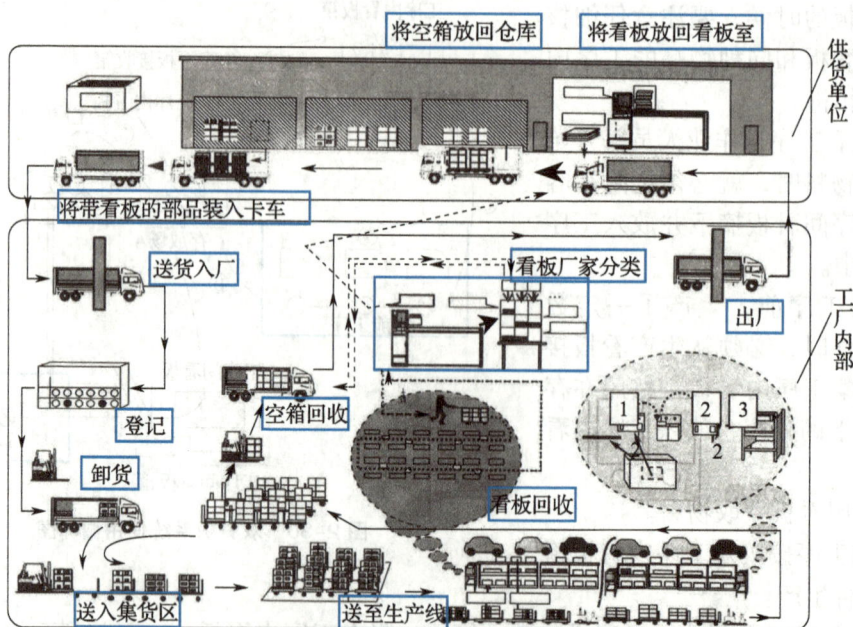

图 2-31　外协看板使用步骤图示

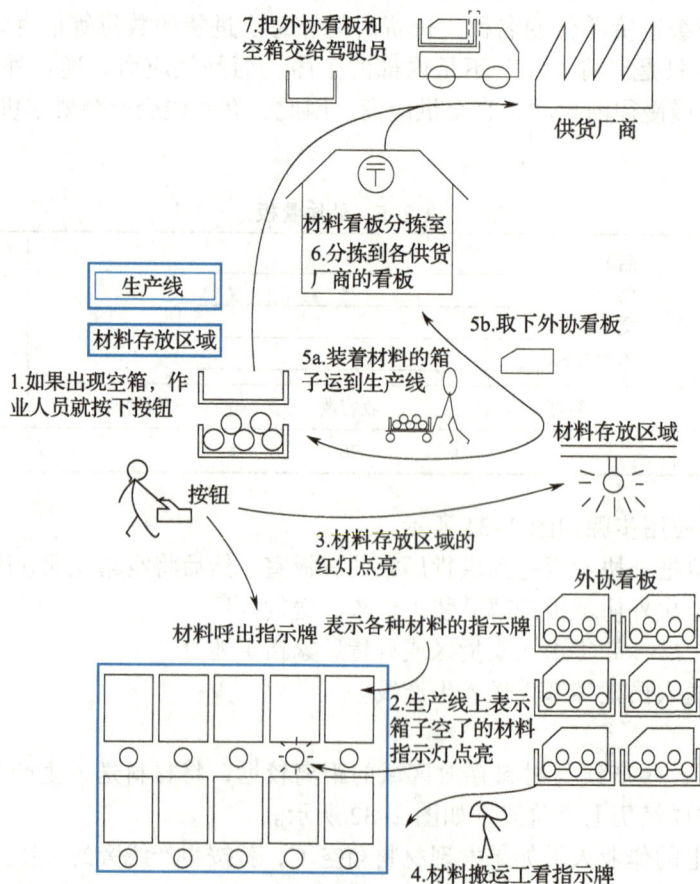

7.把外协看板和空箱交给驾驶员

供货厂商

材料看板分拣室
6.分拣到各供货厂商的看板

5b.取下外协看板

生产线

材料存放区域

5a.装着材料的箱子运到生产线

1.如果出现空箱，作业人员就按下按钮

材料存放区域

按钮

3.材料存放区域的红灯点亮

外协看板

材料呼出指示牌　表示各种材料的指示牌

2.生产线上表示箱子空了的材料指示灯点亮

4.材料搬运工看指示牌

图 2-32　外协厂家供应流程图

2）设置在材料存放区域旁的材料呼出指示牌动作，指示这种材料的指示牌下面的灯点亮。

3）材料存放区域的红灯同时点亮。

4）材料存放区域中的材料搬运工看到材料呼出指示牌，确认是哪个指示牌下面的呼叫灯亮了。

5）材料搬运工把装满这种材料的箱子运到生产线上。虽然这个材料箱还放着外协看板，但是材料搬运工在把箱子运往生产线之前，必须摘下这张看板。

6）把这张外协看板送到看板分拣室，按供货厂商单位进行分拣。

7）经过这样处理分类的外协看板，为了发送到供货厂商，要交给卡车驾驶员。这时，卡车已经装好空箱。

（5）信号看板　信号看板是在不得不进行成批生产的工序之间所使用的看板。图 2-33 所示为三角看板及材料领取看板。信号看板挂在成批制作出的产品上，当该批产品的数量减少到基准数时摘下看板，送回到生产工序，然后生产工序按该看板的指示开始生产。另外，从零部件出库到生产工序，也可利用信号看板来进行指示配送。

前工序	存放处 ⟹	冲压	后工序
编号	IU-4	品名	钢板
材料规格	50cm×3cm×5cm	托盘容量	40
批量规格	200	托盘编号	6

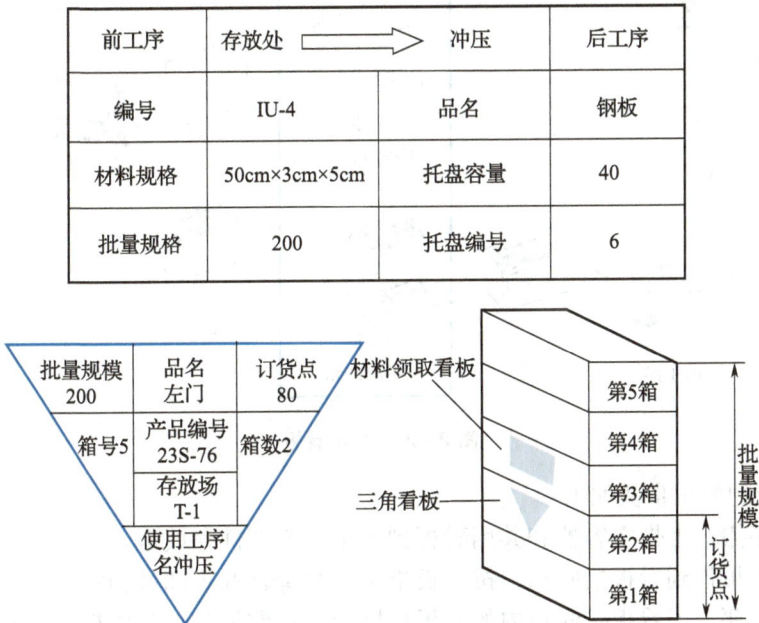

图 2-33　三角看板及材料领取看板

（6）特殊用途看板

1）特急看板。在零部件发生不足时发行特急看板，如图 2-34 所示。

2）临时看板。为处理出现不合格品和设备故障、差单生产等情况，或需要增加某些库存时，发行临时看板，如图 2-35 所示。与其他种类的看板不同的是，临时看板主要是为了完成非计划内的生产或设备维护等任务，因而灵活性比较大。

3）连续看板。在多个工序中使用一张通用的看板，这样的看板为连续看板。

4）标签。在输送线上贴有标明需要运送的零件、数量、时间的卡片称为标签。标签常常贴在输送线悬挂零件的悬挂架上。

自　　　至	领取看板		
第三工厂	存放场 3D315	编号 A3-14	
	产品编号	S780E04	
	品名	曲轴	
	型式 P×406BC-10	收容数 10	1/20

图 2-34　特急看板

生产指示看板		
存放场		工序
产品编号		
品种		
型号	发行时间	

图 2-35　临时看板

5）共用看板。两个工序之间的距离非常近，在一名操作人员操作两个工序的情况下，领取看板也作为生产指示看板使用，称为共用看板，如图 2-36 所示。

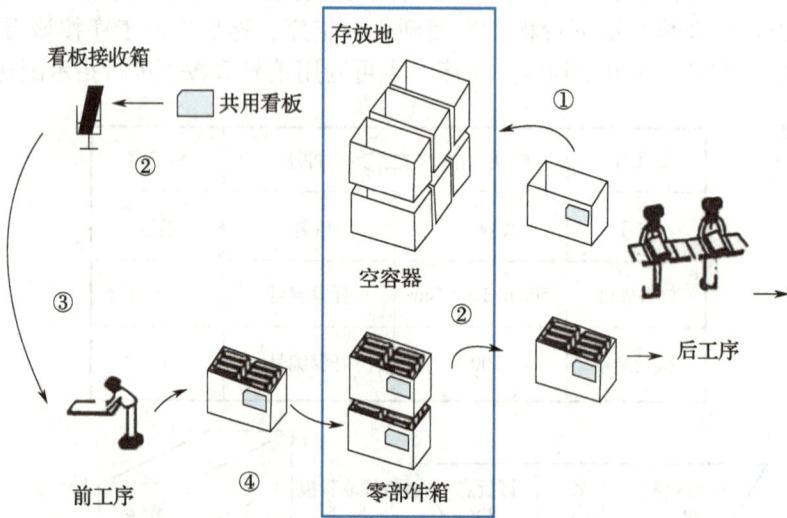

图 2-36　共用看板

共用看板的使用步骤如下：

① 后工序搬运工带空容器和共用看板到前工序零部件存放地。

② 将该看板带到看板接收箱，按看板指示的数量领取零部件箱数。

③ 在前工序，当看板接收箱内的看板积攒到一定数量时，开始按照看板顺序生产。

④ 前工序把生产好的零部件和看板一同运至物料存放地。

3. 看板的使用方法

看板有若干种类，因而看板的使用方法也不尽相同。如果不周密地制定看板的使用方法，生产就无法正常进行。我们从看板的使用方法上可以进一步领会 JIT 生产方式的独特性。在使用看板时，每一个传送看板只对应一种零部件，每种零部件总是存放在规定的、相应的容器内。因此，每个传送看板对应的容器也是一定的。

（1）工序内看板的使用方法　工序内看板的使用中最重要的一点是看板必须随实物（即产品）一起移动。后工序来领取中间品时摘下挂在产品上的工序内看板，然后挂上领取用的工序间看板。之后该工序按照看板被摘下的顺序以及这些看板所表示的数量进行生产。如果摘下的看板数量变为零，则停止生产，这样既不会延误也不会产生过量的存储。

（2）信号看板的使用方法　信号看板挂在成批制作出的产品上面。当该批产品的数量减少到基准数时就摘下看板，送回到生产工序，然后生产工序按照该看板的指示开始生产。没有摘下看板则说明数量足够，不需要再生产。

（3）工序间看板的使用方法　工序间看板挂在从前工序领来的零部件的箱子上，当该零部件被使用后，取下看板，放到设置在作业场地的看板回收箱内。看板回收箱中的工序间看板所表示的意思是"该零部件已被使用，请补充"。现场管理人员定时来回收看板，集中起来后再分送到各个相应的前工序，以便领取需要补充的零部件。

（4）外协看板的使用方法　外协看板的摘下和回收与工序间看板基本相同。回收以后按各协作厂家分开，等各协作厂家来送货时由他们带回去，成为该厂下次生产的生产指示。在这种情况下，该批产品的进货至少将会延迟一回以上。因此，需要按照延迟的回数发行相应的看板数量，这样就能够做到按照 JIT 进行循环。

看板方式作为一种进行生产管理的方式，在生产管理史上是非常独特的。看板方式也可以说是 JIT 生产方式最显著的特点；但是，决不能将 JIT 生产方式与看板方式等同起来。

JIT 生产方式说到底是一种生产管理理念，而看板只不过是一种管理工具。看板只有在工序一体化、生产均衡化、生产同步化的前提下，才有可能发挥作用。如果错误地认为 JIT 生产方式就是看板方式，不对现有的生产管理方式作任何变动就单纯地引进看板方式，是对企业发展起不到任何作用的。

4. 看板操作的六项使用原则

看板是 JIT 生产方式中独具特色的管理工具。看板的操作必须严格符合规范，否则就会陷入形式主义的泥潭，起不到应有的效果。

概括地讲，看板操作过程中应该注意以下 6 项使用原则：

1）没有看板不能生产也不能搬运。

2）看板只能来自后工序。

3）前工序只能生产取走的部分。

4）前工序按收到看板的顺序进行生产。

5）看板必须和实物一起。

6）不把不良品交给后工序。

5. 看板使用中的问题

1）看板使用过程中常见的问题见表 2-6。

表 2-6　看板使用过程中常见的问题

序号	问题	负责人
1	没有在拿取第一个零部件之前摘掉看板	生产作业人员
2	摘掉的看板没有放到看板回收箱中，造成看板丢失	生产作业人员
3	忘记摘看板，造成看板与空箱一起被返回厂家	生产作业人员

（续）

序号	问题	负责人
4	看板回收不及时，造成看板晚发出	看板回收人员
5	大零件（无看板回收箱）被运送上线时看板跌落，造成看板丢失	送货人员

2）看板使用过程中的注意事项见表 2-7。

表 2-7　看板使用过程中的注意事项

序号	注意事项	负责人
1	将零部件运送上线时，注意不要把看板弄丢	物流人员
2	摘看板一定要在拿取整箱零部件的第一个零部件前	生产作业人员
3	摘掉的看板要及时放到看板回收箱内	生产作业人员
4	发现零部件箱上没有插看板或看板与零部件不符，要及时通知班长	生产作业人员
5	一旦发生晚摘看板情况不要自行处理，要及时通知班长或物流员	生产作业人员

3）看板管理的局限性：看板以持有基准库存为前提，从初始就没打算实现零库存。由于看板必须附在物品上，随物品移动，还要用手回收，所以看板的搬运花费时间。如果使用现代的通信系统，看板的信息瞬间就可以传送过来，避免搬运的人工浪费。若生产线上的混流品种过多，看板方式容易导致现场的大量库存，这种情况下看板生产方式就没有优势。

➤ 学习自测

一、填空题

1. 看板管理方法是在同一道工序或者前后工序之间进行＿＿＿＿＿＿或＿＿＿＿＿＿的传递。

2. 看板总体上分为六大类：＿＿＿＿＿＿＿＿＿、＿＿＿＿＿＿＿＿＿、＿＿＿＿＿＿＿＿、外协看板、信号看板和特殊用途看板。

3. ＿＿＿＿＿＿＿＿是指工厂内部后工序到前工序领取所需的零部件时所使用的看板。

二、选择题

1.（　　　）是依靠工序内看板和工序间看板分别来传递生产指令和搬运指令的生产信息系统。

　　A. 工序间看板　　　B. 双看板系统　　　C. 工序内看板　　　D. 外协看板

2. 在零部件发生不足时发行（　　　）

　　A. 特急看板　　　　B. 外协看板　　　　C. 临时看板　　　　D. 连续看板

3. 看板操作过程中应该注意的使用原则包括（　　　）。

　　A. 没有看板不能生产也不能搬运

　　B. 看板只能来自后工序

　　C. 前工序只能生产取走的部分

　　D. 前工序按收到看板的顺序进行生产

三、思考题

请归纳看板使用过程中容易存在的问题。

➢ 任务工单

任务名称	看板管理				
学生姓名		班级		学号	
学习场所		学时		日期	
任务目标	1. 明确看板的类型 2. 掌握看板的使用规则 3. 能够辨析看板使用过程中存在的问题				
任务描述	根据任务目标，明确学习要点，以小组讨论的方式，结合实训室重库出入库流程，设计出适用的看板				
任务构思					
相关概念					
任务准备					
任务设计					
实施计划					
任务实施					
操作步骤					
任务总结					
任务结果					

| 任务 3　标准作业 ⊙

➤ 任务描述

在工厂里，所谓"制造"就是以规定的成本、规定的工时，生产出品质均匀、符合规格的产品。因此，必须对作业流程、作业方法、作业条件加以规定并贯彻执行，使之标准化。标准化的作用主要是把企业内的成员所积累的技术、经验，通过文件的方式来加以保存，不会因为人员的流动，整个技术、经验跟着流失。有了标准化，每一项工作即使换了不同的人来操作，也不会因为不同的人在效率与品质上出现太大的差异。如果没有标准化，老员工离职时，他将所有曾经发生过问题的对应方法、作业技巧等宝贵经验装在脑子里带走后，新员工可能重复发生以前的问题，即便在交接时有了传授，但凭记忆很难完全记住。没有标准化，不同的师傅将带出不同的徒弟，其工作结果的一致性可想而知。那么怎样实现标准化呢？

➤ 任务要求

1. 掌握标准作业的定义。
2. 掌握标准作业的三要素。
3. 熟悉标准作业的制定要求。

➤ 相关知识

1. 标准作业的定义

标准作业是以人的动作为中心，按照没有浪费的作业顺序进行安全且高效生产的作业方式，是力图做到整个线体同步化的一种工具。

2. 标准作业的目的

1）通过必要的、最小数量的作业人员进行生产是产品的生产方法和管理的根本。标准作业体现的是监督者的意志，即消除浪费、满负荷生产、保证质量和安全。

2）标准作业是改善的工具。无标准就无法改进，无法区别正常和异常。为了发现无效劳动和不均衡的现象要实施标准作业。

3. 推行标准作业的意义

1）提高作业精度。生产节拍以秒计算，提高了作业精度。

2）提高工作效率。将总作业时间分为要素作业时间、辅助时间、走动时间三类，使改善目标更明确。

3）质量过程控制能力增强。推行标准作业后，体现品质三不原则，即不接受不合格品、不制造不合格品、不流出不合格品。推行标准作业之前：现场使用的指导文件是工艺文件，新员工入厂主要靠师傅带徒弟的形式进行培训，员工的操作没有依据，随意性强。推行标准作业之后：现场使用的指导文件是工艺文件和标准作业，新员工入厂依据标准作业进行培训，员工操作依据标准作业。

4. 标准作业的三要素

1）节拍时间。所谓节拍时间，是指应该用多长时间（即几分几秒）生产一个或一件产品的目标时间值。它是由市场销售情况决定的，与生产线的实际加工时间、设备能力、作业人数等无关。

一天的需要数量，以劳动时间除一个月的需要数量就能算出来。周期时间是一天的需要数量除劳动时间得出的结果。虽然周期时间被确定了，但因制造者的不同也会出现个人差异。

人们常说"时间是操作的影子"。多数的"慢"是由于操作和程序不合适而产生的。为此，必须手把手地教，这会增加作业人员对监督人员的信任。同时，要促进作业人员与作业人员间的相互联系，要创造能够"互助"的条件。因为活儿是由人来干的，如果由于稍许的个人差异或因身体情况造成的参差不齐，就会把上一个从事这项工作的人干的活儿抵消了。这就如同接力赛中传递接力棒一样。

理论节拍时间 TT（Takt Time）的计算公式为：

$$理论节拍时间 = \frac{每个周期的操作时间}{每个周期所需的产品数量}$$

考虑时间损失的实际节拍时间 ATT（Actual Takt Time）的计算公式为：

$$实际节拍时间 = 理论节拍时间 \times 制造综合效率$$

2）作业顺序。作业顺序指作业者能够效率最高地生产合格品的生产作业顺序。它是实现高效率的重要保证。作业顺序有好坏之分，好的作业顺序是没有多余的无用动作的作业顺序，如图 2-37 所示。不同的作业顺序将决定不同的作业效率，因此只有深入生产现场进行仔细观察，认真分析作业者的每一个动作，把手、足、眼的活动分解，使其做到动作最少、路线最短，才能制定出好的作业顺序。

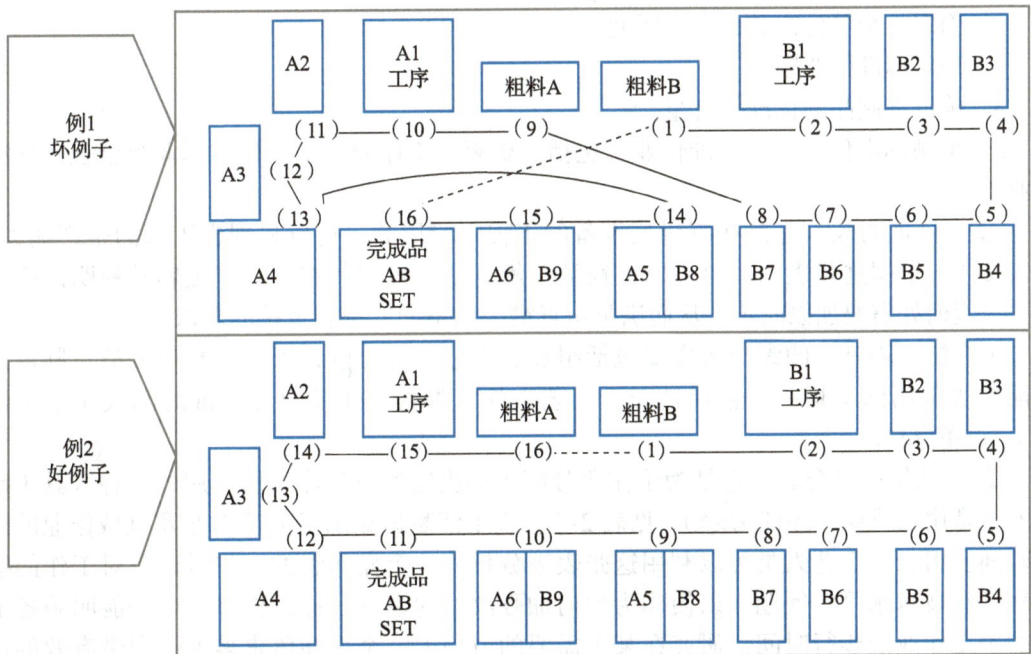

图 2-37　作业顺序示例

3）标准手持（即标准存活量）。标准手持，是指能够让标准作业顺利进行的最少的中间在制品数量。也就是按照顺序进行操作时，为了能够反复以相同的顺序操作生产而在工序内持有的最少限度的待加工品。

5. 标准作业的制定要求

一个好的标准作业的制定要满足以下六个要求：

1）目标指向。标准必须是面对目标的，即遵循标准总是能保持生产出相同品质的产品。因此，与目标无关的词语、内容不能出现。

2）显示原因和结果。例如"安全地上紧螺钉"，这是一个结果，应该描述如何上紧螺钉。又比如"焊接厚度应是 $3\mu m$"，这是一个结果，应该描述为"焊接工用施 3.0A 电流 20min 来获得 $3.0\mu m$ 的厚度"。

3）准确。要避免抽象的描述，例如"上紧螺钉时要小心"，什么是要小心？这样模糊的词语是不宜出现的。

4）数量化和具体。每个读标准的人必须能以相同的方式解释标准。为了达到这一点，标准中应该多使用图和数字。例如，使用一个更量化的表达方式，使用"离心机 A 以 100 ± 50 r/min 转动 5~6min 的脱水材料"来代替"脱水材料"的表达。

5）现实。标准必须是现实的，即可操作的。

6）修订。标准在需要时必须修订。在优秀的企业中，工作是按标准进行的，因此标准必须是最新的，是当时正确的操作情况的反映。永远不会有十全十美的标准。

6. 确定标准作业的步骤

1）确定节拍时间。

2）确定一个单位产品的完成时间。

3）确定标准作业顺序。

4）确定在制品的标准持有量。

5）编制标准作业书。标准作业书包括三要素：工序能力表、标准作业组合表、标准作业票。

① 工序能力表。它是在有机械设备的工程中所用的，可以显现出工程的生产能力，见表 2-8。根据这张表的内容可以很快地了解这个工程有何瓶颈，能很容易地明白这台设备究竟何处需要加以改善，从而满足市场需要的不同产量和节拍的要求。

工序能力表制定的参与人主要包括组长、工艺人员、设备人员、操作人员。制定工序能力表常用的工具主要包括秒表、工艺文件、参数、作业单元基准时间表（手工作业）、设备资料。

② 标准作业组合表。它是为了作业分配（即决定作业程序）所使用的一种工具（参与人、常用工具同工序能力表），见表 2-9。表中清楚地显示了人工作业及机械作业的经过时间。组长、工艺人员可以利用这张表来分析每一个操作者的工作量以及对工作的熟练程度和技术水平等问题，以便作为如何加强改善的参考。标准作业组合表能明确各工序的手工作业及步行时间，研究在某个需要的节拍内一个人能负责多大范围最有效的作业，记入设备自动进给时间（包括传送时间），综合起来考虑人和设备是否可更有效地组合。

表 2-8 工序能力表

年　　　月　　　日

主任		件号		型式		部门		
工长		名称		个数		姓名		
工序号	工序名称	设备代号	基本作业时间			电极、模、工具		加工能力	备注
			手工作业时间	自动加工时间	完成时间（手工＋自动）	交换次数	交换时间		

表 2-9 标准作业组合表

产品型号	X 系列	标准作业组合表		制作日期	2017-11-5	循环时间	180s									
工位	二氧焊接工位			部门	车身车间	节拍	180s									
序号	作业名称	时间/s		作业时间/s												
		操作	步行	20	40	60	80	100	120	140	160	180	200	220	240	260	280
1	前柱与仪表板外侧（左、右）：4 点	25	5														
2	前柱下部外侧（左、右）：2 点	10															
3	顶盖前横梁（左、右）：1 点	10															
4	前柱与仪表板内侧（左、右）：3 点	15															
5	前柱下部内侧（左、右）：2 点	10															
6	中柱下部（左、右）：2 点	10	5														
7	后弹性支座（左、右）：3 点	65	5														
8	装饰条（左、右）：2 点	10	10														
合计		155	25														
总计		180															

③ 标准作业票。它是记录每一个人的作业范围，公布在生产线现场，作为工长、组长管理现场作业人员的工具。

标准作业票由组长负责制作，并公布在现场，不仅要让部下执行其中的各项规定，同时组长也必须负起该作业内容的责任，贯彻执行。

标准作业票中除了填写标准作业三要素内容外，还要填写质量确认、安全注意等符号。具体示例如图 2-38 所示。

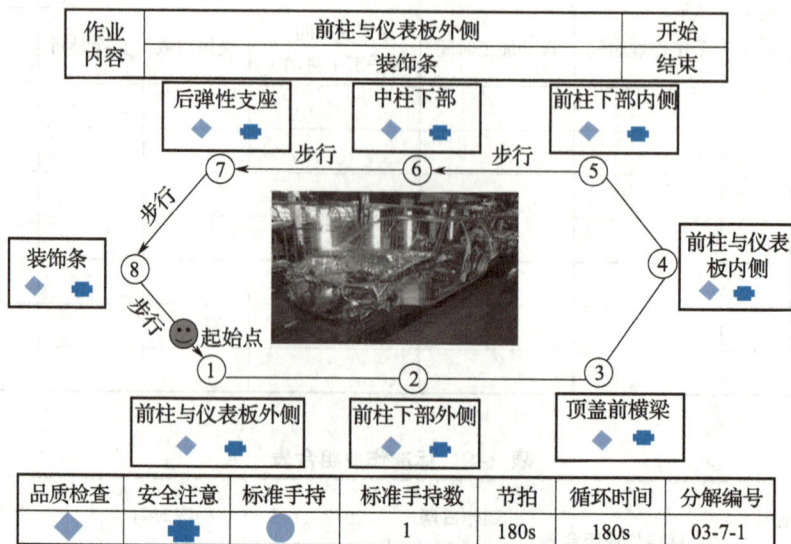

图 2-38　前柱与仪表板外侧装饰条标准作业票

7. 标准作业卡

标准作业卡是为了了解工位全体操作人员的作业状态，记入标准作业三要素之外的质量确认、安全注意等方面的内容，并在现场进行目视，记录每个操作者的作业范围，是监视生产线作业状态而用的工具。标准作业卡示例见表 2-10。

➤ 学习自测

一、填空题

1. 总作业时间分为＿＿＿＿＿＿＿＿ 、＿＿＿＿＿＿＿＿ 、＿＿＿＿＿＿＿＿三类。

2. ＿＿＿＿＿＿＿＿＿ 是指应该用多长时间（即几分几秒）生产一个或一件产品的目标时间值。

3. 为了发现＿＿＿＿＿＿＿＿ 和＿＿＿＿＿＿＿＿的现象要实施标准作业。

二、选择题

1. 标准作业书包括（　　）三要素。

　　A. 工序能力表　　　　B. 标准作业组合表　　　C. 标准作业票　　　　D. 节拍

2. 节拍时间是由（　　）决定的。

　　A. 市场销售情况　　　B. 实际加工时间　　　　C. 设备能力　　　　D. 作业人数

3. （　　）是在有机械设备的工程中所用的，它可以显现出工程的生产能力。

　　A. 工序能力表　　　　B. 标准作业组合表　　　C. 标准作业票　　　　D. 节拍

三、思考题

简述确定标准作业的步骤。

表2-10　标准作业卡

标准作业卡	适用范围	岗位名称	编制	审核	批准
			编制日期	年　月　日	
岗位职责描述	货物向自由置场的运送空料箱的返回	牵引车驾驶员			
牵引车驾驶员在驾驶牵引车前对牵引车进行点检，确保牵引车各项性能处于正常范围。如发现异常，应及时通知作业组长并进行记录，待修理后再进行作业					

序号	作业内容	内容说明
1. 驾驶前准备		将转换完包装的料箱按照入库看板置入自由置场，置于相应货位，在目视板上进行货位标注，并负责空料箱集装放入空箱回运工作
2. 装货		牵引车驾驶员将转换完包装的料箱按照入库看板置于搬运台车上。摆货时应遵循由下到上、由里到外的原则，双手拿取货物，每次只许拿取一件
3. 运货		驾驶员驾驶牵引车将货物运送到自由置场。在运货途中要安全行驶，按规定线路运行，注意货物是否有脱路现象发生
4. 卸货		到达自由置场，将货物从台车上卸下，并在目视板上进行货位标注。卸货时应遵循由上到下、由里到外到里的原则，双手拿取货物，每次只许拿取一件
5. 空箱回运		将拣选作业完毕后剩余的空箱装入台车，运回至空箱存放区域
6. 台车返回		将台车驾驶回空车置场，按顺序停放在指定位置，等待下次作业

作业要领

序号	作业内容	注意事项	不遵守会怎样	异常处理
1	驾驶前准备	对牵引车进行点检	牵引车如果存在安全隐患，容易在工作中造成事故	异常发生时不要自己进行判断和处理，按作业组长指令操作或通知作业组长，并做好记录
2	装货	双手拿取，每次只拿一件	货物脱落造成损坏；货物过重或用力不均造成肌肉拉伤	
3	运货	按规定线路运行	车辆拥挤，造成事故	
4	卸货	置于相应的货位，并在目视板上进行货位标注	造成货位混乱，不利于拣货人员拣取货物	
5	台车返回	空车停放在指定位置	空车置场秩序混乱	

劳保用品

工装、安全帽、线手套

➢ 任务工单

任务名称	标准作业				
学生姓名		班级		学号	
学习场所		学时		日期	
任务目标	1.掌握标准作业的定义 2.掌握标准作业的三要素 3.熟悉标准作业的制定要求				
任务描述	根据任务目标，以小组为单位，完成某一项作业的标准作业书				
任务构思					
相关概念					
任务准备					
任务设计					
实施计划					
任务实施					
操作步骤					
任务总结					
任务结果					

| 任务 4 价值流程图分析 ◎

➤ 任务描述

价值流程图（Value Stream Mapping，VSM）是在 20 世纪 80 年代，由丰田汽车公司的两位首席工程师率先运用，目的是提高生产效率。发展至今，价值流程图已成为丰田精益制造（Lean Manufacturing）生产系统框架下的一种用来描述物流和信息流的形象化工具。价值流程图存在的最大价值及意义就是寻找到生产过程中的浪费（不增值的活动），并且消除它。企业生产经营过程中存在哪些浪费？我们如何识别这些浪费呢？

➤ 任务要求

1. 掌握价值流程图的概念。
2. 学会应用价值流程图进行分析。
3. 能够有效识别浪费。

➤ 相关知识

1. 价值流程图相关概念

价值流，是指产品从原材料到成品的生产过程，包括增值和非增值活动。

价值流程图是丰田精益制造生产系统框架下的一种用来描述物流和信息流的形象化工具，是指产品从原材料至最终成品所需要的活动（包括增值和非增值活动）。价值流程图通常包括对"当前状态"和"未来状态"两个状态的描摹，从而作为精益制造战略的基础。价值流程图的目的是辨识和减少生产过程中的浪费。浪费在这里被定义为不能够为终端产品提供增值的任何活动，并经常用于说明生产过程中所减少的"浪费"总量。

价值流程图分析，则是为了达到价值流程图绘制的目的（寻找到生产过程中的浪费并且消除它）而进行的一种分析方法。通过绘制价值流程图，表现价值流，对价值流程图进行价值流程图分析，来实现价值流程图的目的。

价值流、价值流程图、价值流程图分析三者之间可以说是层层递进又环环相扣的关系。价值流程图是其中承上启下、最为重要的要素，也是企业对生产制造过程分析问题、提高效率的有效工具。

2. 价值流程图分析

价值流程图分析的是两个流程：第一个是信息（情报）流程，即从市场部接到客户订单或市场部预测客户的需求开始，到使之变成采购计划和生产计划的过程；第二个是实物流程，即从供应商供应原材料入库开始，随后出库制造、成品入库、产品出库，直至产品送达客户手中的过程。此外，实物流程中还包括产品的检验、停放等环节。

企业在进行价值流程图分析时，首先要挑选出典型的产品作为深入调查分析的对象，从而绘制出信息（情报）流程和实物流程的现状图，然后将现状图与信息（情报）流程和实物流程的理想状况图相比较，发现当前组织生产过程中存在的问题，进而针对问题提出改进措施。

3. 价值流程图分析的对象

价值流程图分析的主旨是立即暴露存在的浪费问题，并彻底排除浪费。只有识别了问题，才能改善。很多不熟悉精益生产的人之所以会遇到一大堆难题，是因为他们没有找到问题。因此，要改善企业组织生产过程中的浪费问题，首先要认识浪费。

什么是浪费？在 JIT 生产方式中，浪费的含义与通常所说的浪费有所区别。对于 JIT 来讲，凡是超出增加产品价值所绝对必需的最少量的物料、设备、人力、场地和时间的部分都是浪费。因此，浪费不仅仅是指不增加价值的活动，还包括所用资源超过"绝对最少"界限的活动。其中，随着企业管理水平的逐步提高，"绝对最少"的界限是不断下降的。

价值流程图分析关注的八大浪费包括：不良 / 修理的浪费、过分加工的浪费、动作的浪费、搬运的浪费、库存的浪费、制造过多 / 过早的浪费、等待的浪费以及管理的浪费。这些浪费都是与 JIT 生产方式相违背的。八大浪费并不是在有价值流程图之后提出的，以丰田汽车公司为代表的企业早在 20 世纪 60 年代就提出了这一概念。其中，管理的浪费直到 20 世纪 90 年代才真正得到人们的重视。

4. 价值流程图分析的方法

对一个产品来说，以下两条主要流动路径是至关重要的：一是从原材料到达顾客手中的生产流程；二是从概念到正式发布的产品设计流程。价值流就是使一个产品通过这些主要流程所需要的全部活动，包括增值活动、必要但非增值活动和非增值活动（即浪费）三类。研究表明，企业用于增值活动的时间仅占整个流程的极小部分，大部分时间都花在非增值活动中。价值流程图是一种使用铅笔和纸的工具，它有助于观察和理解产品通过价值流过程时的物料流动和信息流动，以及其中的增值和非增值活动，从而发现浪费和确定需要改善的地方，为改善活动定下一个蓝图和方向，同时也便于员工了解企业的状态，提供参与改善的机会。

应用价值流程图分析企业生产流程，意味着要从全盘看待问题，而不是集中于某个单独的过程；意味着将改变整体，而不仅仅是优化某个部分。

在价值流程图分析中，有一套约定俗成的符号供绘制使用，如图 2-39 所示，使用者只要经常运用，就能轻易掌握。价值流程图分析法一般先对运作过程的现状进行分析，即"当前状态图"。然后研究运作流程中的每一道工序，从下游追溯到上游，直至供应商。分析每道工序的增值和非增值活动，包括准备、加工、换型、库存、物料转移方法、质量状况、停机次数、班次、人数等，记录对应的时间。接着要了解和分析物流信息的传递方法和路径，包括顾客到工厂、工厂到供应商、生产物料计划到各工序的信息传递情况、生产计划是如何下达的。最后，有了上面的资料，就可以计算出整个运作过程的生产周期（Total Product Cycle Time）以及相应的增值时间。

有了"当前状态图"，管理人员一般都能比较容易地判别和确定出浪费所在及其原因，为消灭浪费和持续改善提供目标。"未来状态图"是以精益思想为指导，按照企业的实际情况，为未来的运作模式指明方向，设计新的精益流程。所谓"未来状态"，也仅仅是基于当前的技术和认知水平，在一定时间内可以达到的较为理想的目标。随着人们技术和认知水平的提高，原来的目标又变得不理想了，人们又进入了一个更高层次的改善循环。如此往复，正是精益思想中"与完美竞争，永无止境"的精髓所在。

生产控制	生产控制2	流程	客户/供应商	库存	库存2	运输箭头	上推箭头	电子信息
电子信息2	人工信息流	运输卡车	空运	铁路货运	交叉货仓	时间线片断	时间线终点	时间线汇总
数据表	数据表2	取材看板	批量取材...	生产看板	批量看板	注释	超市	安全/缓冲...
仓库	控制中心	工作间	信号看板	看板公告	生产量视察	语言信息	电话	MRP/ERP
Kaizen爆发	FIFO通道	FIFO通道2	负荷量	顺序下拉球	物理下拉	下拉箭头1	下拉箭头2	下拉箭头3

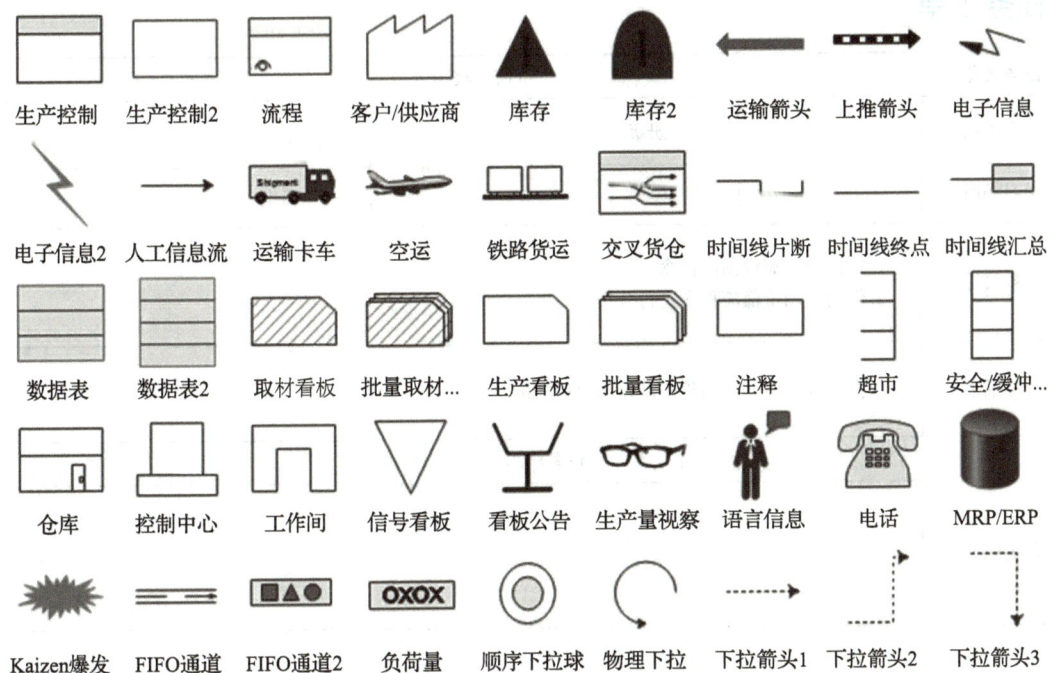

图 2-39 价值流程图分析图标

➤ 学习自测

一、填空题

1. 价值流,是指产品从原材料到成品的生产过程,包括_____和_____活动。

2. 价值流程图分析的主旨是立即暴露存在的浪费问题,并_____。

3. 应用价值流程图分析企业生产流程,意味着要从_____看待问题,而不是集中于某个单独的过程。

二、思考题

简述价值流程图分析关注的八大浪费。

➢ 任务工单

任务名称	价值流程图分析				
学生姓名		班级		学号	
学习场所		学时		日期	
任务目标	1. 掌握价值流程图的概念 2. 学会应用价值流程图进行分析				
任务描述	根据任务目标，绘制价值流程图分析图标				
任务构思					
相关概念					
任务准备					
任务设计					
实施计划					
任务实施					
操作步骤					
任务总结					
任务结果					

｜任务 5　生产线平衡设计 ⊘

➤ 任务描述

　　一个木桶盛水多少，并不取决于桶壁上最高的那块木板，而恰恰取决于桶壁上最短的那块木板，这一规律我们称之为"木桶定律"。木桶定律有三个推论：

　　A. 只有桶壁上所有木板都足够高，木桶才能盛满水。

　　B. 所有木板高出最低木板的部分是没有意义的，而且高出越多，浪费就越大。

　　C. 提高木桶容量最有效的办法就是设法加高最低木板的高度。

　　"生产线平衡"与"木桶定律"非常相似，生产线的最大产能不是取决于作业速度最快的工位，而恰恰取决于作业速度最慢的工位，最快与最慢的差距越大，产能损失就越大。

　　制造现场的各个车间或小组之间，彼此的管理水平、产能等往往是不等的，企业现场管理的整体水平并不取决于最优秀的车间单位，而是取决于最差的车间单位；同理，对一条生产线而言，其产量、效率高低也是如此。

　　怎样进行生产线平衡设计呢？

➤ 任务要求

　　1. 掌握生产线平衡的定义。

　　2. 能够进行生产线平衡设计。

➤ 相关知识

1. 生产线平衡的定义

　　生产线平衡（Line Balance），是对生产线的全部工序进行负荷分析，通过调整工序间的负荷分配使各工序达到能力平衡（作业时间尽可能相近）的技术手段与方法，最终消除各种等待浪费现象，提高生产线的整体效率，如图 2-40 所示。这种改善工序间能力使之平衡的方法又称为"瓶颈改善"。

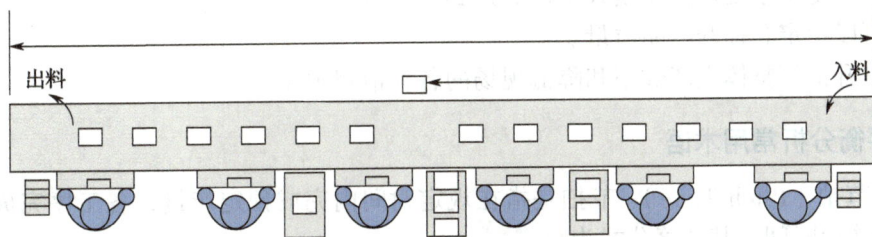

图 2-40　工序能力平衡图

　　流程的"循环时间"（Cycle Time）是指连续完成相同的两个产品（或两次服务，或两批产品）之间的间隔时间。换句话说，即指完成一个产品所需的平均时间。节拍通常只是用于定义一个流程中某一具体工序或环节的单位产出时间。如果产品必须是成批制作的，则节拍指两批产品之间的间隔时间。在流程设计中，如果预先给定了一个流程每天（或其他单位时间段）必须的产出，首先需要考虑的是流程的节拍。而通常把一个流程中生产节拍最慢的环节叫作"瓶颈"（Bottleneck）。流程中存在的瓶颈不仅限制了一个流程的产出速度，而且影响了其他环节生产能力的发挥。

更广义地讲，所谓瓶颈是指整个流程中制约产出的各种因素。例如，在有些情况下，可能利用的人力不足、原材料不能及时到位、某环节设备发生故障、信息流阻滞等，都有可能成为瓶颈。正如"瓶颈"的字面含义，一个瓶子的瓶口大小决定着液体从中流出的速度，生产运作流程中的瓶颈则制约着整个流程的产出速度。因此在流程设计中和日常生产运作中都需要引起足够的重视。

与节拍和瓶颈相关联的另一个概念是流程中的"空闲时间"（Idle Time）。空闲时间是指工作时间内没有执行有效工作任务的那段时间，可以指设备或人的时间。当一个流程中各个工序的节拍不一致时，瓶颈工序以外的其他工序就会产生空闲时间。这就需要对生产工艺进行平衡。

制造业的生产线多半是在进行了细分之后的多工序流水化连续作业生产线，此时由于分工作业，简化了作业难度，使作业熟练度容易提高，从而提高了作业效率。然而经过了这样的作业细分化之后，各工序的作业时间在理论上、现实上都不能完全相同，这就势必存在工序间节拍不一致出现瓶颈的现象。除了造成的无谓的工时损失外，还会造成大量的工序堆积，即存滞品发生，严重的还会造成生产的中止。为了解决以上问题，就必须对各工序的作业时间平均化，同时对作业进行标准化，以使生产线能顺畅活动。

2. 生产线平衡的意义

生产线平衡问题是一个与设施规划相牵连的问题。一个工作站要完成的工作总量与分配到该工作站的基本工作单元总数是一致的。生产线平衡问题就是将所有基本工作单元分派给各个工作站，以使每个工作站在节拍（即相邻两产品通过装配线尾端的间隔时间）内都处于繁忙状态，完成最多的操作量，从而使各工作站的未工作时间（闲置时间）最少。具体表现如下：

1）缩短产品装配时间，增加单位时间的产量，降低生产成本。

2）减少工序间的在制品，减少场地的占用。

3）减少工序之间的准备时间，缩短生产周期。

4）消除员工等待现象，提升员工士气。

5）改变传统小批量作业模式，使其达到一个流生产。

6）可以稳定和提升产品质量。

7）提升工厂整体生产效率和降低现场的各种浪费现象。

3. 平衡分析常用术语

（1）节拍（Pitch Time）　节拍是指在规定时间内完成预定产量，各工序完成单位成品所需的作业时间。其计算公式为：

$$节拍 = 有效出勤时间 / [生产计划量 \times (1+ 不良率)]$$

例： 每月的工作天数为 20d，正常工作时间每班次为 480min，该企业实行每天 2 班制，如果该企业的月生产计划量为 19200 个，不良率为 0，请问该企业的生产节拍是多少？

解： 节拍 = 有效出勤时间 / [生产计划量 × （1+ 不良率）]

$$= 480 \times 2 \times 20 / [19200 \times (1+0)]$$

$$= 1 （min / 个）$$

$$= 60 （s/ 个）$$

（2）传送带速度 CV（Conveyer belt Velocity）　传送带速度是指流水线的传送带传递速度。一般情况下，采用一定的距离做好标记，然后测定其时间，进而得出流水线传送带的实际速度。计算公式为 CV= 间隔标记距离 / 所耗时间。采用流水线作业的企业，传送带的速度与作业效率、疲劳程度以及能否完成产量有密切的关系。理想的传送带速度是恰好能完成预定产量的同时又能减少作业员的身心疲劳。理想的传送带速度的计算公式为 CV= 间隔标记距离 / 节拍时间，因此在现场生产管理过程中，只要把流水线的传送带速度调成理想的传送带速度即可。

（3）员工作业时间（Operator Circle Time，OCT）　员工作业时间即员工在操作时，相邻两个重复动作之间的时间间隔。

（4）产线平衡图　产线平衡图是以目视方式对单一产品的各工序所需时间进行的图示。平衡图分析是对产品的各工序加工所需时间进行分析，识别瓶颈工序。

例如，某一产品有四道工序 A、B、C、D，其加工所需时间（实测）如图 2-41 所示。

其中，A——20；B——15；C——30；D——12（单位：min/ 个）。

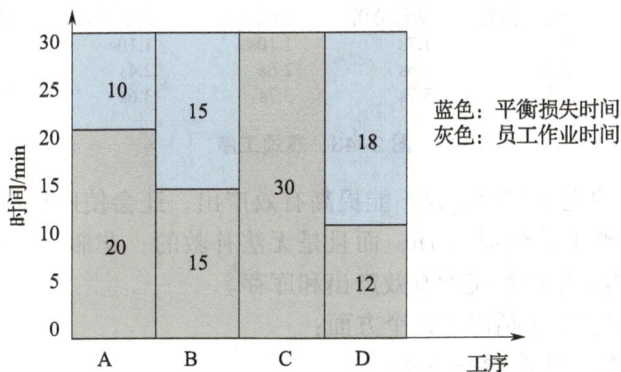

图 2-41　产线平衡图

（5）节拍柱状图　节拍柱状图（山积图 / 山积表）是反映各个工序作业时间对比情况的图表，从中可以找到影响整个工序产能的工序，发现可改善的地方，如图 2-42 所示。

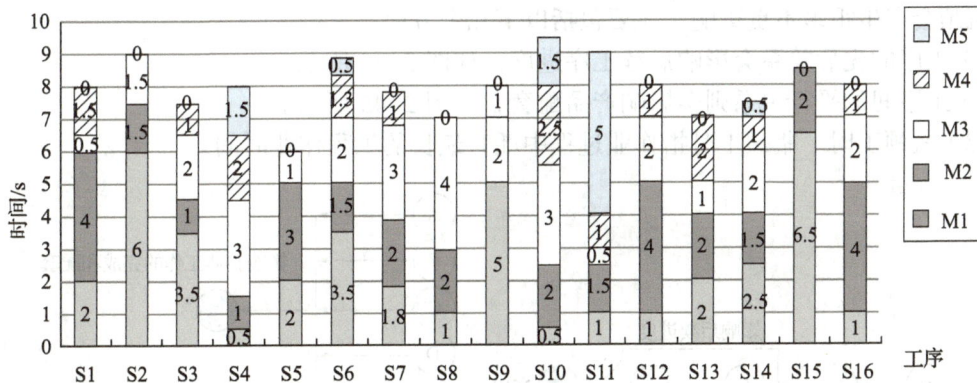

图 2-42　节拍柱状图

（6）标准工时（Standard Time） 一个熟练工用规定的作业方法以标准速度进行作业时所需的作业时间称为工序标准工时；将产品生产流程各工序标准工时相加就得到产品标准工时。

$$标准工时\ T = 观测时间 \times 评定系数 \times （1 + 宽放率）$$
$$产品标准工时 = T1 + T2 + T3 + T4 + \cdots + Tn$$

（7）瓶颈工序 瓶颈工序指生产线所有工序中所用人均工时最长的工序，通常指一道工序，有时也指几道工序。如图 2-43 所示，瓶颈工序有两道。

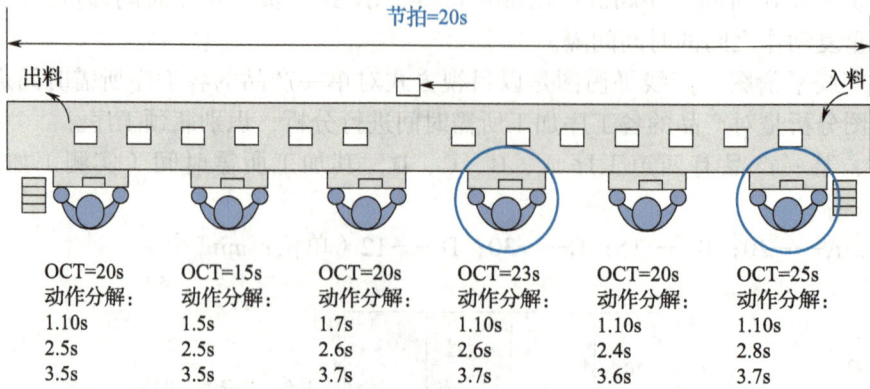

节拍=20s					
OCT=20s	OCT=15s	OCT=20s	OCT=23s	OCT=20s	OCT=25s
动作分解：	动作分解：	动作分解：	动作分解：	动作分解：	动作分解：
1.10s	1.5s	1.7s	1.10s	1.10s	1.10s
2.5s	2.5s	2.6s	2.6s	2.4s	2.8s
3.5s	3.5s	3.7s	3.7s	3.6s	3.7s

图 2-43 瓶颈工序

"非瓶颈"资源的充分利用不仅不能提高有效产出，还会使库存和搬运增加；瓶颈工序损失 1h，相当于整个系统损失 1h，而且是无法补救的；非瓶颈工序上节约 1h，毫无实际意义；瓶颈制约了生产系统的有效产出和库存。

瓶颈的常见表现主要包括以下几个方面：

1）整体进度缓慢，生产效率下降。

2）出现产品零部件不能配套的现象。

3）一些工序加班赶货，而另一些则很轻松。

4）一些工序的半成品堆积过多，而另一些则很少。

5）个别工序在等材料、设备，其他工序进展正常。

6）个别生产线流动停止，出现在制品滞留时间过长的情况。

瓶颈会产生很多不良影响，主要包括以下几个方面：

1）工序的先后关系会影响后续工序进度，如图 2-44 所示。

2）工序间的平行关系则会影响产品配套，如图 2-45 所示。

（8）瓶颈工时 瓶颈工时指作业过程中耗时最长的工程作业时间。

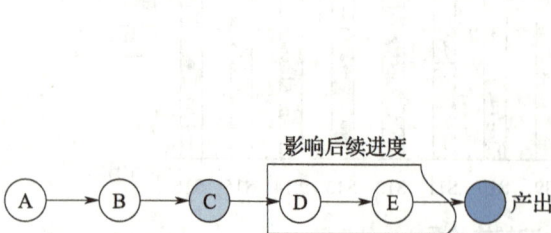

图 2-44 工序先后关系影响

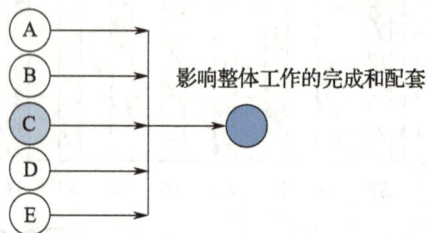

图 2-45 工序平行关系影响

4. 生产线平衡计算方法

要衡量工艺总平衡状态的好坏，我们必须设定一个定量值来表示，即生产线平衡率或平衡损失率（以百分率表示）。首先，要明确一点，虽然各工序的工序时间长短不同，但如前所述，决定生产线作业周期的工序时间只有一个，即最长工序时间——瓶颈工序时间。同时需要区分瓶颈时间与节拍时间，所谓的节拍时间 TT 是按照客户要求设计的，它的计算方法是 TT= 工作时间 ×3600/ 需求产量。

生产线平衡率的计算公式为：

$$平衡率 = \frac{\sum（各工序的作业时间）}{瓶颈工序时间 × 人数} × 100\%$$

例：根据图 2-41 所示产线平衡图，计算平衡率及平衡损失率。

解：　　　　平衡率 =［（20+15+30+12）/（30×4）］×100%= 64%

　　　　　　平衡损失率 = 1 - 平衡率 = 36%

对生产线来说，平衡损失率越小越好，一般控制在 5%~13% 之间；至少要控制在15% 以内。

5. 生产线平衡的基本原则和方法

（1）生产线平衡的基本原则　生产线平衡的基本原则是通过调整工序的作业内容来使各工序作业时间接近或减少它们的偏差。

对瓶颈工序进行作业改善，如合格率、生产效率、设备故障率；增加瓶颈工序的作业资源数；分解瓶颈工序的作业内容；减少非瓶颈工序作业资源数；合并相关工序，重新排布生产工序流程或更改工艺布局；分解作业时间较短的工序，把该工序安排到其他工序中；增加作业人员，只要平衡率提高了，人均产量提高了，单位成本就会随之下降。

（2）生产线平衡的方法

1）5W1H 法。5W1H 即 What（什么）、Why（为什么）、Where（何地）、When（何时）、Who（谁）、How（怎么）。通过 5W1H，系统地分析工艺流程安排的合理性和必要性。

例如，这个员工正在做什么？为什么要做？可不可以不做？为什么要在这里做？能不能在其他地方做？为什么要现在做？能不能以后做？为什么一定由他来做？能不能由其他人做？他做得怎么样？有没有做得更好的员工？

2）ECRS 法则，即取消、合并、重排、简化，见表 2-11。

表 2-11　ECRS 法则

符号	名称	说明
E	取消 Eliminate	对于不合理、多余的动作或工序给予取消
C	合并 Combine	对于无法取消又是必要的工序，看是否可以合并，以达到最大限度地简化这道工序的目的

（续）

符号	名称	说明
R	重排 Rearrange	经过取消、合并后，可再根据"何人""何时""何处"三个提问后进行重排
S	简化 Simplify	经过取消、合并、重排后的必要工序，应考虑能否采用最简单的方法或设备替代，以节省人力和时间

➤ 学习自测

一、填空题

1. 改善工序间能力使之平衡的方法又称为_____。

2. 流程的_____是指连续完成相同的两个产品（或两次服务，或两批产品）之间的间隔时间。

3. _____是指整个流程中制约产出的各种因素。

二、选择题

1.（　　）是指在规定时间内完成预定产量，各工序完成单位成品所需的作业时间。

    A. 员工作业时间　　　　　　　　　　B. 节拍

    C. 传送带速度　　　　　　　　　　　D. 前置时间

2.（　　）是对产品的各工序加工所需时间进行分析，识别瓶颈工序。

    A. 员工作业时间　　　　　　　　　　B. 节拍

    C. 传送带速度　　　　　　　　　　　D. 平衡图分析

3. 一个熟练工用规定的作业方法以标准速度进行作业时所需的作业时间称为（　　）。

    A. 工序标准工时　　　　　　　　　　B. 节拍

    C. 传送带速度　　　　　　　　　　　D. 员工作业时间

三、思考题

简述瓶颈常见的表现。

➤ 任务工单

任务名称	生产线平衡设计				
学生姓名		班级		学号	
学习场所		学时		日期	
任务目标	1. 掌握瓶颈工序的定义 2. 熟悉瓶颈的常见表现				
任务描述	请根据任务目标，通过知识梳理，绘制工序先后关系影响图及平行关系影响图				
任务构思					
相关概念					
任务准备					
任务设计					
实施计划					
任务实施					
操作步骤					
任务总结					
任务结果					

项目 3
精益生产之入库作业

| 任务 1　入库作业流程 ◎

➤ 任务描述

　　仓库发出采购订单或订单后，库房管理员即可根据采购单上预定入库日期进行作业安排。在商品入库当日，进行入库商品资料查核、商品检验，当质量或数量与订单不符时，应进行准确的记录，及时向采购部门反馈信息。库房管理员按库房规定的方式安排卸货、托盘码放和货品入位。对于同一张订单分次到货或不能同时到达的商品，要进行认真的记录，并将部分收货记录资料保存到规定的到货期限。一个完整的入库作业流程包括哪些环节，需要哪些人员来配合完成呢？有哪些因素会影响入库作业的顺利进行？

➤ 任务要求

　　1. 掌握入库作业流程。
　　2. 能够正确分析影响入库作业的因素。

➤ 相关知识

1. 入库作业的定义

　　入库作业是指仓储部门按照存货方的要求合理组织人力、物力等资源，按照入库作业程序，认真履行入库作业各环节的职责，及时完成入库任务的工作过程。入库作业将直接影响后续的存储作业及出库作业，如图3-1所示。

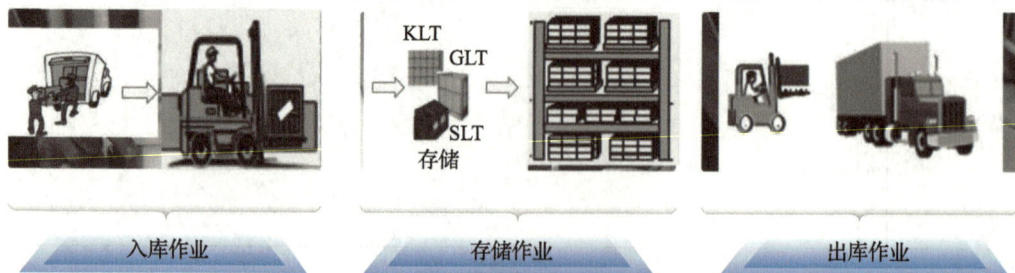

图 3-1　仓储作业过程

2. 入库作业流程

　　（1）预订储位　货物送达仓库之前，货主应当通过电话、传真、电报或者书面合同的方式预订储位。仓库管理员的主要工作包括熟悉入库商品、掌握仓库库场情况、安排仓容、制订仓储计划、组织人力、准备收货器材、备足托盘。

> 某物流公司收到一份入库通知单，计划入库货物为吉欧蒂亚干红葡萄酒，包装规格为 460mm × 260mm × 252mm，堆码层限为 6 层，共 536 箱，具体如图 3-2 所示。问该批货物入库前需准备多少个货位和托盘？

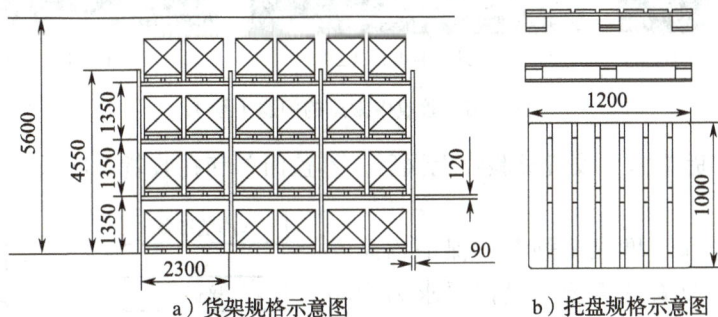

a）货架规格示意图　　　　　b）托盘规格示意图

图 3-2　货架及托盘规格示意图（单位：mm）

（2）商品接运　商品接运主要包括仓库自行接货（自提）和库内接货（送料）两种形式，作业过程中的注意事项见表 3-1。商品接运时需要核对凭证、卸货，并将货物放置在暂存区。

表 3-1　仓库自行接货及库内接货注意事项

种类	含义	注意事项
仓库自行接货	仓储企业直接到存货委托人指定的企业接货	将接货与出验工作结合起来同时进行
		仓库应根据提货通知，做好准备，接货与验收合并为一次
库内接货	仓储企业在仓库内接到存货委托人送来的物品	保管员或验收人员直接与送货人员办理交接手续，当面验收并做好记录。若有差错，应填写记录，由送货人员签字证明，据此向有关部门提出索赔

（3）收货点验　"三核对"：核对物品条形码，核对物品的件数，核对物品包装商品名、规格、细数。全核对：以单对货，核对所有项目，如品名、规格、颜色、等级标准等，确保单货相符。

验收中常见的问题主要有凭证不齐、数量短缺、质量不符等，如图 3-3 所示。在物品入库凭证未到齐之前不得正式验收；发现物品数量或质量不符合规定，要会同有关人员当场做出详细记录；在数量验收中，计件物品应及时验收，发现问题要按规定的手续，在规定的期限内向有关部门提出索赔要求。

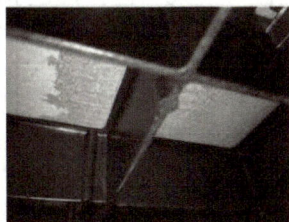

a) 外包装渗水

b) 外包装破损

c) 托盘／器具损坏

图 3-3　验收中常见的问题

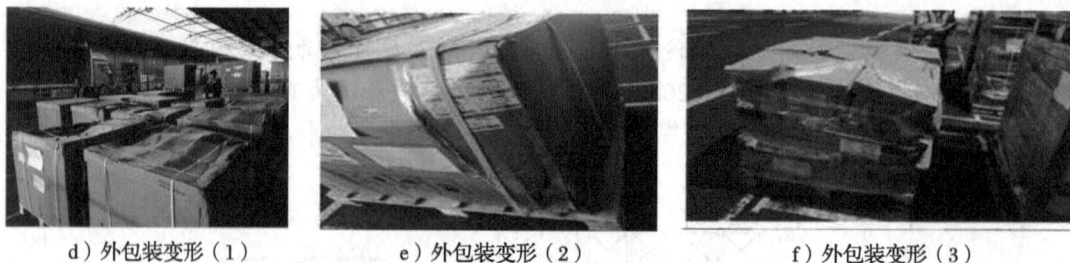

d）外包装变形（1）　　　　e）外包装变形（2）　　　　f）外包装变形（3）

图 3-3　验收中常见的问题（续）

（4）签发收货单据　收货员验收无误后，签盖回单和在收货基础联盖章并签注日期，见表 3-2。

（5）物品堆垛　堆垛要规范，保证物品安全和适应点验、复查的需要。具体要求为物品码托盘时物品标志必须向上，不超过托盘的宽度，不得超高超重，要保持平稳，捆扎牢固，每盘物品件数必须标明。

（6）转仓作业　收讫货物后，工作人员应当根据仓库调度的指示进行转仓作业，把月台上的物品放到合理的货位上。

入库作业流程主要包括以上几个环节，也可结合自身需要进行设定，如图 3-4 所示为某企业入库作业流程。不同行业也根据行业特点，设计符合自身需要的入库作业流程，如图 3-5 所示为汽车零部件入库作业流程。

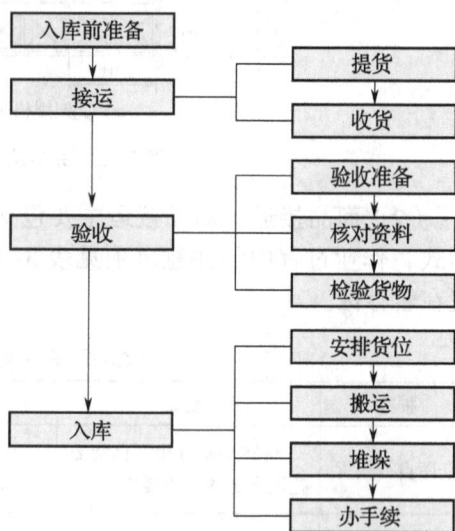

图 3-4　某企业入库作业流程

表 3-2　收货单

（文件编号：　）No.

送货单位：　　　　单位编号：

零件编号				折扣率			
零件名称				结账数量			
采购单号				材料规格			
暂收数量				消耗定额			
退货数量				折合耗料			
入库数量				冲销发料计划单			
报废数量				备　注			

第一联　核销

核销员＿＿＿＿　材料核销员＿＿＿＿　送货单位经手人＿＿＿＿　仓库记账人员（入电脑）＿＿＿＿
日期＿＿＿＿　　日期＿＿＿＿　　　日期＿＿＿＿　　　　日期＿＿＿＿

仓库保管员＿＿＿＿　检验员＿＿＿＿　暂收员＿＿＿＿
日期＿＿＿＿　　　　日期＿＿＿＿　日期＿＿＿＿

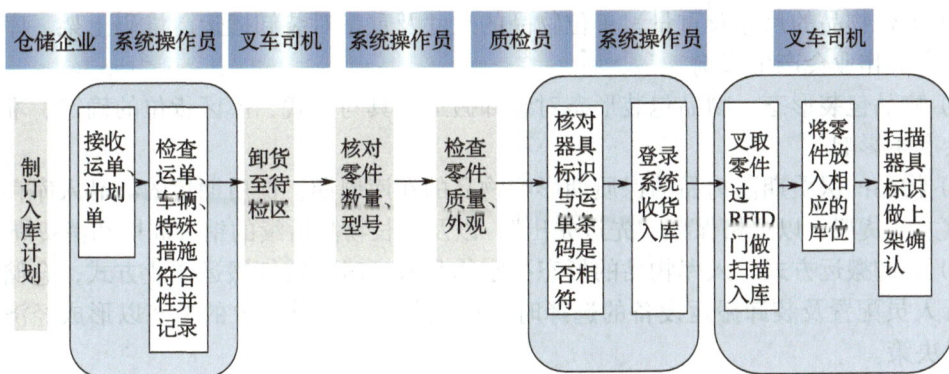

图 3-5　汽车零部件入库作业流程

3.影响入库作业的因素

（1）供应商的送货方式

1）每天平均送货的供应商数量及最大量。平均每天来送货的供应商数量的多少和一天中最多有多少供应商来送货对仓库入库作业的影响最大。

2）送货的车型及车辆台数。送货的车型主要影响卸货站台的合理安排与利用及卸货方式。车辆台数直接影响作业人员的配置和作业设备、作业方式的选择。

3）每台车平均卸货的时间。每台车平均卸货的时间是用来衡量入库作业效率高低的重要指标，每台车平均卸货的时间越短，服务水平就越高，但设施设备的自动化、机械化的程度要求就越高。

4）物品到达的高峰时间。物品到达的高峰时间是制订作业人员轮班轮岗计划的重要依据。要合理安排不同班次的作业人数，以求做到作业人员的作业量和劳动强度的均衡性，同时既可以降低成本又可以保证服务水平。

5）物品的装车方式。若为散货装车，则卸货时应充分利用货物自身的重量。若为件杂货且经过装配，则卸车时主要以人工为主，尽量采用不落地的装卸搬运方式。若以单元形式装车，则尽可能选择机械作业方式。

6）中转运输的转运方式。中转运输转运方式及特点见表 3-3。

表 3-3　中转运输转运方式及特点

送货方式	细分方式	特点
中转运输	直达转运	不卸车、不入库
	直通转运	卸车、不入库
	储存分拣转运	卸车入库、大进小出
	流通加工转运	分拣、加工、分拣
	投机转运	去向信息不明、待价而沽

（2）物品的种类、特性与数量

1）平均每天送达的物品品种数。平均每天送达的物品品种越多，物品之间的理化性质差异也就越大，对作业环节影响越大。

2）单位物品的尺寸及重量。单位物品的尺寸及重量对装卸搬运、堆码上架、库区货位的确定等作业会产生影响。

3）物品包装形态。物品包装形态对装卸搬运工具与方式、库区货位的确定、堆存状态等会产生影响。

4）物品的保质期。物品的保质期影响物品的在库周期，保质期短的物品入库存储宜选用重力式货架，以严格保证"先进先出"，以及延长物品后续的销售周期和消费周期。

5）装卸搬运方式。入库物品的形态决定物品入库时的装卸搬运作业方式，仓储企业在进行人员配置及装卸搬运设备的选择时，应充分考虑仓储对象的形态以形成经济合理的科学决策。

（3）仓储设备及存储方式　仓库设备是影响入库作业的另一主要因素，应对叉车、传送带、货架储位的可用性，以及人工装卸、无货架堆码等加以综合考虑。

➤ 学习自测

一、填空题

1. _____ 是货主将货物送到仓库，仓库接收货物的过程。

2. _____ 直接影响作业人员的配置和作业设备。

3. _____ 是用来衡量入库作业效率高低的重要指标。

二、选择题

1. 入库作业开始前仓库管理员的主要工作包括（　　）。
   A. 安排仓容
   B. 组织人力
   C. 准备收货器材
   D. 备足托盘用品

2. 收货点验"三核对"包括（　　）。
   A. 核对物品条形码
   B. 核对物品的件数
   C. 核对物品包装商品名、规格、细数
   D. 核对供应商

3.（　　）和（　　）对仓库入库作业的影响最大。
   A. 平均每天来送货的供应商数量的多少
   B. 一天中最多有多少供应商来送货
   C. 工厂制度
   D. 生产效率

三、思考题

分析影响入库作业的因素有哪些。

➢ 任务工单

任务名称	入库作业流程					
学生姓名		班级		学号		
学习场所		学时		日期		
任务目标	1. 掌握入库作业的流程 2. 能够正确分析影响入库作业的因素					
任务描述	根据任务目标，确定学习本任务所需要的设备、工具，查阅并整理学习资料，以小组讨论的方式，绘制入库作业流程图					
任务构思						
相关概念						
任务准备						
任务设计						
实施计划						
任务实施						
操作步骤						
任务总结						
任务结果						

| 任务 2　入库策略 ⊙

➤ 任务描述

精益生产的宗旨即通过消除企业中的浪费来实现企业成本最低化，而消除浪费最根本的方法就是对过度生产进行控制。过度生产所产生的浪费不仅表现在占用仓储空间方面，也在货物搬运过程中各种设备、人员以及库存管理费用等方面得到体现，由此可见，合适的入库策略对实现精益生产是不可或缺的。那么在精益生产模式下，如何选择合适的入库策略呢？

➤ 任务要求

1. 熟悉常见的入库策略。
2. 了解入库作业注意事项。

➤ 相关知识

1. 精益思想下的入库策略

精益思想是精益生产的核心思想，它包括精益生产、精益管理、精益设计和精益供应等一系列思想，其核心是以较少的人力、较少的设备，在较短的时间和较小的场地内创造出尽可能多的价值；同时也越来越接近客户，提供给他们确实需要的东西。精益思想指导下入库策略的选择体现在以下方面：

1）价值观方面：顾客的第一要求是保证物流提供及时，保证流水线正常工作。为确保工作的高效率，保证线边零件不低于 MIN 值（最小值），依赖人工的高速度操作不太实际，那么在入库上架的过程中必须体现出设备的自动化，即在操作过程中尽量使用机械操作，但在实际的操作中却用得比较少。

2）价值流方面：价值流的相关工作企业在投产的时候就已经做出了规划，相关的信息流包括仓储软件的选择、各种目视化信息的查看和扫描枪的种类选择等问题。实物流的问题牵扯到 SLP（Systematic Layout Planning，系统布局规划）问题。

3）流动方面：精益思想要求创造价值的各个活动（步骤）流动起来，强调的是"动"。传统观念是"分工和大量才能高效率"，但是精益思想却认为成批、大批量生产经常意味着等待和停滞。精益将所有的停滞作为企业的浪费。在入库中，我们要遵循"先进先出"的原则，追求零库存，提高物料在仓库的流动性。

4）拉动方面：以客户为需求拉动仓库价值流的移动，入库策略可以以客户的需求为导向不断进行调整。

5）尽善尽美方面：整个入库流程需要不断地被完善和优化，用尽善尽美的价值创造过程为用户提供尽善尽美的价值。做到用户满意、无差错生产和企业自身的持续改进。

2. 入库作业注意事项

精益生产中入库策略是指可以实现入库作业的方案集合以及优化，这就要求仓库管理者按计划定期与货主、生产厂家以及运输部门进行联系，了解将要入库货物的品种、类别、数量和到库时间，并获取相关条码或 RFID。常见入库作业注意事项如下：

（1）入库准备中的注意事项

1）安排仓位：根据入库货物的性能、数量、类别，按分区保管的要求，核算所需的货物面积大小，确定货物在仓库存放的货位，并留出必要的验收场地。

2）人员准备：根据货物入库数量和时间，检验、搬运、堆垛人员以及货物入库的工艺流程，确定各个工作环节所需人员和设备。

3）验收设备准备：准备检验入库货物的数量、质量、包装以及堆垛所需的点数、称重、测试等器具。

4）搬运设备准备：根据货物的性质准备搬运货物的设备和其他所需设备。

（2）送货车辆登记中的注意事项

1）登记车辆进入收货区的数量和车辆的来地，一方面是为了安排车辆所到月台；另一方面是为了控制进入收货区的车辆，防止过度拥挤而降低效率。

2）货物到达仓库时，保管员或检验员直接与送货人员办理交接手续，当面验收并做好记录，如有差错，应填写记录，由送货人员签字。

（3）理货过程中的注意事项

1）核对凭证：要仔细核对入库通知单，订货合同副本，供货单位提供的材质证明书、装箱单、磅码单、发货明细单以及货物承运单位提供的运单。

2）实物验收：要进行数量验收、质量验收、包装验收、条形码验收。

① 数量验收：应采用与供货单位一致的方法。

② 质量验收：主要验收外观质量，检验货物是否变形、虫蛀、破裂、受潮等。

③ 包装验收：看包装是否损坏、受潮、油污等，对物品有具体要求的，应按照标准检查包装材料质量、包装工艺或包装的干湿度。

④ 条形码验收：验收作业时检验该货物的条形码与货物数据库内登录的资料是否相符。

（4）货物入库操作中的注意事项

1）接收货物：库管员以送货单为依据，通过验收将不良货物剔出、退回或编制残损单证，确定收到货物的确切数量、货物表面良好状态。

2）接收文件：送货人将送货资料、送货单等相关文件送交仓库的库管员。

3）签署单证：接交货物和检验完后，共同在送货人交来的送货单、交接清单上签署和批注，并保留相应单证。

4）办理入库手续：货物交接完毕后，由仓库的业务管理人员填写入库单。

3. 不同体积物料类型入库流程

（1）KLT 货物入库流程　KLT（Small Load Carriers）是指汽车生产物流中的小料箱，对于汽车行业来说，主要在德国汽车工业中使用。通常来说小于 600mm×400mm×280mm 这个尺寸的都称为 KLT，可以用手搬运。KLT 货物入库流程如图 3-6 所示。

（2）GLT 货物入库流程　GLT（Large Load Carriers）是指规则符合某种模数要求的包装，汽车生产物流中俗称"大料箱"，要使用叉车等设备搬运。通常情况下 800mm×600mm 以上的规格都属于 GLT。GLT 货物入库流程如图 3-7 所示。

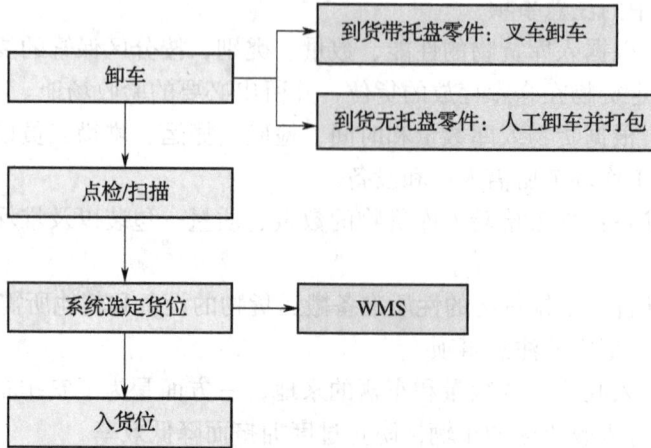

图 3-6　KLT 货物入库流程

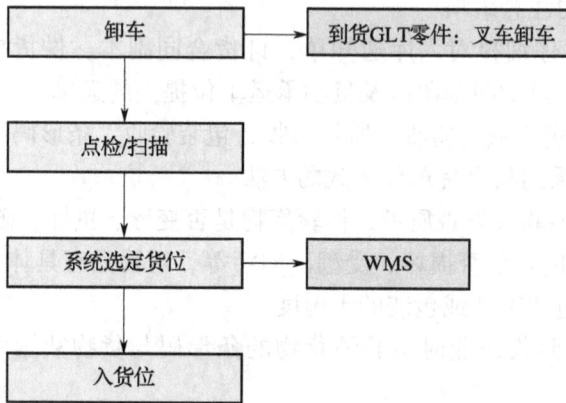

图 3-7　GLT 货物入库流程

（3）SLT 货物入库流程　SLT（Special Load Carriers）是指在长、宽、高方面有超长或超宽的一些非规则模数的大包装，俗称"特大料箱"。SLT 货物入库流程如图 3-8 所示。

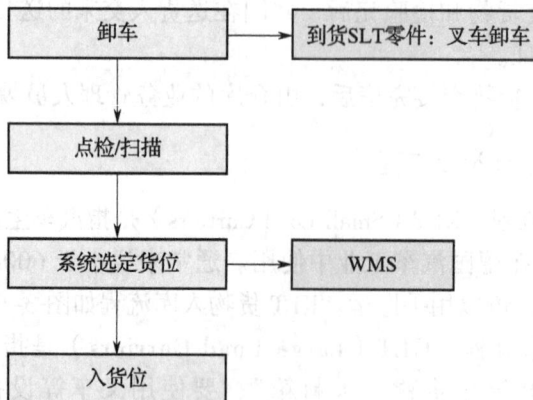

图 3-8　SLT 货物入库流程

➤ 学习自测

一、填空题

1. ＿＿＿＿＿＿是指汽车生产物流中的小料箱，对于汽车行业来说，主要在德国汽车工业中使用。通常来说小于＿＿＿＿＿＿这个尺寸的都称为 KLT，可以用手搬运。

2. GLT 是指＿＿＿＿＿＿＿＿＿＿＿＿＿＿＿＿＿，要使用叉车等设备搬运。通常情况下 800mm×600mm 以上的规格都属于 GLT。

3. ＿＿＿＿＿＿是指汽车生产物流中的特大料箱，它往往是在长、宽、高方面有超长或超宽的一些非规则模数的大包装。

二、选择题

1. 入库准备包括（　　　）。

　　A. 安排仓位

　　B. 人员准备

　　C. 验收设备准备

　　D. 搬运设备准备

2. 实现货物入库，需要完成（　　　）工作。

　　A. 接收货物

　　B. 接收文件

　　C. 查验身份

　　D. 签署单证

3. 在汽车制造企业仓库，可以根据不同体积将货物分为（　　　）类型。

　　A. KLT

　　B. CKD

　　C. GLT

　　D. SLT

三、思考题

作为某汽车生产企业仓库的一名厂内仓库管理员，你在选择仓库内物料入库策略时，一般会考虑哪些因素？

➢ 任务工单

任务名称	入库策略				
学生姓名		班级		学号	
学习场所		学时		日期	
任务目标	1.熟悉常见的入库策略 2.学会使用不同体积物料类型的入库策略				
任务描述	根据任务目标，确定本任务所需要的设备、工具，查阅并整理学习资料，以小组讨论的方式，绘制思维导图，梳理总结汽车生产制造企业物料入库策略的适用情况				
任务构思					
相关概念					
任务准备					
任务设计					
实施计划					
任务实施					
操作步骤					
任务总结					
任务结果					

| 任务 3　入库验收 ◎

➤ 任务描述

在精益生产的汽车生产物流中，商品入库验收是供应链体系中的一个重要组成部分，也是仓库管理的重要环节。做好入库验收工作，不仅可以防止企业遭受经济损失，起到监督供货单位和承运商的作用，同时也可指导商品的保管和养护。对于汽车制造企业和配套的零部件企业来讲，汽车零部件的库存管理是一项常规工作。因此，汽车零部件在入库之前要做好充分的验收准备工作。那么在精益生产模式下，如何为汽车生产物流选择合适的入库验收方法呢？

➤ 任务要求

1. 熟知物料入库验收要求。
2. 能够按照入库验收流程完成验收作业。

➤ 相关知识

货物验收是按照验收业务作业流程、核对凭证等规定的程序和手续，对入仓货物进行数量和质量检验的经济技术活动的总称。由于各种到库货物的来源复杂，渠道繁多，从生产过程结束到入库前，经过一系列储运环节，会受到储运质量和其他外界因素影响；各类货物在出厂前虽然都经过了检验，但也不排除错检、漏检情况的发生。因此，所有到库货物在入库前必须进行检验，验收合格后方可正式入库。

1. 入库验收准备

仓库接到提货通知后，应根据货物的性质和批量提前做好验收前的准备工作。其大致包括以下内容：

（1）人员准备　安排负责质量验收的技术人员或用料单位的专业技术人员，以及配合质量验收的装卸搬运人员。

（2）资料准备　收集并熟悉待验货物的有关文件，例如技术标准、订货合同等。

（3）器具准备　准备好验收用的检验工具，例如衡器、量具等。

2. 入库验收要求

货物入库验收是指仓库在物品正式入库前，按照一定的程序和手续，对到库物品进行数量和外观质量的检查，以验证它是否符合订货合同规定的一项工作。

商品验收工作是一项技术要求高、组织严密的工作，关系到整个仓储业务能否顺利进行，所以必须做到及时、准确、严格、经济。

（1）及时　到库商品必须在规定的期限内完成验收工作。这是因为商品虽然到库，但是未经过验收的商品不算入库入账，不能供应给用料单位。只有及时验收，尽快提出检验报告，才能保证商品尽快入库，满足用料单位需要，加快商品和资金周转。同时，商品的托收承付和索赔都有一定的期限，如果验收时发现商品不合规定，要提出退货、换货或赔偿等要求，均应在规定的期限内提出；否则，供方或责任方不再承担责任，银行也将办理拒付手续。

（2）准确　验收的各项数据或检验报告必须准确无误。验收的目的是要弄清商品数量和质量方面的实际情况，验收不准确，就失去了验收的意义。而且，不准确的验收还会给人以假象，造成错误的判断，引起保管工作的混乱，严重者还可能危及营运安全。

（3）严格　仓库有关各方都要严肃认真地对待商品验收工作。验收工作的好坏直接关系到国家和企业利益，也关系到以后各项仓储业务的顺利开展，因此仓库领导应高度重视验收工作，直接参与人员更要以高度负责的精神来对待这项工作。

（4）经济　多数情况下，商品在验收时不但需要检验设备和验收人员，而且需要装卸搬运机具和设备及相应工种工人的配合。这就要求各工种密切协作，合理组织调配人员与设备，以节省作业费用。此外，验收工作中尽可能保护原包装，减少或避免破坏性试验，也是提高作业经济性的有效手段。

3. 质量验收的常用方法

精益生产的一个基本前提是不能以牺牲安全和质量为代价去提升绩效。精益生产管理所追求的是在必要的时间生产必要数量的必要产品，如果出现任何不良品，势必造成生产计划和生产管理的混乱。因此没有质量零缺陷的保证，精益生产中所提出的三个"必要"将无法实现。实现质量零缺陷，必须坚持"三不"原则，即"不接受不良品、不制造不良品、不流出不良品"。这是对待不良品的基本原则，也是首先必须保证的原则，是具体保证质量零不良的基础。在入库验收环节，首先就要确保"不接受不良品"。生产企业常用的质量验收方法主要有两种：一种是按被检验产品的数量分类，另一种是按检验系统组成部分分类。

（1）按被检验产品的数量分类

1）全数检验。全数检验也称为100%检验，是对所提交检验的全部产品逐件按规定的标准全数检验。应注意，即使全数检验，由于错验和漏验，也不能保证百分之百合格。

2）抽样检验。抽样检验是按预先确定的抽样方案，从交验批中抽取规定数量的样品构成一个样本，通过对样本的检验推断批合格或批不合格。

3）免检。主要是对经国家权威部门产品质量认证合格的产品或信得过产品在买入时执行免检，接收与否可以以供应方的合格证或检验数据为依据。执行免检时，客户往往要对供应方的生产过程进行监督。监督方式可采用派员进驻或索取生产过程的控制图等方式。

（2）按检验系统组成部分分类

1）逐批检验。逐批检验是指对生产过程所生产的每一批产品逐批进行的检验。逐批检验的目的在于判断批产品的合格与否。

2）周期检验。周期检验是从逐批检验合格的某批或若干批中按确定的时间间隔（季或月）所进行的检验。周期检验的目的在于判断周期内的生产过程是否稳定。

周期检验和逐批检验构成了企业的完整检验体系。周期检验是为了判定生产过程中系统因素作用的检验，而逐批检验是为了判定随机因素作用的检验。二者是投产和维持生产的完整的检验体系。周期检验是逐批检验的前提，没有周期检验或周期检验不合格的生产系统不存在逐批检验。逐批检验是周期检验的补充，逐批检验是在经周期检验杜绝系统因素作用的基础上而进行的控制随机因素作用的检验。

一般情况下，逐批检验只检验产品的关键质量特性；而周期检验要检验产品的全部质量特性以及环境（温度、湿度、时间、气压、外力、负荷、辐射、霉变、虫蛀等）对质量特性的影响，甚至包括加速老化和寿命试验。因此，周期检验所需设备复杂、周期长、费用高，但绝不能因此而不进行周期检验。企业没有条件进行周期检验时，可委托各级检验机构代做周期检验。

4. 入库验收的程序

入库验收是仓储工作的起点，也是物资保管养护工作的基础，其主要内容包括验收准备、核对凭证、实物检验。如何严格按照物资验收程序和验收标准进行有效实施，杜绝各类不合格产品入库，是入库物资检验的核心内容。汽车零部件入库验收的基本程序如图 3-9 所示。

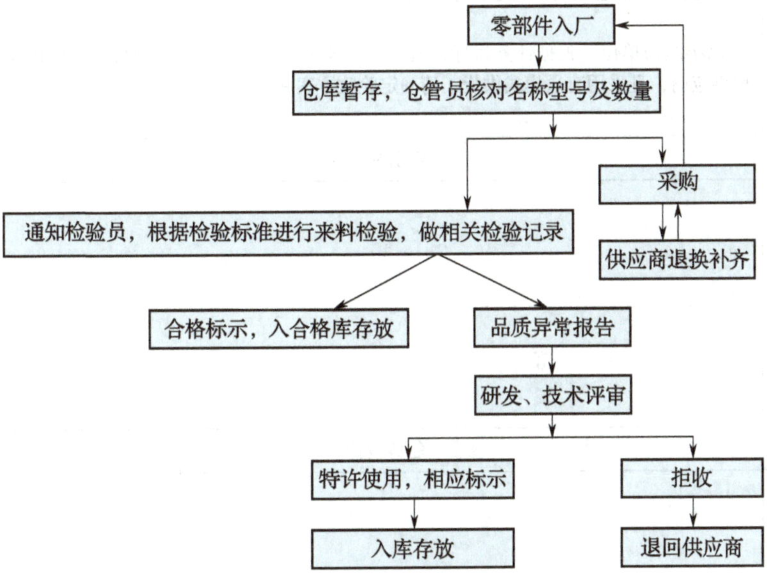

图 3-9　汽车零部件入库验收的基本程序

5. 入库验收的作用

1）验收是做好货物保管保养的基础。货物经过长途运输、装卸搬运后，包装容易损坏、散失，没有包装的货物更容易发生变化。这些情况都将影响到货物的保管和保养。

2）验收记录是仓储企业提出退货、换货和索赔的依据。货物验收过程中，若发现货物数量不足，或规格不符，或质量不合格时，可由仓库检验人员做出详细的验收记录，由业务主管部门向供货单位提出退货、换货或向承运责任方提出索赔等要求。货物只有经过严格的检验，在分清了货物入库前供货单位以及各个流转运输环节的责任后，才能将符合合同规定、符合企业生产需要的货物入库。

3）验收是避免货物积压，减少经济损失的重要手段。保管不合格品是一种无效的劳动。对于一批不合格货物，如果不经过检查验收就按合格货物入库，必然造成货物积压；对于计重货物，如果不进行检斤验数就按有关单据的供货数量付款，当实际数量不足时，就会造成经济损失。

4）验收有利于维护货主利益。对于进口货物，国别、产地和厂家等情况较为复杂，必须依据进口货物验收工作的程序与制度，严格认真地做好验收工作；否则，就不能及时发现数量与质量方面的问题。若超过索赔期，即使发现问题也难以交涉，这就会给货主造成重大的经济损失。

➢ 任务工单

任务名称	入库验收				
学生姓名		班级		学号	
学习场所		学时		日期	
任务目标	1. 熟知商品入库验收要求 2. 根据入库商品特点，选择合适的质量验收方法 3. 与小组同学配合，制订入库验收作业计划，并完成验收作业				
任务描述	以小组为单位，根据任务目标，模拟完成某主机厂汽车大灯总成件的验收作业，该供应商为本地供应商，且采用直送模式供货，请确定验收方案并执行				
任务构思					
相关概念					
任务准备					
任务设计					
实施计划					
任务实施					
操作步骤					
任务总结					
任务结果					

➤ 学习自测

一、填空题

1. 入库验收要求包括 _____ 。

2. 在汽车生产制造企业中，入库验收是仓储工作的起点，也是物资保管养护工作的基础，其主要内容有 _____。

3. 验收是_____的重要手段。

二、选择题

1. 汽车零部件入库核查发现个别存在品质异常，下一步可送至（   ）。

    A. 质检部   B. 销售部

    C. 研发部   D. 采购部

2. 验收记录是仓储企业提出（   ）的依据。

    A. 退货   B. 换货

    C. 索赔   D. 核对

3. 入库验收的作用具体表现为（   ）。

    A. 验收是做好货物保管保养的基础

    B. 验收记录是仓储企业提出退货、换货和索赔的依据

    C. 验收是避免货物积压，减少经济损失的重要手段

    D. 验收有利于维护货主利益

三、思考题

作为某汽车生产企业仓库的一名厂内负责入库验收的工作人员，在疫情防控期间进行入库验收操作，需要注意哪些事项？

▌任务 4 入库异常 🎯

➤ 任务描述

入库异常的含义是指收到的货品与采购清单上的物料不符合，发生将要入库货品的质量要求、外观、功能、特性与规范不相符，而且无法立刻与供应商确认并作更正的情况。在精益生产的入库作业中，流程和系统可以解决 90% 的问题，剩下的 10% 就属于异常问题。既然发现入库异常如此重要，那入库异常需要考虑哪些因素呢？

➤ 任务要求

1. 了解入库异常的种类。

2. 掌握处理入库异常的措施。

➤ 相关知识

1. 入库异常处理的目的

入库异常处理的目的是明确物料验收过程中发现异常问题时所应采取的措施，使问题迅速得到解决，防止有问题的物料进入仓库或投入使用。

2. 异常问题的种类

1）证件不齐，信息有误。物料进仓时，仓库管理员必须凭送货单、检验合格单办理入库手续，拒绝不合格或手续不齐全的物料入库。

2）数量异常。物料进仓时，仓库管理员必须复核货物数量是否与入库凭证相符，如图 3-10 所示。按商品性质和包装情况，数量检验分为计件、检斤、检尺求积三种形式。

零件号	清单显示	实际到货	备注
5CG 809 857A W5M	134	94	
5CG 809 857A C9A	94	134	

序号	零件号	零件名称	器具/包装型号	箱数	件/箱	发货数量	实收数量	订单号	生产批次	包装状况
1	5CG 809 857A W5M	BC316/1油箱口盖总成（爱琴蓝）	T8628	9	16	134	94		191113	
2	5CG 809 857A CA9	BC316/1油箱口盖总成（极地白）	T8628	6	16	94	134		191113	
3										
4										
5										
6	TP1210 托盘					3				
7	T8828					15				
8										

图 3-10　到货数量与供货清单不一致

3）品质不符合要求，外观破损。物料进仓时，仓库管理员必须检查货物质量是否符合规定的要求，货物包装能否保证在储存和运输过程中的安全。质量检验包括外观检验、尺寸检验、机械物理性能检验和化学成分检验四种形式。仓库一般只进行外观检验和尺寸检验。

3. 异常问题处理原则

1）在物料验收过程中，如果发现物料数量或品质有问题，应该严格按照有关制度进行处理；但要分清供货单位、承运部门、收货方的责任，以利于改进工作。

2）在物料验收过程中，若发现以上问题，应区别不同情况及时处理。

3）凡验收中发现问题且需等待处理的物料，应该单独存放，妥善保管，防止混杂、丢失、损坏。

4. 证件不齐的处理

1）仓库管理员在验收过程中，若证件未到或不齐时，应及时向供货单位索取，到达的物料应作为待验物料堆放在待验区，待证件齐全后再行验收。

2）证件未到之前，不得验收、入库，更不得办理发货及相关转移手续。

5. 数量异常的处理

1）若数量异常在规定的误差范围内，可按原数入账。

2）若数量异常超过规定的误差范围，应查对核实，如实填写物料验收单，并交部门主管审核，部门主管会同采购部相关人员与供货单位交涉。凡实际数量多于原发料量的，可由采购部向供货单位退回多发数，或补发货款。

6. 品质不符的处理

1）当发现品质不符合规定时，应及时通知采购部向供货单位进行退货、换货交涉；或在征得供货单位同意的前提下，交相关部门代为加工；或在不影响使用的前提下作降价处理。

2）物料规格不符或错发时，应先将规格正确的予以入库，规格不正确的如实填写物料验收单，交给部门主管审核，再与采购部协商，办理换货事宜。

7. 其他异常问题的处理

1）凡属承运部门造成的物料数量短缺或外观包装严重残损等，应凭接运提货时索取的货运单向承运部门索赔。

2）若价格与采购合同有出入，供应单位多收部分应予以拒付；少收部分经过检查核对后，应主动联系，及时更正。

8. 处理异常问题的注意事项

在对验收过程中发现的问题进行处理时，需特别注意以下三个事项：

1）在物料入库文件到齐之前不得正式入库，如果入库凭证不齐或者信息不符，仓库有权拒收或暂时存放，待凭证到齐再进行验收入库。

2）如发现物料数量或品质不符合规定，要会同有关人员当场核实，并予以详细记录，交接双方应在记录上签字。若是交货方的问题，仓库应拒绝接收；若是承运部门的问题，应凭货运单索赔。

3）在数量验收中，计件物料应及时验收，发现问题要按规定的手续办理，并在规定的期限内向有关部门提出索赔要求。

9. 汽车生产制造企业来料品质异常处理流程

入库异常的有效处理有利于生产企业及时止损，确保产品品质。但在实际工作中，检验误差总是在所难免，检验工作中必然存在误判，如把部分不合标准的不合格品类误判为合格品而验收，或把符合标准的合格品错判为不合格品而拒收。为了提高检验工作品质，防止漏检、错检发生，有必要认识检验误差并采取防止措施，及时处理检验中发现的问题，将损失降到最小。

某汽车生产制造企业来料品质异常处理流程如图 3-11 所示，零部件入库异常报告书如图 3-12 所示。

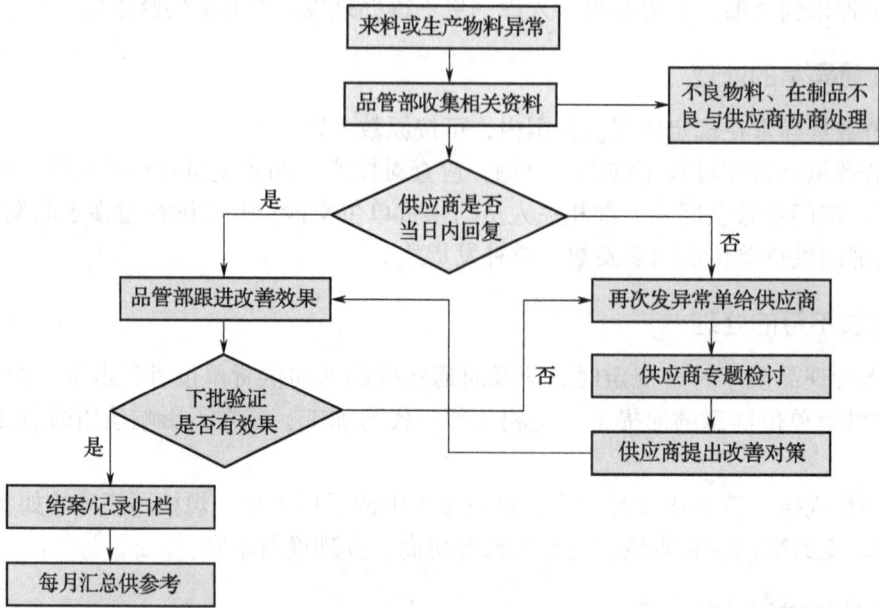

图 3-11　来料品质异常处理流程

OQC 检验不合格报告书

重要度区分：□严重缺陷　□一般缺陷　□轻微缺陷　　　　　发行 NO：

异常信息	品名		日期		时间	
	型号		AQL		发生率	
	不良项目				客户	
不良内容描述	提出人：　　　　　　　　　　　　　　　品管经理审核确认：					
不良原因分析	品管：　　　　　　生产部：　　　　　　　　　　　设计技术：					
临时对策	产品处理	□特采　□返工	出货计划		□不调整　□调整：_____	
	返工数量		返工计划			
	返工措施： 主管：　　　　生产经理：　　　　项目工程师：　　　　品管经理：					
长期对策	项目工程师：　　　　品管经理：　　　　生产经理：					
指示	总经理：					
改善效果确认	品管：					
说明：本报告书发出后，由品管经理根据异常内容立即召集生产部、设计技术部相关责任人进行分析和制定措施。如果返工影响到出货计划，应及时联系主管进行计划调整						

备注：长期对策制定后，由品管复印 1 份给生产部。

图 3-12　零部件入库异常报告书

➢ 任务工单

任务名称	入库异常				
学生姓名		班级		学号	
学习场所		学时		日期	
任务目标	1. 了解入库异常的种类 2. 掌握处理入库异常的措施				
任务描述	根据任务目标,确定本任务所需要的设备、工具,查阅并整理学习资料,以小组讨论的方式,绘制思维导图,梳理总结汽车零部件入库验收时要注意哪些因素				
任务构思					
相关概念					
任务准备					
任务设计					
实施计划					
任务实施					
操作步骤					
任务总结					
任务结果					

➤ 学习自测

一、填空题

1. 入库异常的含义是_____。
2. 在精益生产中，异常问题的处理原则是_____。
3. 入库异常处理的目的是_____。

二、选择题

1. 异常问题的种类有（　　　　）。
   A. 证件不齐，信息有误　　　　　　　B. 数量异常
   C. 品质不符合要求，外观破损　　　　D. 包装变形
2. 入库异常情况发生，证件未到之前，不得（　　），更不得办理发货及相关转移手续。
   A. 验收　　　　　　　　　　　　　　B. 入库
   C. 打开包装　　　　　　　　　　　　D. 核对
3. 在货物入库验收过程中，发现货物有问题时，仓库对此正确的处理方法是（　　　）。
   A. 及时通知货主　　　　　　　　　　B. 不做处理，直接入库
   C. 获得送货人确认签字　　　　　　　D. 与送货人共同检查货物

三、思考题

精益生产的发展对汽车生产制造企业的入库作业会产生什么影响？

▌任务 5　汽车物流入库作业典型案例 ◎

➤ 任务描述

某公司从建厂初期的一个品牌一款产品，发展到现在的 X、Y、Z 三大品牌 20 余款产品，供应商数量越来越多，零部件种类纷繁复杂，对物流系统提出了更高的要求。公司根据零部件供应商所在地，将供应商分为国内供应商及国外供应商两大类，分别采取不同的管理方式。请认真分析 CKD（全散装件）库房管理流程，从而熟悉汽车物流入库作业。

➤ 任务要求

分析案例，并回答如下问题：
1. CKD 库房管理流程包括哪些步骤？每个步骤的注意事项是什么？
2. CKD 库房管理过程中涉及哪些部门？哪些岗位？
3. 该公司 CKD 库房管理流程值得借鉴的经验有哪些？

➤ 案例分析

某公司 CKD 库房管理

1.CKD 库房简介

某公司 CKD 库房是专门用来存放 CKD 的库房。所谓 CKD 是英文 Completely Knock

Down 的缩写，译为全散装件，指进口零部件。

S 箱（Separated Boxes）指一个箱子里装有多个零件号的货物，通常存储前需要将它们按零件号分开，再存储。

2. CKD 库房各部门管理职责

CKD 库房主要由物流规划与管理科及第三方物流两个管理部门配合完成库房管理工作。具体职责如下：

1）物流规划与管理科。物流规划与管理科主要岗位如图 3-13 所示。

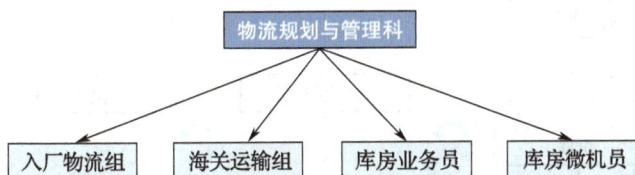

图 3-13　物流规划与管理科主要岗位

入厂物流组工程师负责制订与修改管理流程，以及监管第三方物流在 CKD 库房的日常作业过程。海关运输组工程师负责根据 CKD 零件的清关情况确定到货计划；负责根据空器具的数量确定 CKD 空器具的返厂计划。库房业务员负责办理长期代购件（返协件）、一次性代购件、移库件的提货手续及 CKD 零件的账目管理。库房微机员负责在 R3 系统（企业资源计划系统）中执行拆箱操作，以及手工账目处理。

2）第三方物流。第三方物流主要岗位如图 3-14 所示。

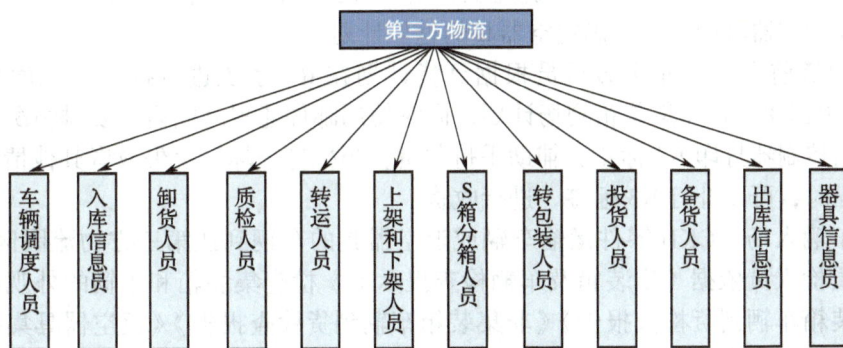

图 3-14　第三方物流主要岗位

车辆调度人员负责依据时间窗口放行卸货 / 返空车辆，并告知运输驾驶员行驶路线和停车位置。入库信息员负责创建集装箱到场计划，打印 R3 标签。卸货人员负责拆除集装箱的铅封和固定装置，卸载货物和装载空器具。质检人员负责检查集装箱内、外部状态，车辆外部状态，到货状态、数量等。转运人员负责根据货物类型将货物转运至对应区域。上架和下架人员分别负责高架存储零件的上架和下架操作。S 箱分箱人员负责执行 S 箱零件的分箱、合箱。转包装人员负责打印转换包装后的 R3 标签，并执行转包操作。投货人员负责将转包后的零件转运至指定拆分区库位，并整理零头件。备货人员负责根据拣选清单、看板执行备货操作。出库信息员负责打印拣选清单、看板、出库单等单据，执行系统集货、系统装车。器具信息员负责邮件通报空器具的数量。

3. CKD 库房具体操作程序

CKD 库房通过入库作业、在库作业、出库作业三个环节完成主要操作任务，如图 3-15 所示。

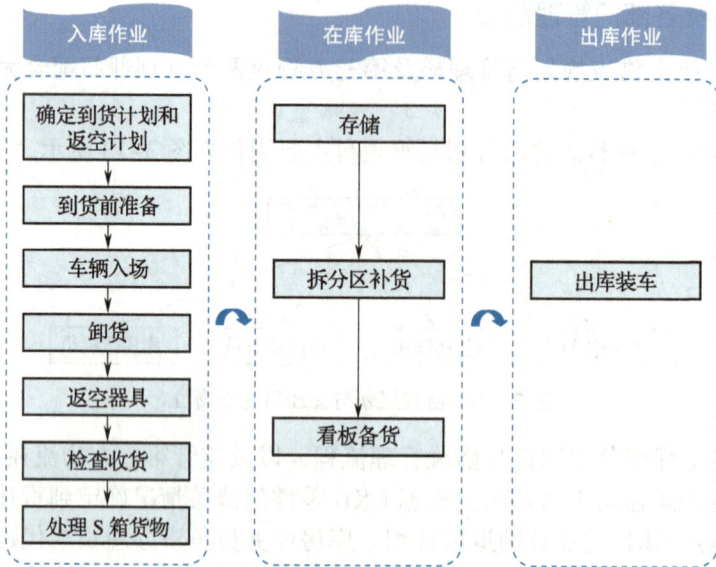

图 3-15　CKD 库房作业流程

（1）确定到货计划和返空计划　海关运输组工程师根据 CKD 零件的清关情况确定集装箱的到货计划。若有紧急零件，优先安排清关和到货计划。然后根据第三方物流器具信息员反馈的空器具的数量，确定空器具的返厂计划。

（2）到货前准备　库房微机员根据到货计划在 R3 系统进行拆箱。入库信息员在 EWM 系统中创建并打印集装箱到场计划，同时使用邮件通报时间窗口安排情况；对变速箱、变速箱控制器打印 R3 标签，辅助手持收货；当标签损坏、丢失或者其他情况导致标签无法扫描时，可以补打 R3 标签，进行收货。

（3）车辆入场　CKD 零件运输车辆或返空器具的车辆到达第三方物流园区门口后，车控门外质检人员依据《集装箱及车辆检查提示卡》检查集装箱和车辆的外观状态，并填写《集装箱车辆到货检查报告》《非集装箱车辆到货检查报告》《返空器具集装箱车辆检查报告》的入场前检查部分。车辆调度员办理相关手续，指挥车辆进入停车场等待。待车控系统通知之后，车辆驶入指定装卸口卸货或装载空器具。

（4）卸货

1）卸货前检查。对集装箱装载的货物，在箱门打开前，质检人员检查铅封号是否正确，并填写《集装箱车辆到货检查报告》的开箱前检查部分。箱门打开后，根据《CKD 库房集装箱货物固定设施检查手册》，质检人员检查固定装置状态是否符合要求，并填写《集装箱车辆到货检查报告》的卸货前检查部分。

对非集装箱装载的货物，质检人员检查堆垛状态，并填写《非集装箱车辆到货检查报告》的卸货前检查部分。

2）卸货。卸货人员逐一卸下货物，放置在入库检验区。若货物的堆垛状态不满足卸货要求，第三方物流管理人员共同研讨卸货方案。若卸货作业可能有安全隐患，须在第三方物流安全员的现场监督下，完成卸货。若装箱问题导致卸货困难，则反馈工程师促进整改。

3）卸货后检查。对集装箱装载的货物，卸货完成后，质检人员需检查集装箱的内部状态，并填写《集装箱车辆到货检查报告》的卸货后检查部分。

（5）返空器具 集装箱装载空器具前，质检人员按照前壁、左侧、右侧、地板、顶部、内/外门的顺序检查集装箱的结构完整性，并填写《返空器具集装箱车辆检查报告》的装箱前检查部分。若检查合格，由卸货人员装载空器具；若检查不合格，卡车驾驶员需更换合格的集装箱，再前往第三方物流园区进行返空。对集装箱空箱、满箱、满箱关门施封后的状态分别进行拍照留存。

（6）检查收货

1）检查。第三方物流质检人员检查 CKD 零件的外包装状态。若有木包装的货物，需使用湿度仪抽检木包装的湿度，抽检比例为单个集装箱到货总托数的 1%。总数不足 100 托时，抽 1 托检查，即按向上取整的办法确定抽检数量。

对变速箱，需依据公司质保签发的《变速箱入库检验提示卡》初步检查零件的状态。对控制器，需依据公司电子电器规划下发的版本清单，按 2% 的比例开箱抽检控制器版本号。

对于经常短缺的零件，依据 CKD 索赔员发布的称重零件清单，转运至称重检验区，采用电子叉车称整箱称重的方式，及时获取并反馈短缺情况。

检查完成后，质检人员填写《集装箱车辆到货检查报告》或《非集装箱车辆到货检查报告》的零件状态检查部分。

2）收货入库。对变速箱、变速箱控制器，质检人员张贴 R3 标签，使用 RF 手持扫描工具（以下简称"手持"）扫描 R3 标签进行收货入库，并在标签上盖章。

对于其他货物，质检人员使用手持扫描货物的标签进行收货入库，并在标签上盖章。完成收货入库的货物，转运人员依据货物类型转运至对应存储区域，或下一操作区域。检查收货环节如有异常，先完成系统入库，再按照《CKD 零件封存解封流程》处理。

（7）处理 S 箱货物 分箱人员根据 S 箱清单和小箱的外包装标识，将同一零件号的小箱放在一个新的包装容器中。再完成合箱，打印并张贴合箱后的 R3 标签。

转运人员将合箱完成的货物转运至上架交换区等待上架。

处理 S 箱货物过程中，如有异常，按照《CKD 零件封存解封流程》处理。

（8）存储 对于高架存储的货物，转运人员将货物转运至上架交换区。上架人员扫描标签或 R3 标签，获取推荐库位。然后转运至推荐库位，将货物放置在推荐库位，扫描库位条码，确保上架库位是系统推荐库位。

对于地面堆垛存储的货物，转运人员扫描 R3 标签，获取推荐库位。然后转运至推荐库位，将货物放置在推荐库位，扫描库位条码，确保上架库位是系统推荐库位。

（9）拆分区补货

1）补货下架。下架人员使用手持上的补货下架功能，按队列拣选，扫描标签或 R3 标签进行下架操作。再转运至转运装区，等待转换包装。

2）转换包装。转包装人员通过手持扫描标签或 R3 标签，获取转包信息，准备好对应型号的空料箱，并打印转包后的 R3 标签。再根据《转包装作业提示卡》执行转包任务，张贴 R3 标签。

转换包装过程中，目视零件外观质量状态（指零件的可视面是否有明显的损坏或生锈的情况）和数量正确性，如有异常，按照《CKD 零件封存解封流程》处理。如有尾数，夹上尾数箱标签。

转包完成后，转包装人员需取下并保存原包装的 CKD 标识，存档周期为一年。

3）拆分区投货。投货人员扫描转包后的 R3 标签，获取目标库位，将货物转运并投放至目标库位。

如果有尾数箱零件需要合箱，投货人员使用手持扫描原 R3 标签和目标 R3 标签，通过零头件整理功能合箱，并重新打印整理后的 R3 标签，张贴在正确的包装上。

（10）看板备货　出库信息员通过波次释放与看板打印功能，打印出拣选清单和看板，并根据不同要货地分别放置在指定位置。

对高架上存储的原包装出库件，由下架人员扫描拣选清单，获取备货物料信息。行驶至目标库位，扫描目标货物的标签或 R3 标签及对应看板，系统校验二者是否一致，完成下架。张贴看板，并根据零件去向分别转运至原包装出库暂存区或返协件下架暂存区。

对拆分区存储的零件，由备货人员扫描拣选清单和转运车条码，获取备货物料信息。行驶至目标库位，扫描目标货物的 R3 标签及对应看板，系统校验二者是否一致。若一致，则张贴看板，将货物拣至转运车上。待拣选清单任务全部完成后，转运至出库暂存区。

对地面堆垛的零件，由备货人员扫描拣选清单，获取备货物料信息。行驶至目标库位，扫描目标货物的 R3 标签及对应看板，系统校验二者是否一致。张贴看板，并转运至出库暂存区，完成备货。

（11）出库装车　出库信息员在第三方物流车控系统上叫车，以装载具备装车条件的零件。

出库信息员取下并回收 R3 标签。用手持扫描发货区条码和转运车条码，完成系统集货。打印并张贴 KLT 转运车清单。

车辆到达后，出库信息员扫描车辆条码和转运车条码，完成系统装车。

装车人员完成实物装车。

装车完成后，出库信息员分配铅封，在 PC 端输入车辆条码、铅封号，完成系统过账。同时，打印《看板出库单》《零件交接单》《器具交接单》，开具出门证。安装铅封后，将单据交给送货驾驶员，完成实物放行。

送货驾驶员核实单据上的车辆信息和铅封号，无误后，启动车辆驶往要求的送货地。

对于特殊类别的零件，管理方法如下：

1）长期代购件（返协件）的管理：到货后，正常检查收货和上架存储。出库时，由物流规划与管理科的库房微机员根据返协件提货清单在 R3 系统中创建外向交货订单。出库信息员据此在 EWM 系统中手工创建拣选任务。正常下架备货并完成出库装车。

2）一次性代购件的管理：到货后，正常检查收货，在入库暂存区临时存放。出库时，备货员依据物料业务员签字的材料销售清单拣选备货，逐一扫描标签出库。

3）CKD 一次性材料的管理：到货后，正常检查收货，在入库暂存区临时存放。出库时，由物流规划与管理科的库房微机员在 R3 系统中做移库。实物要求在当班次时间内运输至公司内的危险化学品／一次性材料库。一次性材料在 CKD 库房的停留时间不能超过 24 小时。

对于 CKD A 类件，在高架和拆分区的存储采用封闭上锁的方式单独管理，要求拆分区实物交接有交接记录，班次交接时有当班次的盘点记录。

4）移库件的管理：到货后，依据《移库申请单》，CKD 库第三方、运输第三方和物流规划与管理科库房业务员以称重或点数的方式，共同确认签字后收货。出库时，由物流规划与管理科库房微机员根据《移库申请单》在 R3 系统中创建外向交货订单，出库信息员据此在 EWM 系统中手工创建拣选任务。正常下架备货后，由 CKD 库第三方、运输第三方和物流规划与管理科库房业务员以称重或点数的方式，共同确认签字后完成出库装车。

项目4
精益生产之存储

扫码看视频

丨任务1 存储方式 🎯

➤ 任务描述

存储主要功能在于保存原材料、半成品与产成品。而存储的目的在于通过优化调整交付和消耗流程，实现最小化或者消除库存。由于设计和布置存储场地存在各种可能性，因此也就形成了各种不同的存储方式。那么，以汽车物流行业为例，有哪些存储方式可以满足企业仓储管理的要求呢？

➤ 任务要求

1. 准确区分堆垛存储与货架存储两种方式的差别。
2. 掌握堆垛存储的基本要求和方式。
3. 熟悉常见货架存储的方式。

➤ 相关知识

1. 堆垛存储

堆垛存储是指在地面上堆积式存储，容器相互并排布置，并紧凑地组合在一起。也就是说，可将容器就地堆码，可以在存储区域周围利用叉车等设备进行存储操作，如图4-1所示。

在企业实践中，堆垛存储的优缺点较为明显，具体见表4-1。

图 4-1 堆垛存储实例

表 4-1 堆垛存储的优缺点

优 点	缺 点
存储灵活	堆存高度有限
无须投资货架，成本低	只有顶部物料可轻松提取
提取时间短	有限的空间填充度，物料特定的空间占用
存储设备数量充足，清理时间短	无法随意单独插入容器，因此对未分类存储物料的更改工作费事
场地布局易于更改	组合式的进出过程，违反了先进先出原则
	如果库存量大，存储操作路径长
	如果堆叠过高，可能会导致倾斜和挤压危险

（1）堆垛要求 商品堆垛前需要结合仓储条件做好相关准备工作，需要对商品进行基础处理，如数量、质量、包装、理化性质等，并遵循合理、牢固、定量、整齐、节约、

便捷等基本要求，才可进行商品堆垛，如图 4-2 所示。

图 4-2　堆垛要求实例

1）合理。具体是指垛型合理、重量合理、间距合理、搬运灵活性合理与顺序摆放合理。

2）牢固。具体是指从确定垛底面积开始，到确定垛高与垫衬材料，保证堆垛的牢固与安全，以此来确保堆垛的稳定性。

3）定量。主要是基于检查与盘点的便利，仓储人员在管理过程中能够做到过目成数。这就要求堆垛时，货垛、行数、层数与每层数量力求为整数。在企业实践中，"五五化堆码"等整数倍的堆垛较为常见，即使对于不能成整数的，也需要明确商品重量，进行定量堆垛。

4）整齐。主要是指堆垛行列整齐有序，横成行、纵成列，各类商品垛型统一、包装标识一致，便于后续管理。

5）节约。节约包括三个方面：其一是占地面积的节约，提高仓库利用率；其二是垫衬材料的节约，节约备品材料；其三是争取一次堆垛，减少重复作业。

6）便捷。企业实际工作中，堆垛需要考虑到后续各项工作的便利性，如保管作业、盘点作业、消防作业与拣选作业等。

（2）堆垛方式

1）普通商品堆垛方式。为便于比较，表 4-2 列出了三种常见的堆垛方式。可以结合场地实际情况与工作的便利性，采取对应的堆垛方式，如图 4-3~ 图 4-5 所示。

表 4-2　普通商品堆垛方式

序号	堆垛方式	特点	适用范围	实例
1	散堆方式	堆垛方式简单，直接堆成货堆	大宗商品，适合机械作业	
2	成组方式	需要集装单元化堆垛	小件且不适合机械作业	集装袋、集装笼等
3	垛堆方式	依托商品外形或者外包装直接堆垛	范围广泛，样式众多	

图 4-3　散堆方式

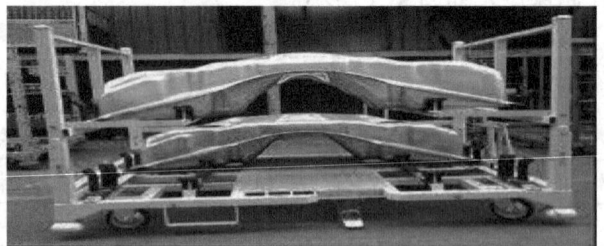

图 4-4　成组方式

图 4-5　垛堆方式

2）特殊商品堆垛方式。实际工作中作业对象众多，特殊商品的堆垛有特殊要求。表4-3列出了三种特殊商品的堆垛方式。图4-6所示为汽车零部件堆垛实例。

表4-3　特殊商品堆垛方式

序号	特殊商品类型	堆垛要求
1	有通风要求的	商品前后需要留有一定间隙，堆垛成通风铲，便于降低温度与蒸发水分
2	易渗透的	为便于检查，一般以小垛居多，且留有一定的间隔
3	有危险性质的	严格按照危险品属性进行堆垛，确保堆垛符合危险品管理要求

（3）堆垛五距　垛的"五距"指的是垛距、墙距、柱距、顶距和灯距。堆垛货垛时，不能依墙、靠柱、碰顶、贴灯；不能紧挨旁边的货垛，必须留有一定的间距。无论采用哪一种垛型，房内必须留出相应的走道，方便商品的进出和消防用途。

图4-6　汽车零部件堆垛实例

1）垛距。货垛与货垛之间的必要距离称为垛距，常以支道作为垛距。垛距能方便存取作业，起通风、散热的作用，方便消防工作。库房垛距一般为 0.3 ~ 0.5m，货场垛距一般不少于 0.5m。

2）墙距。为了防止库房墙壁和货场围墙上的潮气对商品的影响，也为了散热通风、消防工作、建筑安全、收发作业，货垛必须留有墙距。墙距可分为库房墙距和货场墙距，其中，库房墙距又分为内墙距和外墙距。内墙距是指货物离没有窗户墙体的距离，此处潮气相对少些，一般距离为 0.1 ~ 0.3m；外墙距是指货物离有窗户墙体的距离，此处湿度相对大些，一般距离为 0.1 ~ 0.5m。

3）柱距。为了防止库房柱子的潮气影响货物，也为了保护仓库建筑物的安全，必须留有柱距。柱距一般为 0.1 ~ 0.3m。

4）顶距。货垛堆放的最大高度与库房、货棚屋顶横梁间的距离称为顶距。顶距能便于装卸搬运作业，能通风散热，有利于消防工作，有利于收发、查点。顶距一般为 0.5 ~ 0.9m，具体视情况而定。

5）灯距。货垛与照明灯之间的必要距离称为灯距。为了确保储存商品的安全，防止照明灯发出的热量引起靠近商品燃烧而发生火灾，货垛必须留有足够的安全灯距。灯距按规定应有不少于 0.5m 的安全距离。

（4）垛牌　垛牌是指为了在保管中及时掌握货物资料，需要在货垛上张贴或悬挂有关该垛货物的资料标签。货物堆码摆放完毕，仓库管理人员应根据入库货物资料制作垛牌，并摆放或悬挂在货垛正面明显的位置或者货架上。垛牌主要内容有货位号、货物名称、规格、批号、来源、送货日期、存货人、该垛数量、制单人等信息，见表4-4。

表4-4　垛牌

货位号	
货名	
包装	

（续）

规格				
货主				
流向	日期	件数	累计数	理货员

（5）垛形　垛形有重叠式堆码、压缝式堆码、纵横交错式堆码、正反交错式堆码、旋转交错式堆码、仰俯相间式堆码和五五化堆码七种，见表4-5。

表4-5　各种垛形的堆码方式及特点

序号	垛形	堆码方式	特点
1	重叠式堆码	逐件逐层向上重叠码高，是机械作业的主要形式之一，适用于硬质整齐的物资包装	工人操作速度快，承载能力大，容易发生塌垛。货物量小时稳定性好，装卸操作省力
2	压缝式堆码	将垛底的底层排列成正方形或长方形，上层起压缝堆码，每件物品压住下层的两件货物	能较大限度节省空间，方便操作，适用于卷板、钢带、卷筒纸、卧放的桶装物资等，稳定性能好
3	纵横交错式堆码	相邻两层货物的摆放旋转90°，一层横向放置，另一层纵向放置	有咬合效果，但是稳定性的强度不高，适合自动装盘操作。这种方法较为稳定，但操作不便
4	正反交错式堆码	同一层中，不同列的货物以90°垂直码放，相邻两层的货物码放形式是另一层旋转180°的形式	不同层间咬合强度较高，稳定性高，但操作麻烦，且包装体之间相互挤压，下部容易压坏
5	旋转交错式堆码	第一层相邻的两个包装体互为90°，两层间码放又相差180°，这样相邻两层之间互相咬合交叉	货体的稳定性较高，不易塌垛，但码放的难度较大，且中间形成空穴，降低了托盘的利用效率
6	仰俯相间式堆码	钢轨等物品，一层仰放，一层伏放，两层相扣，使货架稳定。露天存放要一头稍高，便于排水	适用于钢轨、工字钢、槽钢、角钢等物质的堆码，稳定强度不好
7	五五化堆码	以五为基本计数单位，堆码成各种总数为五的倍数的货垛，便于清点，收发快，适用于按件计数的物资	把大小不一、形状各异、无规则的物资，变成比较有规则的各种定型定量的货垛。美观整洁，过目知数，有利于物资的保管、养护、盘点和发放，减少差错，提高收发货效率，但多占货位，多耗费劳动力

2. 货架存储

在物料数量要求低，且具有大量变异的情况下，经常使用货架存储系统。它们可以是单一模块单位，而一个模块分布在一个或多个存储点。模块的设计与以下参数有关：容器类型、尺寸大小、形状和重量，所选择的操作技术可能性、所需的存储和提取性能，以及场地空间条件。在货架设计上，模块左右或者上下相邻，组合成货架板块。两个板块共同与一个货架通道构成一个通道模块。因此，货架存储可以以线状或者方块式的形式来实现。线状存储的特点在于，可实现随时、随机地直接访问每个容器，或者每个存储的物料，而无须重新排列。在方块式存储中，存储单元彼此间一个接着一个，上下在多个货格子中存放。

货架存储的优缺点见表4-6。

表 4-6 货架存储的优缺点

优点	缺点
可访问每个存储单元，具有简单的深度存储特性	每个存储场地的负载能力低
单位存储填充度高达 100%，无存储分布限制	货架和存储技术需要高投入
货架高度加大，可提升场地空间利用率	对人工需求有依赖
仓库运营路线短	相对于自动化仓储工作效率较低
访问时间短	必须配备相应的设备器具
可改换库存结构，灵活性高	机动灵活性差
清理时间短，存储设备数量充足	

（1）货架存储的要求 仓库货架系统构建主要过程为：提出仓库货架存储需求→货架供应方做方案设计选型→讨论方案、分析合理性及优化→报价和选定→合同签订→货架系统详细技术设计→货架系统制造（备料、加工、表面处理、包装等）→货架安装→验收→维护管理。下面重点从货架的选择、安装摆放和日常货物管理三个方面阐述货架存储的要求。

1）货架的选择要求

① 存储方式：最好采用立体存储的方式，尽可能有效利用仓储空间。

② 货物特性：采用适用于货物特性的货架类型，包括尺寸大小、外形包装、重量以及存储单位（单件存储或托盘存储），并以此按实际需求可以预估出大概的货位数、货架单元额定承载重量等信息。

③ 货格尺寸：货格尺寸过大会浪费仓库面积和空间，尺寸过小会阻碍搬运机械顺利地存取货物，同时也会提高搬运机械的运作精度，降低工作效率。货格是货架内存储货物的单位空间，每个货格内可有一个货位或多个货位。货格尺寸等于货物单元的外形尺寸与净空尺寸、货架构件所占尺寸三项的总和。其中，预留的净空尺寸是为了方便搬运机械存取货物，也就是货物单元周边与货格构件之间的空隙。同时，货格尺寸的设计也要考虑货架的构造形式，通常需要考虑立柱和水平拉杆。

④ 货房架构：注意屋顶梁下高度，也就是库房的有效高度；还要注意库房中的梁柱位置，以及照明和防火设施的位置。在购置重型货架时，还要格外注意仓库地面的承重能力。

⑤ 存取性：根据实际存取需求和物品特性，了解货物的存储密度，包括是否采用"先进先出"的存取方式。存取频率和存储密度之间的关系是对立的，也就是说，当存储密度高时，会降低存取的效率；当存取效率要求提升时，必然影响存储密度。因此，在保证空间利用率较高的同时，还需重视实际存取操作的可行性和便捷性。同时，在不同制造业的仓储作业中，存取的频率和需求也不一样，例如在汽车零部件的仓储中，很多物料的存取过程一般是整进散出，而高位货架适用于整进整出、周转率低、存储时间长的货品，因此高位货架在实际应用中货位的有效利用较低，不完全适合汽车行业的仓储。

2）货架的安装摆放要求

① 货架的摆放不是越密越好，应考虑存取的可行性和方便性。这里应考虑现有的移动设备能力，例如，堆高机的举升高度、叉车的旋转半径等，采购货架时提前留有适当宽度的通道。存储位置和通道的设置尽量方便运送人员、设备的移动和存取，尽量节省人员体力动作以及搬运距离和时间，提高工作效率。例如靠墙处的双排货架，应考虑靠墙里排的过道空间或设计成单排货架。

②　货架摆放应方便存取作业，消除折返过程，最好保证存取任务在一条线上执行，使一张订单能够一次性走完。

③　在布置货架前要注意仓库地面是否平整，各个功能区域是否科学明确地划分，严格按照布局摆放货架。一般情况下，库房区有 2/3 的面积用于仓储，剩下 1/3 的面积用于非仓储功能。库区布局也多种多样，主要有两种模式：一种模式是将库区划分为货架区、堆货区、周转区、废品区、办公区、通道等功能区；另一种模式是根据货品类别将库区划分为若干仓库，再在各个仓库划分功能区。

④　在货架摆放过程中，注意库存的周转率，对于存取频率较高的货品所在的货架应更靠近出入口，同时兼顾季节变化、生命周期等影响因素。

3）日常货物管理要求

①　保证存放物品的状态整洁、整体美观、有条理，物品不能超出货格的范围。对物品分类储存，例如按照供应商、型号、品牌、车型、结构、进出仓频次等分门别类地放置。可以通过 ERP 将货品与货位编号绑定，便于工作人员根据拣货单寻找，降低存取时间的浪费，提升工作效率。

②　预制好货品的存储位置，将货物标识设置在工作人员操作的一侧，方便检查和管理，同时尽量做到先进先出。

③　在摆放物品时，考虑货品的特殊性，以及是否能悬挂、堆放等，并保证货物有适当的空间，在存取时尽量避免磕碰、挤压的发生，减少损耗。例如，汽车雨刷片、车身饰条、传送带等零件可采用悬挂方式。再如，大型细长汽车配件易存在安全隐患，可将其竖直固定，避免零件损耗。

④　为保证物品的质量和外观完好，需做好防火、防潮、防尘等措施。

⑤　中、小型零部件可以选用适当尺寸的纸盒来保存；也可以采用周转箱，实现存、储、运、包、用一体化。

⑥　注意物品的流动率，高流动率的物品应放置于通道区，加快工作速度。

（2）货架存储在汽车行业的应用　汽车零部件品类众多，在功能、形状、大小上存在较大差异，这些零部件的生产、存储、流转需要标准化管理，如果没有货架，则很难有效地完成这一系列的过程。由于汽车零部件多样性的特点，仓库应选用适合的货架系统以符合不同零部件的存储需求，同时满足其高频次、大物流量的存取要求。因此，每个零部件库里的货架都需根据实际情况量身定做，需要高精度的组合件和纯熟的技术，来保证安全并争取空间利用率最大化。

为了降低成本、节约资源，各个汽车厂商物流部门都致力于如何在有限空间内做好配置，创造更多的存储价值。在汽车供应链中，汽车生产厂商将原材料和半成品运输至配件中转库，再由中转库发往各地经销商、分销商。中转库存储的零部件品种型号较多且较全，大概为 3 万 ~6 万种，需要根据包装情况、种类、形状大小以及使用频率设置不同的区域，例如拆包区、理货区和发货区等功能性区域，并且需要采用轻型货架和重型货架组合的方式满足不同货品的需求。中心备件库设计人员为了更有效地利用地面，一般会建立多层楼面货架存储系统。而分销商的备件库面积一般只在 200~300m² 之间，面积较小，使用轻型货架即可满足要求。对于常用零件、保养零件、维修零件、碰撞零件等配件需要采用专用的货架来存储。目前在汽车行业比较常用的货架类型有隔板式货架、阁楼式货架、横梁式货架、悬臂式货架、贯通式货架等。

（3）货架存储的类型　货架的应用广泛，类型较多，可按照其安装方式、整体结构、每层载重、高度等因素分成不同的类别。按照安装方式分类，可以分为固定式货架和移动式货架，固定式货架包括大多数常见的货架，如隔板式货架、贯通式货架、重力式货架、悬臂式货架等。按照整体结构分类，可以分为焊接式货架和组装式货架，目前国内大多数仓储系统采用的是组装式货架。按照每层载重分类，可以分为轻型（<200kg）、中型（200~500kg）、重型货架（>500kg）。按照高度可以分为低位（<5m）、高位（5~12m）、超高位货架（>12m）。下面介绍几种在汽车行业内使用较多的货架类型。

1）隔板式货架。隔板式货架一般采用人工或叉车存取货物，普遍应用于各行各业，包括零售商品业、物流中心、轻工业等。根据不同的载重特点，隔板式货架分为轻型隔板式货架、中型隔板式货架、重型隔板式货架三种，见表4-7。图4-7~图4-9所示为各式货架实例。

表 4-7　隔板式货架的类型

序号	货架类型	特点	适用范围	实例
1	轻型隔板式货架	安装、拆卸方便，单元货架跨度不大于2m；但物资存放数量有限	主要存放轻小、量少、种类多的物品；单元货架每层载重不大于150kg	铆钉隔板式货架、角钢隔板式货架
2	中型隔板式货架	安装、拆卸方便，外形美观	适用于中小型仓库；每层载重150~500kg	中型货架
3	重型隔板式货架	能充分利用仓容，一般配合叉车等使用	适用于大件、中型或重型物资；每层载重500~1500kg	重型钢层板、木层板、钢层网货架

图 4-7　轻型隔板式货架

2）阁楼式货架。在隔板式货架的基础上配置重梁支撑柱，可设计成2层或3层的多层楼层，就演变成了阁楼式货架。阁楼式货架各层间距达2.2~2.7m，每平方米的承载力为300~1000kg，一般单层不会超过500kg，配有楼梯和扶手、滑梯、提升货物的电梯等，采用人工存取，并配合叉车、液压升降台、托盘牵引车等辅助送货。阁楼式货架的优点在于提升了货物存放的高度，减少了占地面积，有效利用了有限的仓储空间，但同时也降低了存取工作的效率。这种存储方式适用于库房高度利用率低，货物较小，人工存取，品种多、储货量大的情况。图4-10所示为某汽车配件物流中心应用的阁楼式货架。

图 4-8　中型隔板式货架　　图 4-9　重型隔板式货架　　图 4-10　阁楼式货架

3）横梁式货架。横梁式货架又称货位式货架、重量型货架，由立柱和横梁构成，结构简单，体积大且重量重，以托盘为存取单元，利用叉车存取货品。横梁式货架每层承重能力在 150~300kg 之间，重型横梁式货架每层称重可超过 500kg，超重型横梁式货架每层可承载超 3000kg 的货物。其优点在于成本较低，安装和拆卸简单方便，且可自由调节层高，可容纳不同高度的物品，并且存取效率高，快捷方便。横梁式货架应用较普遍，适合绝大部分的仓库类型，多应用于高位仓库的物品存储。这个类型的存货方式比较适合少品种大批量和多品种小批量产品的存储，因此广泛应用于汽车制造业、物流和配送中心。图 4-11 所示为某汽车物流中心采用的横梁式货架。

4）贯通式货架。贯通式货架又称驶入式货架，也采用托盘存取的方式，配合叉车搬运，如图 4-12 所示。这种货架将各个货架并列在一起，使在同一层货架上的货品在横纵方向上贯通，方便叉车在不同的流道中对不同深度货位的货物进行存取，如图 4-13 所示。贯通式货架的优点在于存货密度大，节省了仓储空间，使仓库利用率更高，货位成本更低。但同时也存在一定的缺点，即采用了"先存后取，后存先取"的模式，不适用于多品种小批量货物的仓储，虽然存储密度高，但是存取性差，而且对叉车的宽度和操作要求较高。贯通式货架比较适合少品种大批量的货品或横向尺寸较大的货品的存储。

图 4-11 横梁式货架   图 4-12 贯通式货架   图 4-13 贯通式货架的工作方式

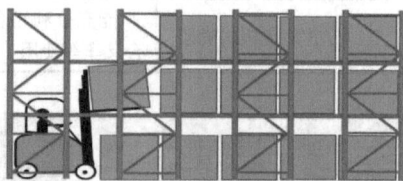

5）悬臂式货架。悬臂式货架由立柱、悬臂、连接杆组成，结构轻，强度大，单臂的承载能力能达到 1000kg。一般有单面悬臂和双面悬臂两种形式，其悬臂既可以固定，也可以按照货品存放需求移动位置，如图 4-14 所示。货物在存取时主要依靠人力搬运，单件重量达到 50kg 以上时需要借助叉距较宽的机械工具来操作，如图 4-15 所示。悬臂式货架基本上用于存放长卷或长条装的货物，因此常用于存放较长的板材、管材、轴类、盘料、棒料、卷料等大件物品，例如存储和管理后驱传动轴、防撞垫、电缆、电线等汽车零部件和一些汽车装饰物件。

图 4-14 悬臂式货架   图 4-15 悬臂式货架的工作方式

6）重力式货架。重力式货架又称自重力货架，属于托盘式货架的一种，也是一种重型货架，有高密集存储的特点。重力式货架在横梁式货架的基础上加上辊筒式的轨道，如图 4-16 所示，搭配安装导向板、阻尼装置、分离器等确保操作安全；存货平面一般呈 3°~5° 的倾斜角度，利用自重将货物由上端滑动至下端取货口，无须叉车进去巷道作业，是一种"先进先出"的存货方式，工作方式如图 4-17 所示。重力式货架让存放过程变得环保，既降低了噪音，减少了能耗，可满负荷运作，又提升了仓库利用率，同时移动过程安全可靠，减少了存取过程的距离，使工作效率有一定的提高。重力式货架的承载力在 1000kg 左右，适用于少品种大批量同类货物的存储。货架总深度（即导轨长度）不宜过大，否则不可利用的上下"死角"会较大，影响空间利用；且坡道过长，下滑的可控性会较差，下滑的冲力较大，易引起下滑不畅、阻住和托盘货物的倾翻。为使下滑流畅，如坡道较长，应在中间加设阻尼装置；为使托盘货物下滑至最底端时不致因冲击力过大而倾翻，应在坡道最低处设缓冲装置和取货分隔装置，因此设计、制造、安装难度较大，成本较高。

图 4-16　重力式货架

图 4-17　重力式货架的工作方式

7）流利式货架。流利式货架由横梁式货架演变而成，其原理与重力式货架相同，都是依靠重力、一定的坡度进行自动存取，使货物具有流动性，且人工存取方便，形成了"先进先出"的方式。但两者配件不同，流利式货架主要由立柱、流利条构成，结构较简单，如图 4-18 和图 4-19 所示。流利式货架的高度常在 2.5m 以内，每层载重约 100kg。与重力式货架相比，流利式货架成本较低，但承重能力较弱，高度也受限，属于中型货架。在实际应用中，适合存放少量多种的物品，适用于大批量、出货频率较高的同类货物存储。另外，现在也将电子标签、投影拣选等技术与流利式货架结合使用，使得流利式货架在传统应用的基础上得到了更广泛的应用扩展。

图 4-18　流利式货架（1）

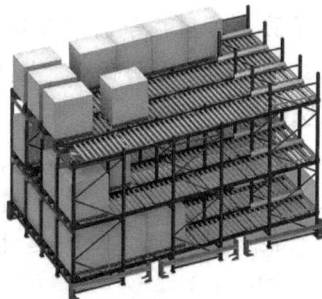

图 4-19　流利式货架（2）

8）抽屉式货架。抽屉式货架由重型托盘式货架演变而成，除顶层以外的下面几层均可设计成抽屉式的机构，每层可轻松抽出重达 2000kg 的货物，再辅之以行车或葫芦吊，便可轻松完成存取作业，同时，定位销和限位销可保证货架安全可靠，如图 4-20 所示。抽屉式货架占地少、层重大、分类详细、操作简单，通常用来存放汽车模具等重物，能有效节省空间，也能很好地对模具进行保存和管理。

9）移动式货架。移动式货架是将整个货架放置在轨道上，同时在轨道底部设置行走轮或驱动装置的一种货架。货架在水平导轨上移动，移动方式包括自行式和电机驱动式。自行手摇移动常用于轻型、中型的移动式货架，而重型货架需要采用电机驱动。移动式货架为人与叉车提供多个通道，方便存取，可根据需求直接完成对任意一件货品的存取。由于减少了仓

图4-20　抽屉式货架

库中通道的数量，因此提升了地面面积的使用率。在同样的空间中，移动式货架较其他货架形式存储密度更高，适合小库房，操作也比较安全可靠。但是移动式货架的缺点是造价成本较高，维护过程较困难。如图4-21所示为广州某汽车企业使用的重型电动移动式货架。

另外还有一些汽车配件专用货架，例如轮胎架、排气管架、减震器架、玻璃和车身架、线束架、挂件架、保险杠架等。汽车轮胎的存储货架如图4-22所示。

图4-21　重型电动移动式货架

图4-22　汽车轮胎的存储货架

➤ 学习自测

一、填空题

1. 就地堆码必须符合堆码的基本要求，即_____、_____、_____、整齐、节约与便捷。

2. 为了防止库房柱子的潮气影响货物，也为了保护仓库建筑物的安全，必须留有柱距。柱距一般控制在_____m。

二、选择题

1. 以下货架适合存储密度较高、小库房，操作也比较安全可靠的是（　　　）。
   A. 移动式货架　　　B. 抽屉式货架　　　C. 重力式货架　　　D. 流利式货架

2. 垛距能方便存取作业，起通风、散热的作用，方便消防工作。库房垛距一般为（　　　）。
   A. 0.1~0.3m　　　B. 0.3~0.5m　　　C. 0.5~0.7m　　　D. 0.7~0.9m

三、思考题

作为一名物流现场作业人员，面对物料入库，应该采用何种存储方式？需要考虑哪些因素？

➤ 任务工单

任务名称	存储方式				
学生姓名		班级		学号	
学习场所		学时		日期	

任务目标	1. 准确区分堆垛存储与货架存储两种方式的差别 2. 掌握堆垛存储的基本要求和方式 3. 熟悉常见货架存储的方式
任务描述	根据任务目标，查找汽车物流存储相关资料，绘制思维导图，梳理总结不同存储方式的适用情况

任务构思	
相关概念	
任务准备	

任务设计	
实施计划	

任务实施	
操作步骤	

任务总结	
任务结果	

┃任务 2　存储策略 ◎

➤ 任务描述

　　某汽车物流企业为满足主机厂新产品生产需要，结合企业实际生产需求，统计了企业日常存储数据与 KLT、GLT 两种存储策略的不同响应时间。

　　请根据当前各产品存储货位、存储面积与物流企业的响应时间等选择合适的存储策略，为汽车主机厂的新产品投放助力。目前有哪些存储策略可供选择呢？

➤ 任务要求

　　1. 理解存储的基本原则。
　　2. 熟悉三种存储策略的适用范围。

➤ 相关知识

1. 存储策略概述

　　存储策略的实施旨在提升存储管理效率。根据管理的需要，存储策略可以划分成 KLT、GLT 与 SLT 三种。根据企业管理实践，依据产品包装类型划分存储策略成为主流，更利于实施存储管理。为提升存储效率，众多企业采取定置定位的存储策略，系统中记录托盘号、批次号、存储库区、库位编码等字段。到货后存储流程如图 4-23 所示。

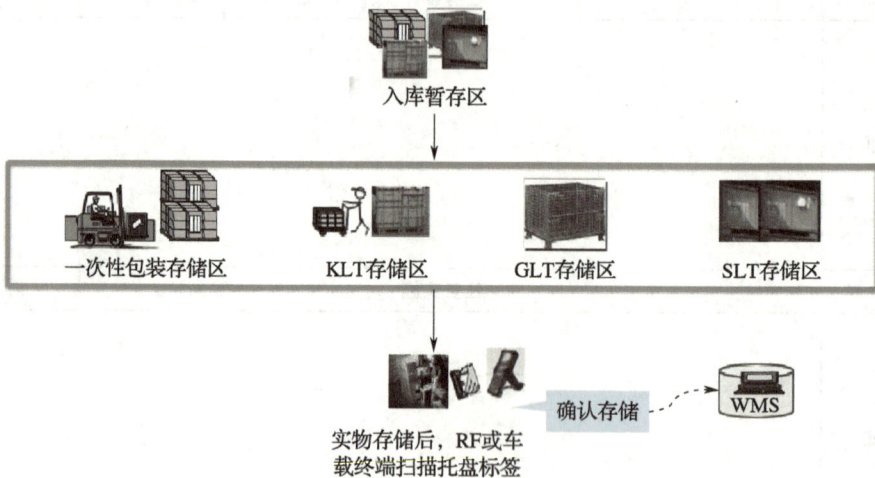

图 4-23　到货后存储流程

2. 存储原则

　　KLT 在超市区定置定位，GLT、SLT 在堆垛区及操作区定置定位，GLT 与托盘在高位货架随机存储，系统为每一种物料设置最小与最大库存——MIN、MAX。

　　系统 MIN：货位上的最小库存值。根据零件紧急响应时间设定，用于对零件库存进行报警，以及在紧急拉动操作时使用。

　　系统 MAX：系统中设置的最大库存值。根据零件正常响应时间设定，在系统向外部对零件进行拉动时使用。

3. KLT 存储策略

KLT 存储主要适用于流利式货架、平板料架、阁楼式货架、横梁式货架、重力式货架、巧固架、料箱式四向穿梭车立体库、两向穿梭车、堆垛机立体库、托盘式四向穿梭车立体库、子母车立体库、AGV 货到人拣选等设备。具体存储方式如图 4-24 所示。

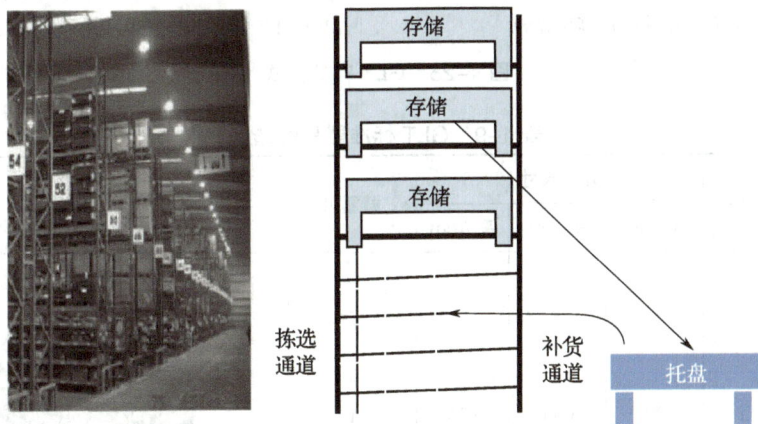

图 4-24　KLT 存储方式

KLT 标准器具的选型见表 4-8。

表 4-8　KLT 标准器具的选型

序列号	T3214	T4314	T4328	T6414	T6428
名称	A 箱	B 箱	C 箱	D 箱	H 箱
材料	塑料	塑料	塑料	塑料	塑料
外径 /mm	300 × 200 × 148	400 × 300 × 148	400 × 300 × 280	600 × 400 × 140	600 × 400 × 280
内径 /mm	250 × 150 × 123	345 × 250 × 123	345 × 250 × 265	545 × 365 × 123	545 × 365 × 265
净重 /kg	0.69	0.98	1.71	1.84	2.75

4. GLT 存储策略

GLT 主要适用于横梁式货架、重力式货架、堆垛机立体库、托盘式四向穿梭车立体库（需承载托盘）、子母车立体库（需承载托盘）、AGV 货到人拣选等设备。

就 GLT 存储策略而言，GLT 看板零件采用高位存储，排序与拣选单零件采用地面堆垛存储，如图 4-25 所示。

关于 GLT 标准器具的选型，根据企业工作时间，大致可以划分为卡板箱、仓储笼与托盘三类，见表 4-9。

a）GLT 看板零件采用高位存储　　　　　　b）GLT 排序与拣选单零件采用地面堆垛存储

图 4-25　GLT 存储方式

表 4-9　GLT 标准器具的选型

序号	GLT 类型	外观尺寸			载重/t	示例
		长/mm	宽/mm	高/mm		
1	卡板箱	1200	1000	975	1	
2	仓储笼	1200	1000	890	2	
3	托盘	1200	1000	150	2	

5. SLT 存储策略

由于 SLT 是一种没有标准规格要求的、特殊或专用的包装容器，具体尺寸和要求需要依据物料基本信息以及配送信息来专门定制设计，适用于不能存储在普通托盘货架上的零件。座椅 SLT 包装如图 4-26 所示。SLT 的货物存储周期为 5 个工作日，一般采用地堆形式存储，如图 4-27 所示。

图 4-26　座椅 SLT 包装

图 4-27　SLT 存储方式

SLT 存储有 SLT241010 和 Special SLT 两种形式。SLT241010 属于相对标准的包装容器，外部设计通常使用金属框架，内部设计为满足物料安全的要求，使用衬垫、分隔、固定等方式保证物料的安全配送。Special SLT 则需要根据容纳零部件的尺寸大小，相应地对其尺寸、固定要求、重量要求和体积等进行专业设计。

SLT 包装的设计有如下几点要求：

1）搬运：如果要求有内部运输，器具底面可从四个方向进叉。

2）存储：如果器具的高度小于底面最小尺寸的 1.25 倍，器具应该满足可堆垛的要求。同底面的专用器具应考虑可互相堆垛。

3）内部运输：基于内部运输的方式，尽量使器具配有轮子，并适合人工移动。

4）外形尺寸：器具的外形尺寸必须能保证零部件不延伸到器具外面。

5）零部件重量：重型零部件使用重型器具，轻型零部件使用轻型器具。

6）零部件固定：在搬运过程中，器具中的零部件必须能够保证不散落滑落，保证零部件能够分别固定。

7）清洁：器具的设计必须能够保证器具本身不易于尘灰积累，或易于清洗。

8）安全：如果内部运输有要求，器具脚需满足叉车的安全搬运，以及器具的安全站立。

➤ 学习自测

一、填空题

1. 在汽车物流领域，常见的存储策略有 KLT 存储策略、＿＿＿＿＿＿＿＿、＿＿＿＿＿＿＿三种。

2. ＿＿＿＿＿＿＿是指在长、宽、高方面有超长或超宽的一些非规则模数的大包装，俗称"特大料箱"。

二、思考题

作为某汽车生产企业总装车间的一名厂内物流计划员，你在确定车间内物流存储策略时，一般会使用哪些要素进行综合评价？

➤ 任务工单

任务名称	存储策略选择			
学生姓名		班级		学号	
学习场所		学时		日期	
任务目标	1. 理解存储的基本原则 2. 熟悉三种存储策略的适用范围			
任务描述	根据任务目标，通过知网、物流指闻等平台查找有关汽车物流不同存储策略的资料，制作不同存储策略的微视频，并对外进行公布			
任务构思				
相关概念				
任务准备				
任务设计				
实施计划				
任务实施				
操作步骤				
任务总结				
任务结果				

| 任务 3　汽车物流存储作业典型案例 ◎

➤ 任务描述

为满足 2022 年 A 车型并入，同时日产量提升至 1350 辆，某企业物流升级改造项目从 3 月份正式开始，涉及范围包括：总装车间（9800m²）、BC 库房（17000m²）、超市库区（50000m²）、DC 库房（26000m²），车型 3 种，物流区域面积共计 10 万余 m²，零件品种数 2900 种，项目预计完成时间为 2022 年 9 月。针对此种混流生产，如何进行排序规划，提升存储效率，完成项目升级改造工程？

➤ 任务要求

1. 了解汽车物流存储作业优化案例。
2. 理解存储项目优化流程。

➤ 相关知识

1. 项目规划前提

本项目规划需要遵循三大前提，分别是路线前提、布局前提与存储前提，详见表 4-10~ 表 4-12。

表 4-10　路线前提

序号	项目	说明
1	线旁	满足双箱原则
2	线路	拣选区与生产线通道均单向交通
3	补货原则	拣选区向生产线供应：牵引车节拍式路线，器具加轮
4	牵引原则	牵引车组长度不超过 12m，拖挂不超过 4 个器具

表 4-11　布局前提

序号	项目	说明
1	布局原则	一个工段对应一个拣选货道 拣选区与生产线纵向对应布置 存储区与拣选区纵向对应布置
2	储备量	拣选区满足双箱、车型比 30min

表 4-12　存储前提

序号	项目	说明
1	车型及日产	A1 车型为 1093 辆份，A2 车型为 257 辆份
2	新增零件	198 种
3	取消零件	73 种
4	检验区	保持不变，连车 1h
5	存储区	按照现存储方式不变 非 LOC 零件储备量：B8 连车 4h，CCFB 车型比 8h LOC 零件储备量：2~9 天

（续）

序号	项目	说明
6	拣选区	存储原则：双箱、车型比 30min 存储方式：KLT 零件超市库区斜面料架摆放、GLT 零件超市库区双箱摆放
7	空器具存储区	非 LOC 零件车型比 2h；LOC 零件按照厂家到货频次测算

2. 零件清单数据分析

针对排序工序所对应的零件，项目小组进行零件清单数据统计分析。排序零件统计如图 4-28 所示，零件清单数据分析见表 4-13。

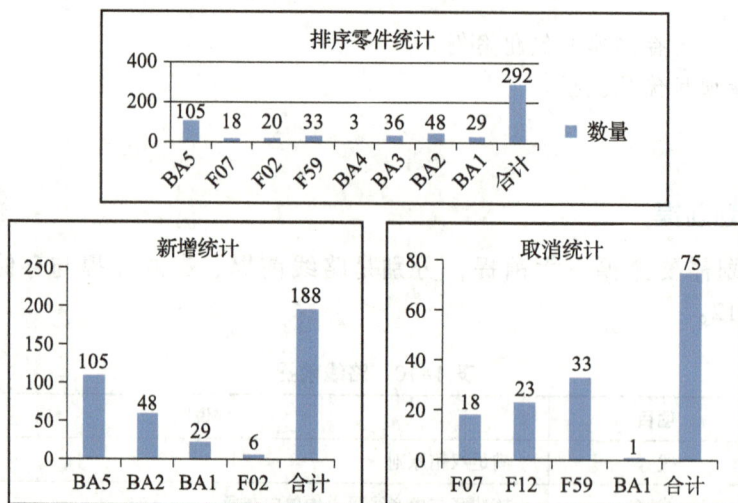

图 4-28　排序零件统计

表 4-13　零件清单数据分析

工段	零件数量	变化	备注
BA5	105	新增：衬垫、安全气囊、方向盘、工具包、门槛压条 LR、侧垫 LR、护套 LR、侧围 LR	BC 筐车转排序
F07	18	取消：上饰条 LR、控制器 LR、A1 前门玻璃 LR、A1 后门玻璃 LR、三角窗 LR	排序转直送
F02	20	A1 水箱混排	
BA3/BA4	39	蓄电池托架包装容量变更，由 24 个调整至 72 个	
F59/F10	33	取消：水箱超市、悬置	
BA2	48	新增：B 柱上护板 LR、B 柱下护板 LR、悬置、安全带总成 LR	
BA1	29	新增：天窗、尾灯、ESP 装置器具由 24 个调整至 36 个	
F12	23	取消：转向柱开关、空调、仪表板	排序转 BC 库房

3. 流程简介

为有效降低各存储区域库存，项目小组首先就各业务流程进行梳理，流程简图如图 4-29 和图 4-30 所示。

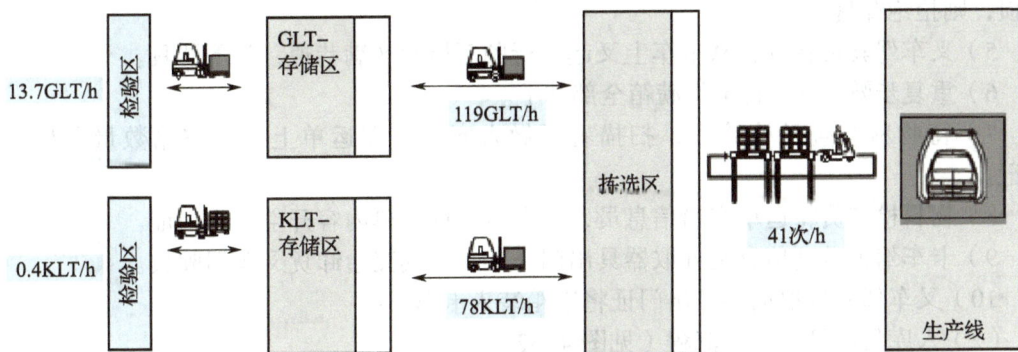

图 4-29　流程简图（1）

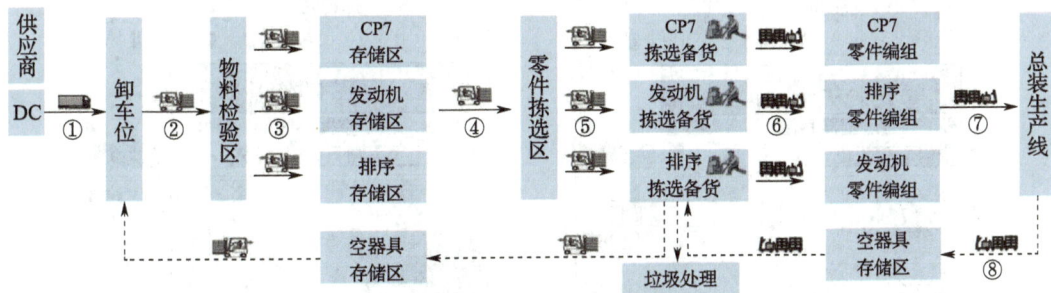

图 4-30　流程简图（2）

1）车辆到货：按照车控流程，驾驶卡车到指定卸车位。

2）卸货及返空：物料装卸员确认掩车器、卡车钥匙挂在停车牌背面，目视器具是否完好，将零件卸货至检验区，并行驶至空器具存储区叉运空器具，将空器具进行装车。

3）入库：叉车驾驶员将检验区的零件叉运至存储区，核实零件定置定位，查看到货时间，按照"先进先出"要求进行入库作业。

4）补货：叉车驾驶员巡线至拣选区，发现空器具并叉运至空器具存储区，叉取相应的满箱至信息点，撕二联看板出库并要货处理，要货后送至拣选区。叉车驾驶员按照30min 巡线原则进行补货。

5）备货：打印备货单，记录起始流水号并记录，查看备货并按照备货信息拿取零件放入上线器具内，全部备货完毕后检查，并签字确认。

6）排序：按照总装生产线工位顺序，在排序区对物料进行编组排序。

7）上线：物料输送员按照分工搭载连接上线器具，送至线旁将上线器具空满替换工作，将空上线器具返回至拣选区。

8）纸包装返空：备货员将纸箱进行折叠，叉车驾驶员将纸包装送到垃圾点处理。

4. 各类流程展示

（1）物料装卸员的具体工作流程（见图 4-31）

1）卡车驶入卸货位，卡车驾驶员打开车门，并将运单交给空箱备货员。

2）空箱备货员根据运单信息，叉取空箱到入口检验区的空巷道。

3）重复步骤 2，直至将空箱全部叉到空巷道区，将运单交给物料检查员。

4）准备空箱的同时，叉车卸货驾驶员驶向卡车，目视检查器具质量状态。若器具有破损，则拒绝卸货。

5）叉车驾驶员将满箱从卡车上叉起，行驶至检验区满巷道，放下器具。

6）重复步骤 4~5，直至将满箱全部卸下。

7）待物料检查员检验后，扫描看板做入库，并在运单上做返空箱数量和型号的标记。

8）物料检查员将运单交给信息员，信息员根据运单内容开空箱出门证。

9）卡车驾驶员到信息员处取器具出门证，并将其交给卸货叉车驾驶员。

10）叉车驾驶员根据器具出门证将空箱装入卡车。

（2）入库员的具体工作流程（见图 4-32）

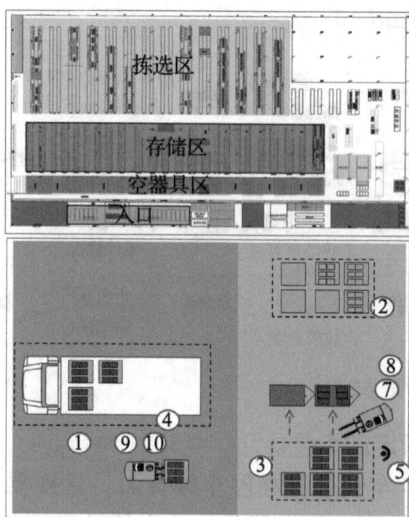

图 4-31　叉车卸货流程　　　　　图 4-32　入库流程

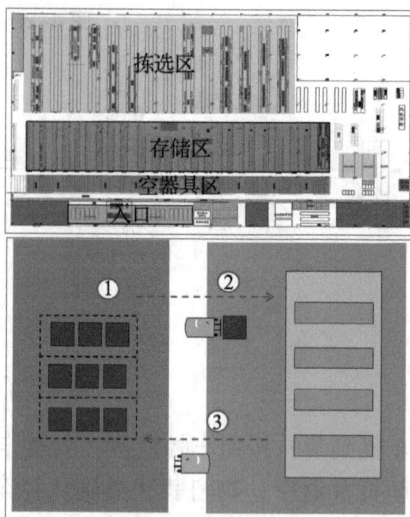

1）入库叉车驾驶员查看看板信息，确认满箱库区库位。

2）入库叉车驾驶员将入库检验区的满箱运输到缓存区相应的库区库位，放下满箱。

3）入库叉车驾驶员行驶至空箱缓存区，叉取空器具至入口空箱缓存区。

4）重复步骤 2，直至将所有满箱入库完毕。

（3）叉车备货员的具体工作流程（见图 4-33）

1）叉车驾驶员每 30min 巡线一次，查看需备货的零件，下车撕取空箱器具上的供货看板，并叉取空箱至空箱存储区。

2）行驶至存储区，叉取要出库的零件，行驶到信息点。

3）出库驾驶员下车，撕下第二联看板，信息员进行扫描出库及要货。

4）叉车驾驶员上车行驶至拣选区，检查空中标识与地面标识是否一致后将零件放置指定位置。

5）重复步骤 1~4，直到备货完毕。

（4）排序员的具体工作流程（见图 4-34）

1）步行至 FIS 点打印备货单。

2）确认备货单流水号是否连续，标记备货单并填写《流水号记录表》。

3）排序员推空排序车。

4）排序员核对备货单，推空车驶向或推到第一个零件摆放位置。

5）排序员根据备货单上的零件号确认该位置上的零件定置定位，并按备货单顺序拿件（每次拿取一个零件）。

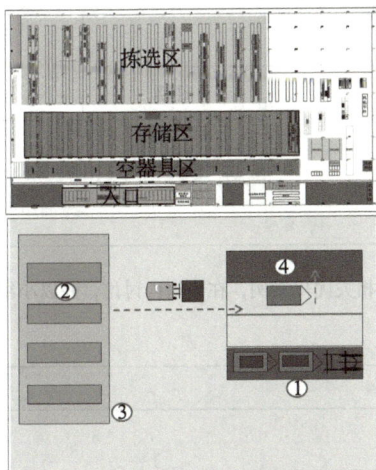

图 4-33　出库流程

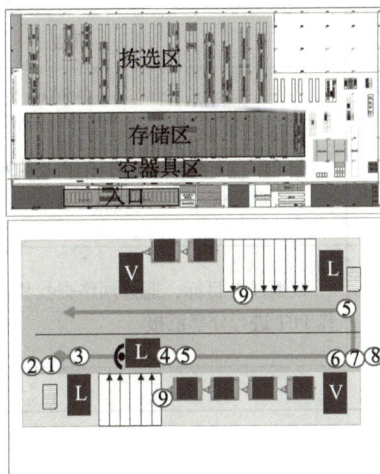

图 4-34　排序流程

6）排序员根据质量提示卡及备货单对零件进行单件目视检验及核对确认，并将零件放在排序车上（专用器具）。

7）备货完毕后，检查备货单，并在备货单上逐一打√确认。

8）排序员闭合器具，将备货单放置到指定位置。

9）排序员清理备货过程中产生的垃圾，折叠纸箱，保障现场 5S。

10）重复步骤 1~9，直到所有任务结束。

（5）物料输送员的具体工作流程（见图 4-35）

1）牵引车驾驶员带空箱从生产线返回超市内空器具缓存区，若发现有质量问题的转运器具，将其运输至器具封存区封存。

2）下车解开空排序车并推到空器具缓存区内。

3）连接满箱排序车，确认满箱流水号与前次流水号是否连续，如发现不符，联系排序员进行确认。

4）按照上线搭载分工连接其他满箱。

5）拉满箱排序车驶向总装，将零件运输至指定的工位并在线旁做空满替换工作。

6）重复步骤 1~5。

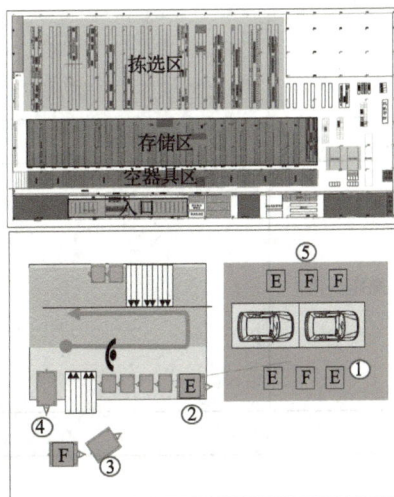

图 4-35　上线流程

➤ 学习自测

请回答以下问题：

1. 结合你所经历或者了解到的存储优化项目，谈谈如何开展项目优化。

2. 请分享存储优化案例，对比效果提升的具体细节。

➢ 任务工单

任务名称	汽车物流存储作业案例分享				
学生姓名		班级		学号	
学习场所		学时		日期	
任务目标	1. 了解汽车物流存储作业优化案例 2. 理解存储项目优化流程				
任务描述	根据任务目标，通过网络查找物流存储作业相关优化案例，在小组内讨论，并以小组的形式制作 PPT 进行分享汇报				
任务构思					
相关概念					
任务准备					
任务设计					
实施计划					
任务实施					
操作步骤					
任务总结					
任务结果					

项目 5
精益生产之配送

| 任务 1　生产方式与配送模式的选择 🎯

➤ 任务描述

　　精益生产是现在社会中每一个公司都绕不开的管理方法。精益生产的核心是使用拉动式生产替代推动式生产，拉动式生产和推动式生产到底是什么？如何区分拉动式生产和推动式生产？随着用户需求的不断变化和产品品种的增加，生产企业中产品装配线发生了哪些变化？在快速响应用户需求，实现大规模柔性生产方面，混合产品装配线生产理念是如何胜出的？生产实际中选择配送策略时，又要考虑哪些因素呢？带着这些问题，我们一起进入下面的学习。

➤ 任务要求

　　1. 准确区分推动式生产与拉动式生产两种不同生产方式的差别。
　　2. 熟悉三种产品装配线模式。
　　3. 理解混合产品装配线生产理念及实现条件。

➤ 相关知识

1. 推动式生产与拉动式生产的区别

　　推动式生产（Push Production）和拉动式生产（Pull Production）是制造企业的两大生产系统，在制造业发展的不同阶段，它们对于企业提高效率、降低成本、增强竞争力作出了巨大的贡献。

> **想一想**
>
> 　　制造业中常见的两种生产方式——推动式生产和拉动式生产的区别是什么？

　　推动式生产（见图 5-1）是大批量生产最显著的特征，根据销售预测与实际的客户订单资料，制订出主生产计划（Master Production Schedule，MPS）、物料需求计划（Material Requirement Planning，MRP）、物料采购或制造的时程、产能需求、最终产品的产量和交货期的规划等计划，并将计划分段发送至企业所有的车间、工位以及工序，依照产品的加工工艺过程从前往后推，生产出产品后按照计划把产品送达后工序。在这种生产方式下，生产控制要保证按生产作业计划的要求，按时、按质、按量完成任务，每一工序的员工注重的是自己所在工序的生产效率，而不考虑下道工序是否在此时真正要用到这些物料。因此，推动式生产往往会造成物料过量、出现积压的情况。

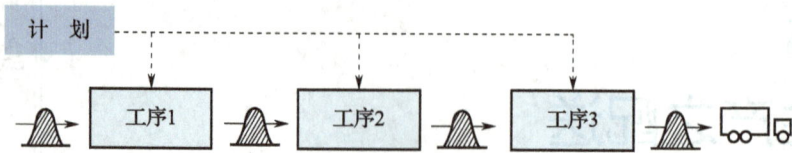

图 5-1　推动式生产

拉动式生产（见图 5-2）是指由下游的需求拉动上游进行生产，其主要内容是实现生产线上下游工序保持一致的物料流动。上游工序依据下游工序的需求生产相应的产品，并只在下游工序需要时向其提供需要的数量，因此不会出现生产过量、在制品积压等状况；基于市场的需求制订月/周/日生产计划，然后将其传达至生产线的终端，终端依据生产计划（市场需求）进行生产，上游工序按照下游工序的需求来生产其所需数量的产品，即下游拉动上游的模式；同时，利用目视管理的手段，如定置定位、看板等，保证现场的有序与整洁。

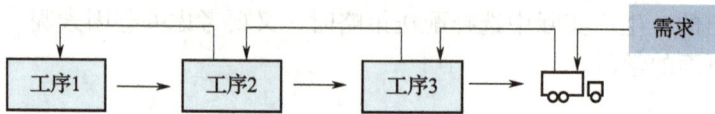

图 5-2　拉动式生产

推动式生产与拉动式生产的区别见表 5-1。

表 5-1　推动式生产与拉动式生产的区别

区别点	推动式生产	拉动式生产
生产指令的发送途径	发送至与生产某种产品相关的各个生产工序	发送至生产该种产品的最终工序
订单的生成方式	按照客户订单和需求预测生成计划	按照生产现场的信息工具（如看板或物料盒）由下游工序的实际需求决定
在制品库存控制水平	较高的在制品库存	在制品库存较低
应用方式	以系统性的生产计划为中心，对生产运行起着重要的计划和协调作用	注重生产现场的管理，以满足现场需要和解决现场问题为中心
实施的组织要求	适用于层级式管理中，生产计划的下达和协调迅速而有效，相关人员缺少参与感	以团队管理的方式对现场出现的问题进行持续改进，相关人员参与度高
适用范围	适合大批量、少品种的生产系统	柔性强，适合小批量、多品种的生产系统

2. 不同产品装配线的特点

随着用户需求的不断变化和增长，装配流水线的变化主要经历了三个阶段：单一产品装配线阶段、多品种产品装配线阶段和混合产品装配线阶段，如图 5-3 所示。

（1）单一产品装配线阶段　单一产品装配线是指在一条装配线上仅生产一个品种的产品。当大批量规模性地生产同一种产品时，应当采用单一产品装配线模式。其优点是效率高、品质稳定，缺点主要表现在无法对市场多样性的定制化需求迅速做出响应和切换。

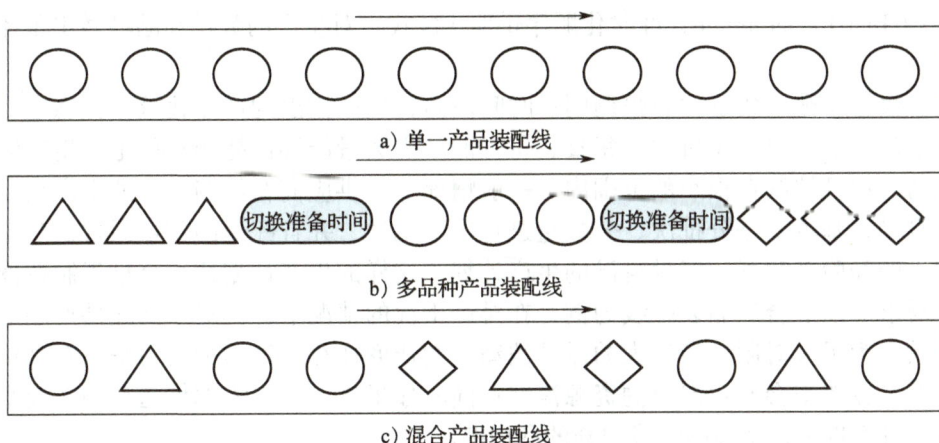

a) 单一产品装配线

b) 多品种产品装配线

c) 混合产品装配线

图 5-3 三种装配流水线模式

（2）多品种产品装配线阶段　多品种产品装配线是指一条装配线对多个类型的产品同时进行批量装配。但是运行的前提是相同类型的产品要集中性地进入装配线，否则需要消耗大量的换型时间来应对不同产品的装配要求，效率也无法有效提升。这种模式与单一产品装配线模式相比，生产的柔性有所增加，但在不同的产品类型切换时，需要增加装配线停线等待的时间。

（3）混合产品装配线阶段　混合产品装配线是指一条装配线上同时生产多种型号的产品，各种产品投产的顺序不一定；但是由于生产装配和工艺的改进，不同产品装配间的切换时间极大缩短，并能够对定制化的需求做出快速响应。

3. 混合产品装配线生产理念

混合产品装配线将结构类似、生产工艺相近的不同产品放在一条装配线上进行生产，不仅实现了大规模柔性生产，而且不需要对现有的生产设备和生产能力做大规模的调整，从而有效控制在制品的库存量，并能根据市场需求的变化及时调整生产计划和排产策略。与单一产品装配线相比，混合产品装配线实现了对多品种产品的同时生产，而且种类和数量可以满足市场需求，控制冗余库存，从而减少对流动资金的占用，能够有效降低生产制造过程中的潜在风险与成本。与多品种产品装配线相比，混合产品装配线通过更加柔性化的设备和技能更加全面的操作工人，实现了在一条装配线上混合生产个性化配置不同的同系列产品，减少了因设备和人工调整而带来的时间成本的浪费。混合产品装配线在生产上实现了小批量和多品种同时生产，在硬件配备上采用具有柔性化能力的生产设备和灵活性高的物流设备，能够同时安排掌握多种工艺能力的操作人员。

混合产品装配线的主要特征包括：

1）通用性：一条生产线能够实现不同产品的连续混合生产。

2）基本不需要切换：即生产不同的产品时，不需要对装配线进行大的调整。

3）无顺序要求：混合产品装配线上的工位顺序不存在先后。

4）一致性：产品的结构和混合产品装配线上的生产流程顺序基本保持一致。

4. 实现混合产品装配线的条件

实现平准化和均衡化生产是混合产品装配线实施的基础和前提，实现的方法之一是利用 JIS（Just In Sequence，准时化顺序供应）模式，对生产的数量和品种做出整体性的规划和协调。

（1）数量均衡　数量均衡强调同一时间段内，生产输出的产品数量保持稳定，主要指的是生产线上每个工作班次、每日、每月的产出数量能够保持相对稳定，生产装配数量的波动可控且控制在很小的范围内。一般情况下，供应商在给制造商的生产线配送零部件的时候，基本上是分批次、分数量进行实物配送，并且配送的数量通常是基于自己历史配送的经验来测算、安排自己的生产计划，这样的生产计划往往会早于制造商共享其生产需求。以混合产品装配线为例，在排产不优的情况下，其对不同配件产品的需求波动极大，为了应对制造商较大的需求波动，制造商往往通过增加设备来应对高峰期的需求，但是在淡季会导致严重的资源浪费；同时如果供应商将零部件送至制造商生产线的产品数量不均衡，将会影响线边仓的利用率。

（2）类型均衡　除了数量均衡之外，类型均衡也是实现混合产品装配线的条件之一。混合产品装配线产生的重要目的就是应对多样化、个性化的市场需求，实现小批量、多品种的生产方式，同时将库存控制到最低。类型的均衡不仅能够及时响应市场需求，同时类型均衡加上数量均衡才能实现需求的平稳。

（3）生产顺序　在混合产品装配线中，不同产品的生产时间不一致。如果同一条装配线上不同产品的生产时间差异较大，就会导致整体的生产效率低下，甚至导致一条生产线的停产，因此需要确定合理的产品投产顺序。在 JIS 模式中，拉动式生产带动的物料供应系统一旦出现不合理的投产顺序，就会导致生产线由于缺料而停线，将会给企业带来直接的经济损失。

5. 配送模式选择的影响要素

物料的配送与产品的生产有着密切的关系，物料的连续配送与生产线的紧密生产形成一种动态平衡。物料的配送要保证产品生产所需的物料数量充足但不会积压，能够按照生产线的需求将物料在必要的时间送达所需工位，并且在保证时间准确、物料数量准确的同时严格把握质量，进而保证产品生产按计划完成。但在实际生产过程中，物料的配送与生产线的运作总是存在不平衡现象，物料配送是否合理严重影响着生产线能否按计划平稳生产。因此，配送模式的合理选择将直接影响生产。各类厂内物流模式在不同的实际业务场景中存在多种物流模式配合进行的情况，主要有物料领取看板 JIT 配送、物料排序 JIS 配送、单量份 SPS 配送。

确定配送策略前，需要综合考虑厂内物流的配送组织原则及具体业务形态。通常从以下六个方面进行综合评价。

（1）供给原则　按照生产的集中控制方式，根据需求计划或消耗预测，将一定数量的物料在确定的时间送到要求的工位。

（2）供给方式　物料的供给可以统一集中处理，使所需物料一次到位；也可以按批量分批处理；或将总任务分解后按子任务需要分别提供物料；还可以一次提供一件产品或对工位提供零件或组件。

（3）计量方式　供给时，物料的计量可以按件计量，也可以按包装单元、运输单元计量。

（4）供给来源　为及时供给物料，在车间内设置物料的相对集中供应点，也就是"现场物流超市"；也可以在生产线工位附近设置料架，即"线侧暂存区"；还可以在供应商、预装点、加工点设置存储区域。

（5）供给地点　物料可以直接送到工位、工位附近，或者某一指定的生产子系统。

（6）供给控制　在集中控制系统中，可应用"推动"方式；在分布式、装配系统中，通常应用"拉动"方式。

➤ 学习自测

一、填空题

1. 在推动式生产方式下，生产控制要保证按_____的要求按时、按质、按量完成任务。

2. _____能够实现对多品种产品的同时生产，控制冗余库存，从而减少对流动资金的占用，能够有效降低生产制造过程中的潜在风险与成本。

3. _____与产品的生产有着密切的关系，_____与生产线的紧密生产形成一种动态平衡。

二、选择题

1. 以下属于拉动式生产特点的是（　　　）。

　　A. 拉动式生产按照客户订单和需求预测生成计划

　　B. 拉动式生产注重生产现场的管理，以满足现场需要和解决现场问题为中心

　　C. 拉动式生产以团队管理的方式对现场出现的问题进行持续改进，相关人员参与度高

　　D. 拉动式生产柔性强，适合小批量、多品种的生产系统

2. 实现混合产品装配线生产，需要满足（　　　）条件。

　　A. 数量均衡

　　B. 质量均衡

　　C. 类型均衡

　　D. 品种均衡

3. 混合产品装配线的主要特征包括（　　　）。

　　A. 一条生产线能够实现不同产品的连续混合生产

　　B. 生产不同的产品时，不需要对装配线进行大的调整

　　C. 混合产品装配线上的工位顺序不存在先后

　　D. 产品的结构和混合产品装配线上的生产流程顺序基本保持一致

三、思考题

作为某汽车生产企业总装车间的一名厂内物流计划员，你在确定车间内物流配送策略时，一般会使用哪些要素进行综合评价？

➢ 任务工单

任务名称	生产方式与配送模式的选择				
学生姓名		班级		学号	
学习场所		学时		日期	
任务目标	1. 准确区分推动式生产与拉动式生产两种不同生产方式的差别 2. 熟悉三种产品装配线模式的适用条件 3. 判定混合产品装配线实现的必要条件				
任务描述	根据任务目标，确定本任务所需要的设备、工具，查阅并整理学习资料，以小组讨论的方式，绘制思维导图，梳理总结不同生产方式和产品装配线模式的适用情况				
任务构思					
相关概念					
任务准备					
任务设计					
实施计划					
任务实施					
操作步骤					
任务总结					
任务结果					

丨任务 2　物料领取看板 JIT 配送

➤ 任务描述

为了满足日益增长的产品多样性需求，汽车生产大多采用柔性化的混合产品装配线，也就是一条装配线可以生产多种不同类型的汽车。这就要求在生产过程中及时供应与装配线上车型匹配的零部件，否则将可能由于缺件造成生产线停工。如何通过科学合理的配送策略避免这样的现象发生呢？让我们一起来寻找解决这个问题的办法吧！

➤ 任务要求

1. 能够运用物料领取看板的设计原则设计看板。
2. 能够使用物料领取看板准确完成配送作业。
3. 能够预见错误使用看板带来的风险隐患。

➤ 相关知识

1. 物料领取看板的设计

在生产线上，产品装配所需要的零部件需要提前采购或者预先生产制造出来，由于无法实现零部件加工与产品装配的同期生产，因此需要在生产线旁设置一个物料存放区，暂时存放与生产相匹配的零部件物料。随着生产的进行，这些暂时存放的物料会逐渐减少，需要由现场物流人员根据对应的工位、时间、数量等信息，对物料存放区被使用掉的零部件进行补充，这种用于零部件补充的领料单就是"物料领取看板"。

物料领取看板具有指示搬运的作用。看板信息包括物料名称、编码、数量、容器工序放置地等，更重要的是设置了前后工序的代码和零件简码，这样便于进行条码设定。为了便于区分车间及生产线，还设定了不同库区，即不同生产车间的看板颜色各不相同，通过目视化的手段，使现场搬运人员一目了然，防止犯错。物料领取看板的示例如图 5-4 所示。

库位代码	A11	缩略码	A2-15		前工序：锻造
品名	曲轴	机种	AX50P		C.3
P/N		4000M20			

容量	容器	看板序号		后工序：机加工
20	B	400		M.10

图 5-4　物料领取看板示例

> 练一练　请同学们结合企业的实际生产情况，练习制作物料领取看板。

2. 现场物料存储区域

（1）物流超市　顾名思义，物流超市是具备超市特点的、可以根据客户需求自由选定物流产品与服务的场所。物流超市通常设置在生产车间内，是暂时存放生产所需物料的现场缓冲区，具备零部件卸货、缓存、分拣、换装、排序等功能。

传统的物流配送是由供应商仓库直接将物料配送至生产线，运输距离长、配送批量大、配送物料种类和数量繁多，有些零部件还需要在生产现场进行转换包装、排序等处理，导致原本空间有限的生产车间更加拥挤混乱。

物流超市实际上是在供应商仓库和生产线中间设置了暂存区，将物料转换包装、排序等作业与生产线分离，它的数量可以是一个或者多个，只在需求产生的时候向生产线配送相应需求量的物料，具有小批量、多频次、反应速度快的特点。

（2）线边存储区   线边存储区是工位用于暂存提前送达的料箱和未及时回收的空箱的区域。由于生产企业的特性（尤其是大型生产企业），没有办法将常规库设立在每一个车间旁边，生产线的生产是一个实时的过程，不允许有任何一点停顿，因此线边存储区的设立就尤为重要。

线边存储区的设计通过保存合理数量的库存来保证生产的连续性，作业人员从线边存储区拿取需要使用的零部件到作业工位进行作业。当线边存储区的库存消耗到一定程度以后，自动产生物料领取需求并下达至前工序，这样，拉动起点便可以通过线边存储区对上游工序形成计划控制，确保自己所需的零部件可以及时生产出来并送达。

3. 看板 JIT 配送的操作流程

第一步：装配工在作业前领取第一个产品时将看板放入看板箱。看板箱就是工序中用来回收看板的箱子，是目视管理和作业指示的重要工具。看板箱和看板的循环存在着密切的联系，没有看板箱，看板就无法循环。

第二步：在取走看板的包装箱中，当物料使用结束后，操作工将空箱放回空箱回收处。在工位旁的线侧料架，通常选用重力式流利条料架，根据现场物流布局规划的需要，生产线侧料架顶层或底层的高度要高于配送通道一侧，空箱利用重力可以自行滑动过去。

第三步：物流人员在规定时间内，将看板箱中的看板和空箱全部收回，去前工序的货区拿取货物时，将空箱和看板带回。

第四步：物流人员到前工序，将已经加工完产品上的"生产看板"取下，放入规定的看板箱中；再将带来的"物料领取看板"放在料箱的看板夹里。

第五步：物流人员按"物料领取看板"指示，将装载的上道工序加工好的产品连同料箱一起放置到后工序指定的货区。

领取看板的操作流程如图 5-5 所示。

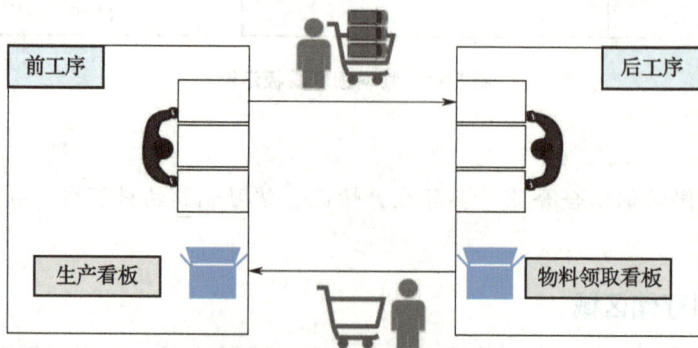

图 5-5　领取看板的操作流程

4. 看板使用规则

看板拉动是企业推行精益生产物流的重要工具，但企业中众多外形、构造、材质、重量、来源、用途各不相同的物料，并不是都适合用"看板配送"这种方式。具有表 5-2 所示特征的物料通常使用该方式。

表 5-2　看板配送物料的特征

特征 1	小件、标准件或通用件，也就是每个产品都需要装配的零件
特征 2	零件没有差异种类，不需要排序
特征 3	看板件都是整箱配送的，所以需采用整箱的单元包装

看板作为对现场进行高效管理、保障生产的重要工具，如果使用不当，不但达不到预期的效果，反而会成为阻碍成功的绊脚石。要想真正的通过看板拉动生产，必须遵守看板使用的八项基本规则，见表 5-3。

表 5-3　看板使用的基本规则

规则	规则内容	特别强调
规则 1	以容器为单位，每个容器附加 1 张看板	所有的物料，包括产品和半成品都要附加看板，这是最基本的，也是最重要的规则
规则 2	使用第一个物料时，就将看板取下放入看板箱	被取下的这张看板，既是后工序去前工序取货的物料领取看板，也是前工序的生产看板
规则 3	后工序来前工序领取	后工序在必要的时间，按需要的数量，领取需要的物料，不能多、更不能少
规则 4	前工序按照后工序取走物料的顺序安排生产	后工序取走什么，前工序就生产什么
规则 5	只配送看板显示的数量	要多少就配送多少
规则 6	出现不良品时，将看板放入红色箱子中，并返回到前工序	坚决不能让不良品流入生产线
规则 7	看板由使用的部门制作和管理	谁使用、谁制作、谁管理
规则 8	对看板的操作，要像金钱一样加以重视	要用少量的金钱，也就是看板实现高效运营

5. 违背看板使用规则的风险

在看板使用过程中，要严格遵守看板使用规则，如麻痹大意，则会产生相应的风险，见表 5-4。

表 5-4　违规使用看板的风险

风险	产生的问题
忘记领取看板。看板组没有看板需求回来，就不会将相应的物料送到工位	1. 生产线停线、效率降低 2. 有欠品发生、直通率下降 3. 二次装配、作业浪费 4. 紧急调达、物流浪费

（续）

风险	产生的问题
领料看板提前取出。物流组会拿到比实际需求多的看板，从而增加了下一个物流配送循环的作业量	1. 物流搬运作业不均衡，导致物料上线不均衡 2. 搬运节拍混乱，导致现场发生搬运安全问题 3. 搬运负荷不均衡，导致搬运人员浪费 4. 管理者调查看板混乱的原因，导致管理浪费
供给使用没有看板的物料。前工序得不到需求信息回复就会拉动计划断线，供货停止	1. 停线稼动率下降 2. 直通率下降 3. 二次装配 4. 物料结算异常，盘点作业浪费
看板与实物不符。线上无法使用，直接停线，多次安装后再翻修	1. 拉线停线，效率下降 2. 直通率下降，二次装配发生 3. 紧急调查 4. 同样的问题还有一处在发生

➤ 学习自测

一、填空题

1. 具备超市特点的、可以根据客户需求自由选定物流产品与服务的场所，被称为＿＿＿＿＿＿＿＿＿＿＿＿＿＿＿＿＿。

2. 看板在使用过程中，最基本的、也是最重要的规则是＿＿＿＿＿＿＿＿＿＿＿＿。

3. 在工位旁的线侧料架，通常选用＿＿＿＿＿＿＿＿＿＿＿料架，根据现场物流布局规划的需要，生产线侧料架顶层或底层的高度要＿＿＿＿＿于配送通道一侧，空箱利用＿＿＿＿＿可以自行滑动过去。

二、选择题

1. 看板拉动是企业推行精益生产物流的重要工具。具有以下（　　）特征的物料，通常首选"看板配送"。
   A. 小件、标准件或通用件　　　　B. 整箱的单元包装
   C. 零件没有差异种类，不需要排序　　D. 非标准的定制件

2. 在看板配送操作中，如果作业人员忘记领取看板，可能会导致（　　）问题。
   A. 生产线停线、效率降低　　　　B. 物料结算异常，盘点作业浪费
   C. 二次装配、作业浪费　　　　　D. 发生搬运安全问题

3. 物流人员在规定时间内，将看板箱中的看板和空箱全部收回，去（　　）的货区拿取货物时，将空箱和看板带回。
   A. 前工序　　　　　　　　　　　B. 后工序
   C. 物流超市　　　　　　　　　　D. 线边存储区

三、思考题

作为某汽车生产企业总装车间看板组的看板管理员，你将如何确保看板使用过程中的准确性？

➤ 任务工单

任务名称	物料领取看板 JIT 配送				
学生姓名		班级		学号	
学习场所		学时		日期	
任务目标	1. 掌握物料领取看板的设计原则 2. 能够使用物料领取看板准确完成配送作业 3. 能够预见错误使用看板带来的风险隐患				
任务描述	根据任务目标，模拟混合产品生产线，确定本任务所需要的工位、物料、看板、配送小车、线侧料架等实训设备和材料，设计物料领取看板；按照看板使用方法和配送要求，模拟看板配送全流程作业，并对违规使用看板所导致的问题进行分析整改				
任务构思					
相关要点					
任务准备					
任务设计					
绘制看板					
任务实施					
操作步骤					
任务总结					
问题及风险 分析					

任务 3　物料排序 JIS 配送

➤ 任务描述

随着生产线混流生产越来越多，线边物料的存储面积越来越受到限制。能否在真正需要装配某种零件的时候，这种零件才出现在生产线边，并且零件个数恰好能够满足一个有限时段的物料需求呢？这样一来，生产线边几乎没有这类零件的"线边库存"，即使有，也随时被需求和消耗殆尽，就可以解决生产车间存储面积不足的问题了。让我们一起来研究通过什么样的配送策略可以解决这个问题。

➤ 任务要求

1. 能够清楚辨别 JIS 与 JIT 两种配送策略的关系与区别。
2. 能够准确把握 JIS 配送实施过程中的保障措施及风险点防控。
3. 掌握 JIS 模式下的两种不同配送形式的应用。

➤ 相关知识

1.JIS 与 JIT 的关系与区别

（1）JIS 与 JIT 的关系　JIS 的英文全称为"Just In Sequence"，一般译为准时化顺序供应，或简称为准序化供应。JIS 是在准时化模式的基础上实现按照一条生产线上不同产品的生产顺序进行供货，因此在很多时候准序化被认为是准时化的一部分。JIS 理论在实际中的应用是从丰田汽车的生产开始的，丰田汽车公司要求其座椅供应商按生产的顺序对物料进行交付，由此开启了 JIS 在实际中应用的首例。

在 JIS 配送模式下，所有物料不仅要实现准时化生产的要求，还要求供应商按照制订的生产计划中要求的顺序进行交付。JIS 要求生产方和供应方具有高度的同步性，并且确保供应质量的稳定和供应数量的稳定，对于库存不足的情况要有高效的反应。所以，JIS 是 JIT 的最高衡量标准。

（2）JIS 与 JIT 的区别　JIT 的基本理念是"在需要的时候，生产所需要的产品，生产所需要的数量"，其追求的是零库存或者说是库存最小。

JIS 的基本理念更高一层，即在正确的时间将正确数量的正确产品按照正确的顺序进行配送，做到"顺序供货"。JIS 模式下的配送形式主要分为两种：供应商排序后送货和中转仓排序送货。

JIS 与 JIT 的区别见表 5-5。

表 5-5　JIS 与 JIT 的区别

标准	JIT 模式	JIS 模式
使用安全库存的影响	效率低	效率极低
模块化特征	模块化程度低	模块化程度高
信息化实现程度	标准	高度集成
供货序列稳定性要求	不要求	必须
中断相应时间	按小时/天计算	按分钟/小时计算
供应切换成本	切换成本高	切换成本最大化

2. 供应商排序后送货

供应商排序后送货方式也叫供应商 JIS 配送模式，要求供应商在接到制造商的物料需求和需求的顺序信息后，在制造商所要求的窗口期间范围内，对制造商所需的零部件进行备货，并配送到指定的地点。轮胎总成排序上线示意如图 5-6 所示。

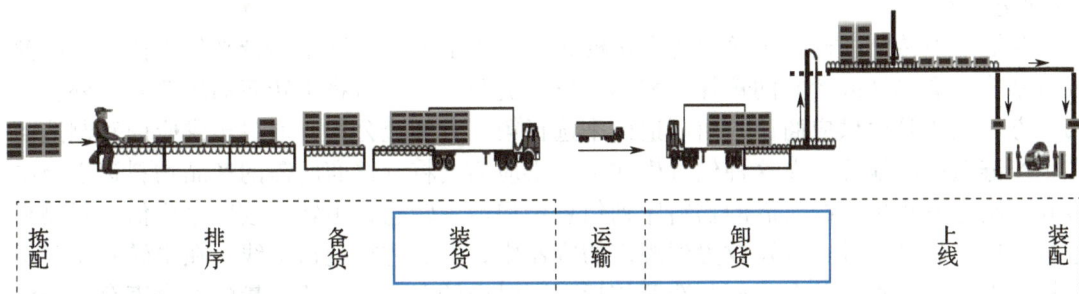

| 拣配 | 排序 | 备货 | 装货 | 运输 | 卸货 | 上线 | 装配 |

图 5-6　轮胎总成排序上线示意

供应商排序后送货方式对供应商提出了较高的要求，即必须在订货交付时间（Lead Time）内，依靠有限的生产能力，完成满足准时化生产作业需求和生产排序的物料准备。为了提高备货和配送效率，需要使用外部尺寸尽可能统一规整的物料容器。一般情况下需要用卡车将物料容器直接运输至线边的缓存区。这种配送形式不仅对供应商提出了更高的要求，同时也对制造商提出了要求，双方都必须有较高的信息化程度，只有通过数据对接的方式，才能实现生产序列信息的高效同步，如图 5-7 所示。由于是直送产线，中间没有质检的过程，供应商必须保证产品的质量、数量和交货的顺序。供货中断的影响极大，这在一定程度上要求供应商与制造商的距离必须保证在一定范围内，同时只有保持长期良好的合作关系，且有很强的技术实力、供应链管理能力的公司才能确保产品的质量。这种供应商排序后送货方式是 JIS 模式下最理想的配送形式。

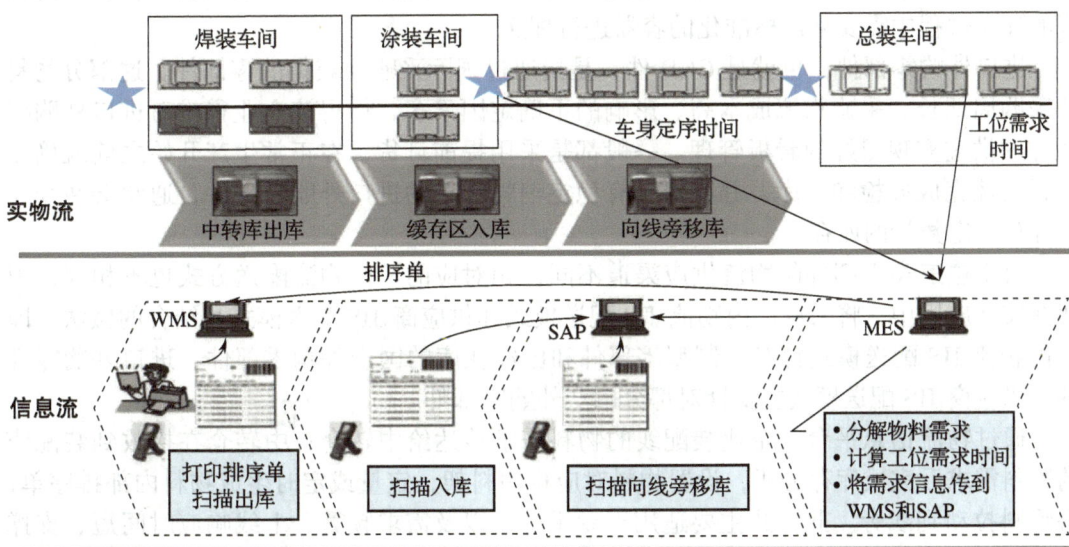

图 5-7　供应商排序后送货流程

3. 中转仓排序送货

由于企业的信息化程度不一致，供应商与制造商不一定能处在较近的地理范围内，而且由于供应商的生产品质无法完全保证，仍然需要质检环节，因此在无法实现供应商排序后送货方式的情况下，常用的替代方案为采用中转仓排序送货，也被称为厂内物流 JIS 配送模式。

在使用中转仓进行排序送货的合作模式中，为了解决位置距离带来的不便，供应商或者制造商会选择或者共同选择一家第三方物流公司，然后将中转库的运营管理外包给第三方。至于是由供应商还是由制造商来选择第三方物流公司，取决于供应商和制造商在生产链条中的地位。在这种供货模式下，供应商会将制造商所需的产品物料运送至中转仓；制造商将生产线所需的物料序列信息传递给中转仓，中转仓按照序列信息对物料进行分拣、组合、排序以及放置到规定的容器中，然后进行配送上线。在中转仓排序送货模式下，只要求中转仓距离制造商较近，同时中转仓可以存放少量的安全库存用于满足供应链问题带来的停产影响。这里的供应链问题主要指品质不合格、派送不及时、临时调整生产计划等问题。

4. JIS 配送在企业中的应用

某企业是一家汽车行业主机厂，生产线所需要的零部件主要分为三大类：自制型零部件、国产外购零部件、进口外购零部件（CKD 件）。

自制型零部件主要是指该企业将来料经过厂内的一系列加工工艺生产出的零部件，这种零部件是该企业的核心零部件，在保证产品的性能和质量上有很重要的作用。由于自制型零部件的生产和厂内配送都由该企业完成，因此只要保证供应商对原材料的供应，就能确保自制型零部件的稳定产出和入库。

国产外购零部件主要是指由该企业外公司加工完成的半成品。这些物料技术含量不高，主要是一些专用件和标准件，但是种类繁多，且规格和尺寸的范围较大，在厂内物流的配送过程中需要采用标准化的容器进行配送。

进口外购零部件，也就是 CKD 件，是指通过国际采购而获得的零部件。这部分物料的采购周期长、采购物流成本高、影响的不确定因素多，使得该企业很难对进口外购零部件的供应实现很好的看板管理。一般都是采用提前订货，在正常生产开始之前就确保物料已经完成质检和入库，并且对于有稳定消耗需求的进口外购零部件，通常会在仓库内存放一定数量的库存。

由于这三类零部件的物流供应渠道不同，相对应的厂内物流配送方式也不相同，因此在实际应用中，将采取厂内物流 JIS 配送模式和供应商 JIS 配送模式相结合的做法，即厂内物流 JIS 配送模式针对自制型零部件和已经在库的国产外购零部件、进口外购零部件，供应商 JIS 配送模式主要针对部分国产外购零部件。

通过物流信息平台，企业装配线的物料需求传达给中转仓；中转仓在接收到装配线的物料需求后完成库存分析，设置物料对应排序料架，定量或定时生成物料内部排序单，将物料拉动到线旁。此方式主要适用于专用件，以及需求频繁、上线响应时间短、支撑排序的零件。将在库实物送往装配线的同时，在物流信息平台中实时更新库存信息和配送信息。对于装配线而言，将接收到中转仓的配送通知；对于供应商而言，将接收到新的物料需求以及生产计划。供应商依据生产计划中的生产顺序和每次生产所需要的零部件类型、数量以及生产时间，对自己的生产和配送进行安排，然后将与生产线需求相匹配的零部件准时送到线边库存区，如图 5-8 所示。

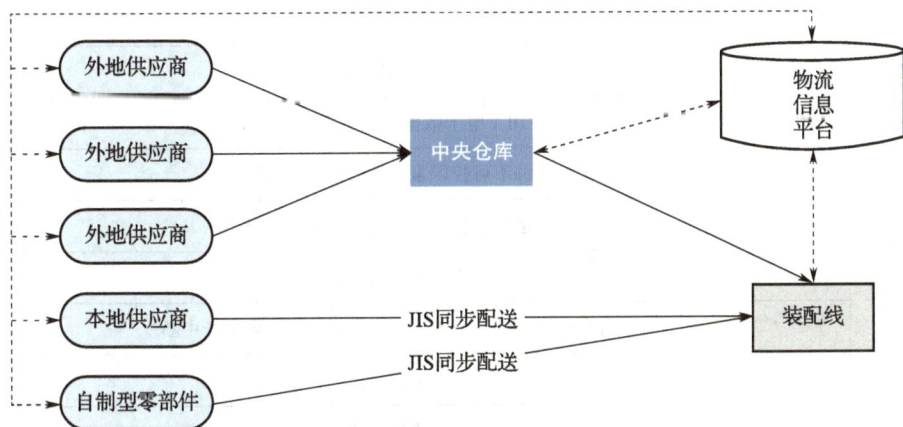

图 5-8 JIS 配送在企业中的应用

5. JIS 配送的实施保障

JIS 供货方式要求依据生产线的生产顺序进行准时化的物料配送和供货，因此要推行 JIS 物料配送模式必须实现物料需求的同步化，以及平准化。

（1）物料需求的同步化　物料需求的同步化是指前一道工序生产作业完成的时间即为后一道工序生产作业即将开始的时间，且前一道工序产生的输出物料即为后一道工序所需的部分，同时在物料类型和物料数量上都恰好匹配，并保证准时上线，这样的物料流转基本可以实现线边库存为零的生产目标。

（2）物料需求的平准化　物料需求的平准化是指要尽可能保证物料需求的稳定性，不要产生太大的波动。要实现物料需求的平准化，第一步就是对企业生产过程中各个零部件的需求数量、类型、需求时间以及供应商的供应能力进行综合评估，避免对某个供应商的物料需求产生较大波动，从而控制由于需求变动而带来的配送数量和配送频率的调节。同时需求数量的波动反应在供应商处，供应商为了应对需求波动而调整自己的库存方案，如增加库存储备，进而导致整个供应链条上库存的增加和资金占用成本的增加。

（3）JIS 配送的适用条件

1）JIS 的物料通常单件体积大、重量大，并且价值高。

2）JIS 的物料一般在装配过程中的工艺标准化程度较高。

3）生产场地空间有限，并且没有富余人员进行线边库存的管理。

4）JIS 产品的工程更改等情况发生较少，库存的切换管理较为容易。

5）一般不使用传统的实物看板，而是使用"排序拉动信号"，以电子形式为主。

6. JIS 配送需要预防的风险点

JIS 作为一种较为理想化的生产供应模式，在实施过程中必须要注意预防表 5-6 中出现的风险点。

表 5-6   JIS 配送需要预防的风险点

模块	风险描述
信息化	信息系统故障
	数据错误
	EDI（电子数据交换）延迟或故障
运输过程	各种不可控因素导致的运输周期延长
	运输包装不当导致的质量不合格
供应商	接收到错误的需求数据
	自身生产问题、下游供应商交付问题导致生产中断
	标签错误
	质量问题
制造商	装配不当导致零部件受损
	生产中断
	生产计划的短期调整

➤ 学习自测

一、填空题

1. JIS 是在正确的_____将正确_____的正确_____按照正确的_____进行配送，做到"顺序供货"。

2. JIS 供货方式要求依据生产线的生产顺序进行准时化的物料配送和供货，因此要推行 JIS 物料配送模式必须实现物料需求的_____和_____。

二、选择题

1. JIS 模式的特点不包括（   ）。
   - A. 模块化程度高
   - B. 供应切换成本高
   - C. 按小时/天计算
   - D. 供货稳定性要求高

2. JIS 模式下最理想的配送形式是（   ）。
   - A. 供应商排序后送货
   - B. 生产商排序后送货
   - C. 中转仓排序送货
   - D. 自营仓排序后送货

3. JIS 配送的适用条件包括（   ）。
   - A. 物料通常单件体积大、重量大
   - B. 物料通常价值高
   - C. 物料一般在装配过程中的工艺标准化程度较高
   - D. 使用电子看板

三、思考题

请参照供应商排序后送货流程图，绘制中转仓排序送货的作业流程图。

➢ 任务工单

任务名称	物料排序 JIS 配送				
学生姓名		班级		学号	
学习场所		学时		日期	
任务目标	1. 能够清楚辨别 JIS 与 JIT 两种配送策略的关系与区别 2. 掌握厂内物流 JIS 配送模式的应用 3. 明确 JIS 配送的适用范围				
任务描述	根据任务目标，设定生产需求和生产排序，以厂内物流 JIS 配送为主，编制配送作业计划；利用模拟生产线和装配环境，小组分工配合完成生产线的准序化物料上线操作				
任务构思					
相关要点					
任务准备					
任务设计					
JIS 配送 作业计划					
任务实施					
准序化 物料上线					
任务总结					
保障措施 与改善点					

| 任务 4　单量份 SPS 配送 ◎

➤ 任务描述

　　随着应用 JIS 配送模式的制造企业不断增加，生产现场又出现了新的问题：是否能够通过进一步的物流改善，提高装配工人的工作效率，加快生产线的生产节拍呢？在这种情况下，SPS 配送模式应运而生，它是将满足装配单位产品的零部件提前拣选成组，并装载至特定运输工具（一般为筐车），配送至生产线侧。SPS 配送模式是怎样运行的？它的优势又体现在哪些方面？在配送过程中，需要注意哪些规范？带着这一系列问题，让我们一起开启探索之旅吧！

➤ 任务要求

　　1. 熟悉单量份 SPS 配送的运行模式。
　　2. 掌握单量份 SPS 配送实施规范。
　　3. 根据单量份 SPS 配送模式的优势，合理选用配送方式。

➤ 相关知识

1. 单量份 SPS 配送的由来

　　单量份配送（Set Parts Supply，SPS），是指在与生产线分离的物流配送区，按照多品种、均衡化、混流生产的产品上线顺序，将满足装配单位产品的零部件提前拣选成组，并装载至特定运输工具（一般为筐车），配送至生产线侧，随产品沿生产线流动，筐车装载的零部件按工序装配到产品上的过程。在汽车行业中，也被称为"单辆份配送"。

　　SPS 是丰田生产方式在其物料配送系统中，根据准时化理念实施的一种单辆份向生产线配送的方式。最初主要应用于内饰线和车门线，是因为这两条装配线的零部件普遍具有体积大、重量轻、配置多、颜色件多的特点，物料占用的线边存放面积较大，装配人员拣选次数频繁、行走路线往复，影响工作效率。由于 SPS 是单辆份成套供应，物流筐车可以随着生产线一起流动到各个工位，装配人员不需要再到线侧料架拣选零部件，因此取消了线边的物料储存料架，降低了取料错误的可能性，提高了装配质量和装配效率。随着汽车制造业的快速增长，SPS 配送不仅降低了装配人员拣料后装配的劳动复杂程度，还节省了作业时间，提高了工作效率。这种配送模式已经被制造行业广为使用。

2. 单量份 SPS 配送运行模式

　　单量份 SPS 配送系统是由流水线装配、物料拣选、装载筐车运行三部分构成的。下面以内饰线的 SPS 配送为例，说明单量份 SPS 配送的运行模式，如图 5-9 所示。

　　1）SPS 系统每间隔某一固定时间，从 MES（Manufacturing Execution System，制造执行系统）同步获取内饰线上线点处（车辆上线扫码点）采集到的车身生产队列，根据车身 VIN（Vehicle Identification Number，车辆识别码）筛除掉重复信息，确保装配线上待装配车辆的唯一性，获得的装配队列是 Y1、Y2、Y3、Y4、Y5、Y6、Y7 这 7 辆车身。

　　2）依据装配队列获得对应的 SPS 拣料队列，内饰线上装配第一辆车 Y1 需要的物料为 A1、B1、C1、…、G1，装配第二辆车 Y2 需要的物料为 A2、B2、C2、…、G2，以此类推。

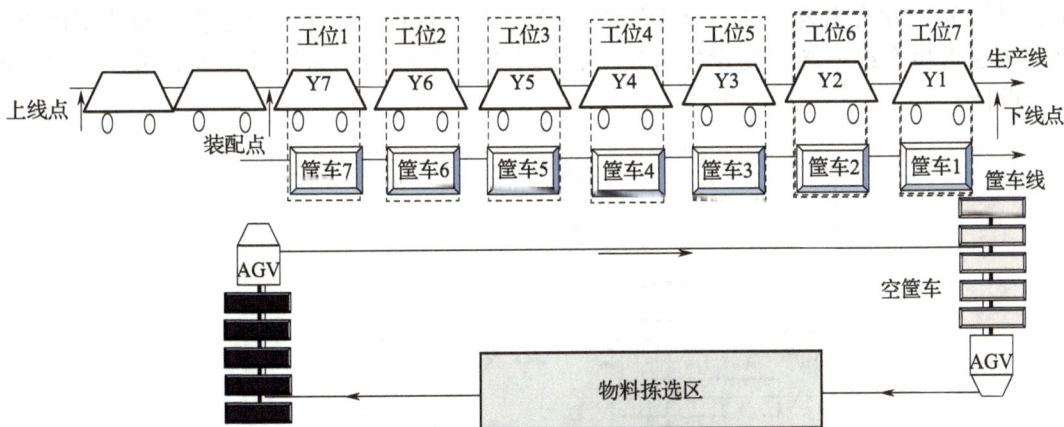

图 5-9　内饰线的 SPS 配送

3）在现场物料拣选区使用筐车装载物料时，每个筐车对应一辆车身，拣选人员将该车身在内饰线上需要装配的所有物料，按计划好的工艺顺序定置定位摆放。筐车 1 内放置 A1、B1、C1、…、G1 物料，筐车 2 内放置 A2、B2、C2、…、G2 物料，以此类推。

4）由 AGV 按车身的装配顺序 Y1、Y2、Y3、Y4、Y5、Y6、Y7，牵引 7 个筐车将物料从拣选区配送到上线点，流水线上的车身和筐车在顺序上必须是一一对应的，并在流水线流动过程中保持一致的流动速度。

5）各工序的装配人员仅需要在本工位跟随筐车同步走动，拿取所负责安装零部件进行装配作业。车身内饰装配完毕下线的同时，筐车内装载的物料也同时消耗完毕，空筐车在下线点由 AGV 牵引返回物料拣选区，并进入下一循环拣选装载作业。

3. 单量份 SPS 配送实施要点

单量份 SPS 配送前，需要将批量包装的物料经过拆包、分解、暂存、拣选、配套等一系列的专业化作业，配载到相应的物流筐车里，由生产现场的牵引车或者 AGV 牵引到生产线上指定的上料点，进行上线物料供应。在实施操作之前，需要按规范进行前期的详细规划。

1）确定适于实施 SPS 的物料。SPS 的拣选配套需要将具有装配关系的多个工序所需的物料放置在同一辆筐车中，因此，体积较小或中等的物料为宜，并且是供货质量稳定有保障的专用零部件。通用零部件和标准件、体积过大的物料则不适宜选择 SPS 配送。因为体积太大的物料，通常难以放置于筐车上；即便能够放置于筐车运送，取出也很困难；SPS 筐车体积也比普通筐车体积大，会占据大量主线空间。

2）设计物料筐车和料箱。SPS 配送对象为专用件，外形不规则，为了实现标准化作业，配套料箱的大小、内部结构形状要与物料基本一致，便于拿取，不易磕碰；而料箱的外部尺寸则应规则，符合外包装标准系列尺寸要求，便于放置在筐车中，提高筐车的利用效率。筐车应为多层设计，确保容纳较多料箱的同时，保证车辆的稳定性和通过性。

3）确定拣配区位置。拣配区可以集中安排，也可以分散安排。集中式拣配区的 SPS 物料集中放置在一起，进料物流容易安排；分散式拣配区设置在生产线旁，上线距离短，物流成本低。

4）规范拣配区内部设置与布局（见图 5-10）。拣配区物料以流利架、线棒料架为主，料架放置方式主要有"二字型""U 字型""一字型"三种，便于装载和筐车进出。拣配区靠近生产线一端需要设置待发区，便于排队上线的物料进行缓冲，可以采用"P链"设计。

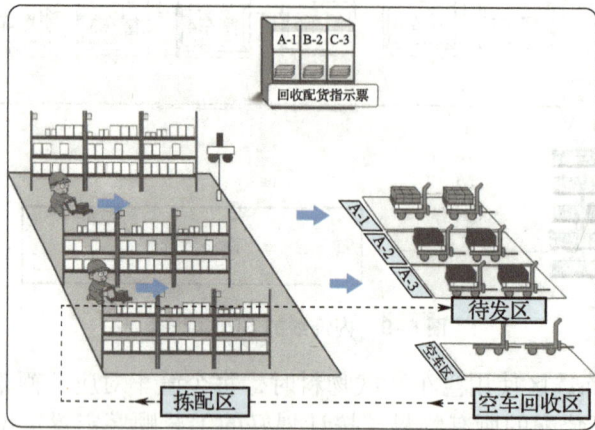

图 5-10　拣配区内部设置与布局

5）确定补货搬运设备。补货搬运距离较近时，可以采用手工推运物料筐车；距离较远或装配工位较多时，可以采用电瓶牵引车或 AGV，牵引一辆或多辆筐车同时配送上线。

6）规划生产线边的待上线区。如拣选区与生产线之间的距离较远，需要在生产线边设置待上线区，确保筐车配送的安全时间，避免发生生产线等待物料导致停产的事故。

7）确定物料筐车同步随行的方式。物料筐车与主产品同步随行的方式主要取决于生产线地板链的宽度。如地板链较宽，可以将筐车直接放置在地板上，随主产品同行；如地板链较窄，则筐车需要放置在地板链外，通过挂接装置，利用主产线的动力牵引，与主产品同步随行。

8）确定物料筐车下线与返回方式。返回方式与补货方式一致，补货上线，返回途中将空筐车带回，完成一个 SPS 筐车配送的闭环作业。

4. 单量份 SPS 配送模式的优势

单量份 SPS 配送取消了生产线旁的物料存储架，改为与流水线随动的物料筐车，操作人员不再需要走出操作区域取料，能够适应多品种混流生产的需要，有效解决混流装配总装环节的错装漏装，避免装配线停线。和传统集中产前配送方式相比，运用 SPS 的优势在于减少了物料上线点，减少了线旁及通道面积，提升了防错功能，提升了作业效率等。

1）物料上线点减少。采用 SPS 物料上线模式，单量份物料被划分为几部分，并分别在几个上线点与整车随行。上线点减少能有效优化总装线旁物流线路，物流线路的简化进一步减少了物流交叉点，从而降低了物流线路交叉引起的冲突。

2）线旁物料面积减少。物料以单量份的形式随主产品沿生产线流动，大幅减少了线旁的物料占用面积。可以避免传统模式下，由于产量提高导致的线旁物料面积的矛盾。

3）通道面积减少。采用 SPS 物料上线模式的物料，上线点均在装配线顶端，可以减少生产线中部的物料需求，减少上线通道数量。

4）提升防错功能。一方面，装配线作业人员由原来的拣选和装配作业同时进行，简化为仅需完成装配作业，同时所装配为单量份零部件，零部件形状差异大，错装概率小；另一方面，随行筐车为单量份配送，若有漏装现象发生，作业人员可在第一时间发现问题。此外，作业人员在零部件配送过程中增加了产品质检，把质量控制功能前移，并建立物流标准作业，新增加了防错措施，能够有效降低零部件错装、漏装概率。

5）降低劳动强度，提高作业效率。作业人员无须到料架拿取零部件，依靠随行筐车的协助，大幅降低了由于频繁走动带来的劳动强度；作业人员取消取件及挑拣零部件环节，可降低每个零部件平均装配工时，使得提高装配线节拍成为可能。

SPS 改善效果示例如图 5-11 所示。

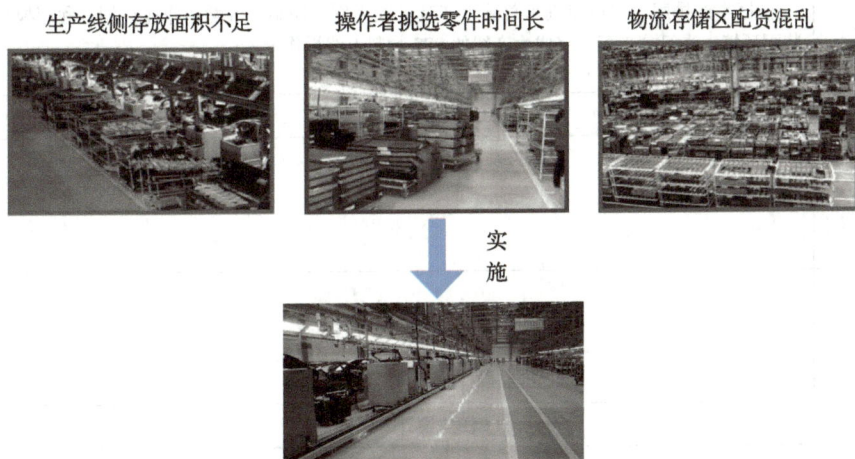

图 5-11　SPS 改善效果示例

➤ 学习自测

一、填空题

1. 单量份 SPS 配送物料配送系统是由_____、_____、_____三部分构成的。
2. 单量份 SPS 配送前，需要将批量包装的物料经过_____、分解、_____、拣选、_____等一系列的专业化作业。
3. 单量份配送（Set Parts Supply，SPS），在汽车行业中也被称为_____。

二、选择题

1. 单量份 SPS 配送的物料主要集中在（　　　）。
   A. 体积大的专用件　　　　　　　B. 体积大的通用件
   C. 体积小的通用件　　　　　　　D. 体积小的专用件
2. 拣配区物料以流利架、线棒料架为主，料架放置方式主要有（　　　）。
   A. 二字型　　　　B. 一字型　　　　C. U 字型　　　　D. P 字型
3. 物料筐车与主产品同步随行的方式，主要取决于（　　　）。
   A. 物料的种类　　　　　　　　　B. 筐车的外部尺寸
   C. 生产线地板链的宽度　　　　　D. 物料的上线顺序

三、思考题

单量份 SPS 配送与其他配送方式相比，有哪些优势？

➢ 任务工单

任务名称	单量份 SPS 配送				
学生姓名		班级		学号	
学习场所		学时		日期	
任务目标	1. 掌握单量份 SPS 配送的运行模式 2. 能够做好单量份 SPS 配送前期规划				
任务描述	根据生产排序，以模拟汽车总装生产装配线为例，编制 SPS 配送作业计划；利用模拟生产线和装配环境，小组分工配合完成生产线的 SPS 物料上线操作				
任务构思					
相关概念					
任务准备					
任务设计					
SPS 配送作业计划					
任务实施					
SPS 物料上线					
任务总结					
保障措施与改善点					

｜任务 5　汽车行业的入厂物流模式 🎯

➤ 任务描述

汽车零部件物流可以分为厂内物流和厂外物流。厂内物流可以通过 JIT 配送、JIS 配送、SPS 配送的方式实现。那么，厂外物流是如何组织的呢？进口的、异地的、本地的各种汽车零部件供应商，需要选择合适的供货方式，确保能够长期、稳定地向主机厂准确、及时提供完好无损的零部件，他们是如何实现的呢？让我们一起来揭开这些秘密吧！

➤ 任务要求

1. 准确把握入场物流配送管控要点。
2. 清楚辨别供应商直送、顺引以及循环取货三种模式的特点和优势。
3. 根据供应商特点，选择合理的入厂物流模式。

➤ 相关知识

1. 入厂物流概述

入厂物流是相对于厂内物流而言的。对于汽车制造企业，入厂物流是指零部件从供应商仓库到达汽车企业仓库之间的一系列物流活动，包括物料的采购、包装、运输、库存管理、用料和供应管理等增值过程。它是连接供应商与装配企业之间物料供应的重要活动，也是企业生产连续稳定运行的重要保证。入厂物流与厂内物流的关系如图 5-12 所示。

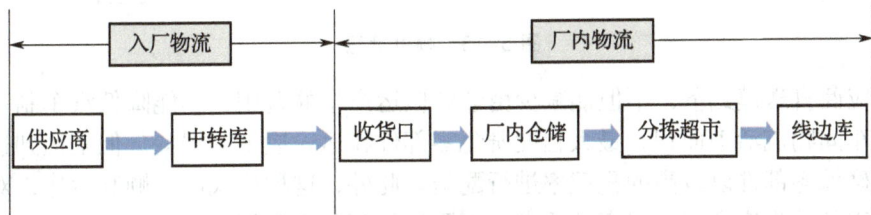

图 5-12　入厂物流与厂内物流的关系

在供应链管理的整个汽车制造企业物流系统中，入厂物流是最难组织和运行的。一方面是由于零部件品类繁多，供应商分布分散，物流过程中异常因素多，不可控因素较多，存在不能将物料按时送达的风险；另一方面是由于生产计划的不均衡，导致要货量出现波动，需要供应商做出及时响应，保障生产的顺利进行。因此，在规划与控制入厂物流时，既要从供应商直送、顺引、循环取货三种入厂物流模式中选择合适的组织方式，还要在业务规划过程中注意以下几点：

1）安排小批量、多频次配送。
2）货物等间隔时间到达工厂。
3）提高运输车辆积载率。
4）缩短配送作业循环时间。
5）确保车辆安全行驶。

6）提高运输车辆箱体的标准化程度。

7）选用规格标准化的料箱和包装器具。

2. 供应商直送和顺引模式

供应商直送是供应商直达送货模式的简称，是指零部件供应商在接到制造企业的零部件需求订单时，自行组织车辆将零部件运送至制造企业的供货形式。制造企业为了降低物流、仓储等管理费用，提高企业的核心竞争力，将物流管理工作从生产运营中剥离出来，转由零部件供应商按照制造企业的生产计划和需求进行供货，是一种最传统、最简单的供货模式。

当供应商的供货批量较大，且包装比较特殊，很难与其他公司的货物混载时，通常会选择供应商直送模式。除此之外，当供应商工厂或仓库建立在制造企业附近，并且能够对生产计划与生产排序做到及时响应时，也可以选择供应商直送模式。

如果供应商送货时就已经按照生产线的排序计划，利用专用台车或工位器具对零部件进行排序，可以直接将货物送到制造企业的生产线旁的缓冲区。这种更进一步的直送模式被企业称为"供应商顺序供货"，简称"顺引"，如图5-13所示。这种模式下，汽车零配件从供应商直接送至主机装配厂生产线上。如果装载率高的话，这是运输成本最小的一种模式；但随着拣货频率的增加，车辆的装载率会降低，运输成本会随之上升。这种模式的应用不是很广泛，只适用于座椅、仪表、轮胎、发动机等零部件供应量非常大的供应商。

图5-13　顺引示意

在供应商直送模式下，不但能减少由装卸搬运产生的费用，还能降低汽车制造企业的库存量和车间物流活动面积，最大程度避免零部件在运输途中的损耗。但是达到这种效果的前提是确保零部件以较高的积载率进行配送。此外，这种模式能否顺利运作，对汽车制造企业和零部件供应商都有很高的要求，否则任何环节出现问题都会造成生产停线或物料堆积。因此选用供应商直送模式的供应商必须要确保产品质量、送货时间的稳定性。

供应商直送模式的缺点包括：

1）当单家供应商的零部件需求量较少时，运输车辆不能满载运行，造成运输成本过高。

2）由于汽车生产线采用的是柔性生产，零部件需求种类众多，在大多数情况下需要进行小批量、多频次运输，供应商直送模式的应用范围缩小。

3）由于汽车制造企业的供应商数目较多，如沟通协调不善，易造成多家供应商同时到达汽车制造企业入口等待卸货，致使生产线因缺货而停产。

3. 循环取货模式

循环取货（Milk Run），也叫牛奶取货，循环集货，是为解决牛奶送货和空奶瓶回收问题而产生的一种配送方式。在配送牛奶和回收奶瓶的过程中，送奶工会提前对配送路线进行合理的规划，尽量避免多走重复路线而造成时间和成本的浪费。随着这种模式的不断应用和进步，这一配送过程被广泛应用于其他行业，例如在汽车行业，不同的供应商为主机厂配送零部件的过程。它与牛奶配送的过程恰好相反，是货车载着空料箱或台车到达事先设定好的各供应商处，在供应商处将空料箱或台车卸下，然后装上载货的料箱或台车后，将之送到指定的主机厂，过程如图 5-14 所示。循环取货可以由供应商组织，也可以由主机厂组织，还可以由第三方物流公司组织。通常是由主机厂主导选定的第三方物流公司负责规划及实施，这样做的优势在于：实现运输成本的可视化；由主机厂负责主导零部件的收货计划；主机厂更容易实现改善。

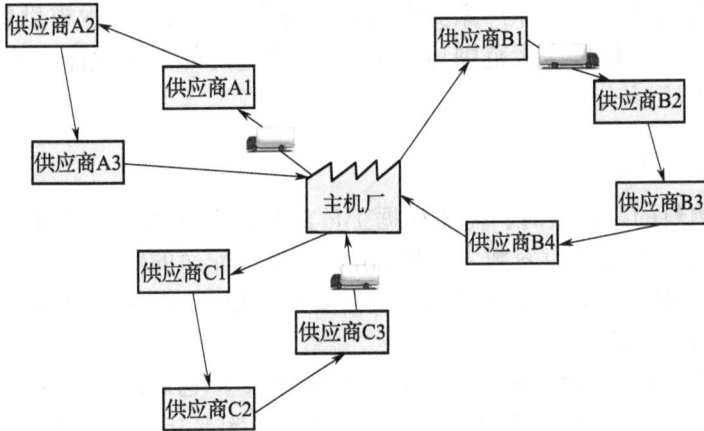

图 5-14　汽车行业的循环取货过程

（1）循环取货的特点

1）小批量、多频次取货。循环取货的主要特点是取货批量小、取货次数频繁。为了提高配送车辆的积载率，在每个循环取货的过程中，货车会从事先规划好路线上的各个供应商处逐一取走货物，同时将返回的空箱送回给供应商，改变了传统的由供应商分别直送货物的方式。

2）定点、定时、定线、定量取货。循环取货的取货路径是根据主机厂提供的供应商位置信息和供货信息，提前规划好的一套较为完善合理的路线。在取货时，配送车辆按照固定的线路、时间、数量进行取货。路线规划后，在一定时间内不会改变。

3）标准化料箱取货。在多个供应商循环取货时，为了提高货车的积载率，各供应商采用的料箱或台车必须是统一标准的，也便于工作人员准确地核对清点货物数量。

（2）循环取货的规划流程　循环取货的规划流程分为 8 步，见表 5-7。在这个过程中，从第一步制作厂家分布图开始，均是以实现均衡化物流为目的进行的。

表 5-7　循环取货的规划流程

序号	流程
1	制作厂家分布图
2	计算荷载量
3	确定运输路线
4	计算卡车积载率
5	确定每条路线的班次

（续）

序号	流程
6	制作卡车装载图
7	测试物流时间
8	确定物流接收时刻表

步骤 1：制作厂家分布图

区分各片区内的供应商的地理位置，判断最合理的路线，以顺势循环的方式，循环至各个供应商进行集货。在制作厂家分布图时，首先要确认所有本市供货厂家的地址，并在市区图上标出工厂位置（大范围地区），然后通过局部图做成详细地图（小范围地区），最后确定全国厂家分布图。

步骤 2：计算荷载量

确定某一种物料的荷载量时，需要根据工厂的日生产计划（日产量）和一个包装容器能够收纳该物料的个数（收容数），计算出每日需要配送的物料包装总数（日纳入箱数）。再通过包装箱的外部尺寸，计算出每日需要进行配送的总运输体积，为后续确定配送计划编排车辆和班次做好准备。

$$日荷载量 = （纳入箱数 / 日）× 包装箱长 × 包装箱宽 × 包装箱高$$
$$日纳入箱数 = 平均每辆车使用零件个数 × 日产量 / 收容数$$

步骤 3：确定运输路线

一个地区或者相邻的区域内，以逆时针的方式进行线路设计，分析各个厂家的荷载量及重量，并且根据行驶区域的交通法规及道路要求确定运输路线，例如集载量大的货车就应选择量高匹配的物流量及物流路线。可以结合节约里程法、最短路径最大流等运筹学方法进行路线确定。在初步选定路线后，一定要驾驶车辆进行实地模拟，以便更精确地掌握道路限高、交通信号等实际路况信息。

步骤 4：计算卡车积载率

卡车积载率的计算公式为

$$卡车积载率 = \sum （单包装体积 × 对应零件单趟需求包装数）/ 车厢内空体积$$

例： 零件和包装信息见表 5-8，选用 9.6m 飞翼车，车厢内部尺寸为 9350mm × 2400mm × 2350mm，则卡车积载率为：

$$（0.98 × 2 + 0.98 × 1 + 0.98 × 2 + \cdots + 0.08 × 3 + 0.02 × 2）/（9.35 × 2.4 × 2.35）= 50\%$$

表 5-8 零件和包装信息

供应商代码	零件号	包装类型	包装数量	长 /mm	宽 /mm	高 /mm	单包装体积 /m³	单趟需求包装数
100902	A1	产品架	24	930	660	1600	0.98	2
100902	A2	产品架	10	930	660	1600	0.98	1
100902	A3	产品架	10	930	660	1600	0.98	2
100902	A4	产品架	10	930	660	1600	0.98	1

（续）

供应商代码	零件号	包装类型	包装数量	长 /mm	宽 /mm	高 /mm	单包装体积 /m³	单趟需求包装数
100902	A5	产品架	10	930	660	1600	0.98	1
100902	A6	产品架	80	1650	1100	1800	3.27	2
100902	A7	产品架	90	1650	1100	1800	3.27	1
100902	A8	产品架	20	1650	1100	1800	3.27	1
100902	A9	产品架	10	1650	1100	1800	3.27	1
100902	A10	产品架	50	1000	800	1500	1.20	2
100902	A11	周转箱	30	400	300	148	0.02	3
100902	A12	周转箱	100	280	240	240	0.02	2
100902	A13	周转箱	40	550	425	240	0.06	3
100902	A14	周转箱	200	610	425	290	0.08	3
100902	A15	周转箱	50	400	300	148	0.02	2

步骤 5：确定每条路线的班次

根据每条路线的载荷量以及卡车的车型（容积、车箱体规格）、卡车的积载率（通常为 60%~80%），计算出每天送货的次数，即每条路线的班次。常见的卡车类型见表 5-9。

表 5-9　常见的卡车类型

卡车类型	车厢内空尺寸 /mm	容积 /m³
4m 小货车	4000 × 2050 × 2050	16.8
9.6m 飞翼车	9350 × 2400 × 2350	52.7
12.5m 飞翼车	12500 × 2400 × 2350	70.5

步骤 6：制作卡车装载图

制作卡车装载图主要是为了方便操作及安全作业。它主要是从前至后按照集货顺序以托盘为单位码放；托盘在放置时必须按照规范要求，不允许出现单层货垛的情况，质量重的在下面，质量轻的在上面。卡车装载的俯视图、右视图、左视图示例如图 5-15~ 图 5-17 所示。

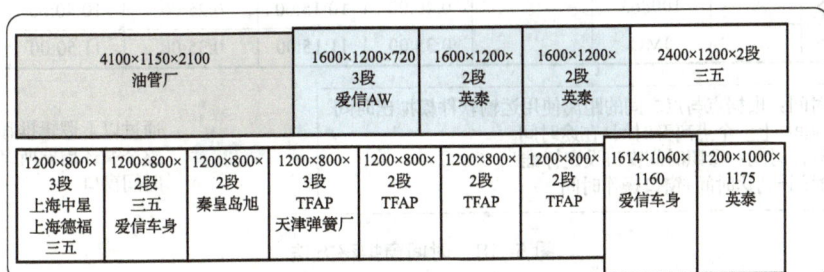

图 5-15　卡车装载的俯视图

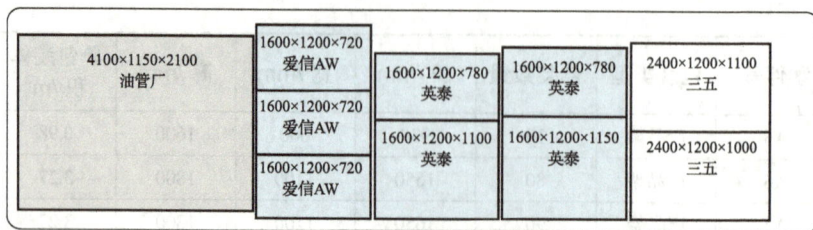

图 5-16　卡车装载的右视图

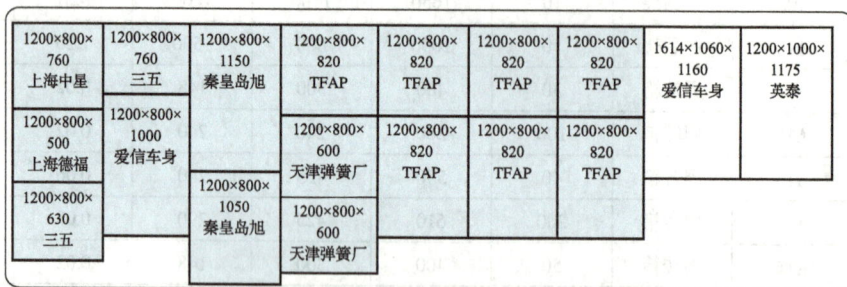

图 5-17　卡车装载的左视图

步骤 7：测试物流时间

测试物流时间需要通过计时和计算的方式，确定 5 个具体的时间和 1 个平均速度，即路途行走时间、红绿灯的时间和个数、厂内行走的时间、装货和卸货时间、相关账票的交接时间以及平均车速。

步骤 8：确定物流接收时刻表

在制定时刻表时，要综合考虑接货时间的平准化以及运输路线、操作环节改善等因素。同时，卡车的积载率不能低于 60%；卡车停车位置要提前与厂家、车间及相关部门联络确定下来，也要确保集货时间不能发生重叠。时间窗推移（即周期时间推移）方法如图 5-18 所示。

线路代码	趟次	到达点	车号	在途时间	到达时间	窗口操作时间	离开时间	记录人
线路2-5	1	停车场			7:30:00	0:05:00	7:35:00	
线路2-5	1	101481		0:25:00	8:00:00	0:25:00	8:25:00	
线路2-5	1	101335	1号车	0:10:00	8:35:00	0:25:00	9:00:00	
线路2-5	1	100678		0:10:00	9:10:00	0:25:00	9:35:00	
线路2-5	1	100863		0:40:00	10:15:00	0:25:00	10:40:00	
线路2-5	1	JMC		0:35:00	11:15:00	0:35:00	11:50:00	

◆ 在途时间：根据点与点之间的距离使用运输软件模拟出时间
◆ 到达时间＝上一个点离开时间＋在途时间
◆ 窗口操作时间：参照时间窗口设定标准
◆ 离开时间＝到达时间＋窗口操作时间

通过以上逻辑推移得出整个循环周期所有节点时间窗口

图 5-18　时间窗推移方法

（3）循环取货的优势

1）降低采购方的运输成本。在相同用量的情况下，通过实施循环取货，整合多家供应商的运输路线，减少供应商总送货次数，运输总里程将大幅下降，从而降低运输成本。在满足循环取货条件的情况下，一般循环取货平均可以降低 30% 的物流运输费用。

2）降低采购方的库存成本。一般情况下，采购方要建立半个月、一个月甚至半年的安全库存。而实施循环取货，采购方可以根据经济订货量（Economic Order Quantity，EOQ）订货，将安全库存量降低为一周甚至是零库存。库存的降低，就意味着库存周转率的提高、库存管理成本的降低以及现金流的增加。

3）保证采购方的正常生产。传统模式下，供应商由于种种原因，在生产装配、运输、质量检验等过程中不可避免地会出现各种问题，导致物料无法按时交付。循环取货变被动收货为主动取货，按需而取，有利于提高准时到货率（On Time Delivery，OTD），使取货、到货时间更合理，避免因物料短缺而影响生产装配。

4）提高采购方物料的配套率。每个供应商考虑其生产、运输的经济性，都会要求最小订货量（Minimum Order Quantity，MOQ），而不同供应商交货的数量与采购方对每种物料的需求并不匹配，这就导致了采购管理中有的物料库存居高不下，有的物料短缺断货。而通过循环取货，可以根据生产需求计划，按比例从不同的供应商处取货，提高物料的配套率。

5）降低运输过程中的风险。由于不同供应商的车型、路况、驾驶员、距离、运输防护意识等参差不齐，在运输过程中经常会发生时间不可控、物料损坏等风险。循环取货是由采购方自己，或是委托专业的第三方物流进行运作，运输车辆的状态、驾驶员的素质和专业要求以及培训等因素可以得到保证，从而使安全供货得到保障。如果有需要，还可以给每辆车配备 GPS，随时跟踪车辆的运行状况。

6）降低供应商的产品库存。实施循环取货的过程中，采购方都会给供应商每周需求计划、每月需求计划和季度需求滚动预测，而不再要求供应商建立大量的安全库存。供应商只需要根据自己的生产周期和需求计划合理安排采购和生产，而无须准备大量的原材料。对供应商来说，实施循环取货既可以在成品上降低库存量，也可以在原材料上降低库存量。

7）提高供应商的质量管理水平。由于循环取货可以降低采购方的库存，而且对于其中一部分物料，可能直接投放生产现场，因此，对于供应商的质量管理水平要求更高。循环取货的高效率也意味着因产品质量不良而造成的高风险，供应商唯一的应对办法就是提高自身的质量管理和检验水平。

8）简化物料交付及退换货流程。实施循环取货，供应商只需要在规定的时间和地点将包装好的货物装载到提货的车辆，而不再需要考虑雇佣专职驾驶员、购买车辆、加油、车辆维护、过路过桥费等问题。对于不良品，采购方可以在下次取货的时候将不良品退还。同时，对账及付款也会更加便捷，不容易出现对账不清的情况。

4. 入厂物流配送管控

为了确保供应商能够长期、稳定地向主机厂准确、及时提供完好无损的零部件，在入厂物流实施过程中，还需要对配送车辆、配送频次、物料放置位置、返空方式的细节进行管理与控制。

（1）配送车辆的进出管控　全程监控送货卡车从进入工厂大门开始，经过卸货、装载空料箱器具、打印出门单，到出门为止的各个环节，确保物料能够在规定的时间送到客户指定的地点。

（2）配送频次的管控　配送频次可以分为单配频次和多配频次。单配频次是指同一容器内可以有多达 100 种以上的零部件，按相应比例组配在一起的情况，多适用于体积小、质量轻、用量多的标准件和小型件，如螺钉、内饰件等。多配频次是指同一容器内物料品种不变，零部件多为单个工位使用的情况，适用于体积大、质量重、用量少的大型件。

（3）物料放置位置的管控　配送到目的地后还需要卸货，把货物放到指定位置、指定容器内部。所有容器、器具上需要有标签、信息卡，所有对应工位上也要配有对应的看板，按此一一对应定置定位放置。

（4）返空方式的管控　返空是指配送工作完成后的设备、器具、容器等返回到出发点的操作过程。无论是供应商直送、顺引模式，还是循环取货模式，在返程时都要做好空器具的回收与返回。

➤ 学习自测

一、填空题

1.卡车装载图要_____按照集货顺序以托盘为单位码放，托盘在放置时必须按照规范要求。

2.在入厂物流实施过程中，为了确保供应商能够长期、稳定地向主机厂准确、及时提供完好无损的零部件，需要对配送车辆、配送频次、_____、_____的细节进行管理与控制。

3.如果供应商送货时就已经按照生产线的排序计划，利用专用台车或工位器具对零部件进行排序，可以直接将货物送到制造企业的生产线旁的缓冲区，这种更进一步的直送模式，被企业称为"_____"。

二、选择题

1.供应商直送的优点不包括（　　）。

A.减少由装卸搬运产生的费用

B.最大程度避免零部件在运输途中的损耗

C.降低汽车制造企业的库存量

D.降低供应商的车间物流活动面积

2.循环取货的取货路径是根据主机厂提供的供应商位置信息和供货信息，提前规划好的一套较为完善合理的路线。在取货时，配送车辆按照固定的（　　）进行取货。

A.线路　　　　　　B.方位　　　　　　C.时间　　　　　　D.数量

3.利用卡车的积载率计算每天送货的次数时，一般按照（　　）计算。

A.50%~70%　　　　B.60%~80%　　　　C.70%~90%　　　　D.80%~100%

三、思考题

在规划与控制入厂物流时，在业务规划过程中有哪些注意事项？

➢ 任务工单

任务名称	汽车行业的入厂物流模式			
学生姓名		班级	学号	
学习场所		学时	日期	
任务目标	1. 根据供应商供货信息，选择合适的入厂物流配送模式 2. 规划循环取货作业，制订作业计划 3. 对入厂物流配送作业的细节进行管理与控制			
任务描述	某车企物流部门决定，对本地供应商负责供货的总装车间内饰线所需的零件，采用循环取货的方式进行供货。作为负责入厂物流业务的物流计划员，请你根据供应商信息及其所供应的零件信息，综合考虑配送作业中的管控细节，制订循环取货作业计划			
任务构思				
相关概念				
任务准备				
任务设计				
确定各项 计划指标				
任务实施				
循环取货 作业计划				
任务总结				
保障措施 与改善点				

┃任务6　汽车物流配送典型案例 ◎

➤ 任务描述

中国某公司拥有国内首个实现全无人配送的总装车间。该车间实现了整个生产环节的全信息化闭环管理，可满足客户任意选配需求的定制化生产要求。先进的中控系统使新总装车间成为名副其实的"智能工厂"。请认真分析某红旗智能工厂的 SPS 物流系统，从而熟悉 SPS 配送的物流模式。

➤ 任务要求

分析案例，并回答如下问题：
1. 红旗总装车间的物流体系信息流的具体逻辑是什么？
2. 单辆份 SPS 配送的物流模式的特点是什么？

➤ 案例分析

某红旗智能工厂的 SPS 物流系统

中国某公司的新 H 总装车间是国内首个实现全无人配送的总装车间，是利用原有近 40 年历史的厂房改建而成的；它"先进的中控系统"不仅能实现整个生产环节的全信息化闭环管理，还能满足客户任意选配需求的定制化生产要求，大幅缩短交付周期，提升用户体验；国内首创的"高柔性生产线"能实现多品种混线生产；机器人自动搬送车身、全线电动拧紧、底盘模块化自动合装、轮胎自动拧紧装配、风挡玻璃自动装配系统等"十大智能工位"使新 H 总装车间成为"智能工厂"，如图 5-19 所示。

新 H 总装车间以打造红旗品牌极致品质为设计目标，集柔性化、智能化、自动化、信息化于一体，智能化工位占到全部工位数量的 80% 以上。该公司长春本部红旗工厂的全线 AGV 自动化物流系统（见图 5-20），将多层穿梭车"拆零拣选"技术应用到汽车零部件小包装的仓储拣选环节，开发了专用型母料箱，实现密集存储；采用智能叉车完成物料自动存取，实现汽车零部件存储和拣选自动化技术创新及物流模式优化。

图 5-19　新 H 总装车间

图 5-20　红旗工厂的全线 AGV 自动化物流系统

新 H 总装车间有近 200 台各种型号的 AGV 导航车，它们沿着地面上 33 条灰色磁条按程序设定轨迹行走，车上装有红旗车各种类型的配件。这条全线 AGV 自动化物流系统采取 RFID 自动识别技术，可自动识别物料配送位置，同时能够自动识别前方行人，进行减速或避让，真正做到智能物流。从零部件到整车，AGV 自动化物流系统将汽车装配的各个环节所需物料精准配送，节省了大量人力，同时也为柔性化的生产提供了有利的条件。

新 H 总装车间的物料配送全线导入 AGV，通过 SPS 的物流方式，减少物流作业人员，提升物流作业效率。物流的主要路径分为两个循环（见图 5-21）：

1）从物流部品仓库到总装车间物流区的循环。

2）从总装车间物流区到总装生产线的循环。

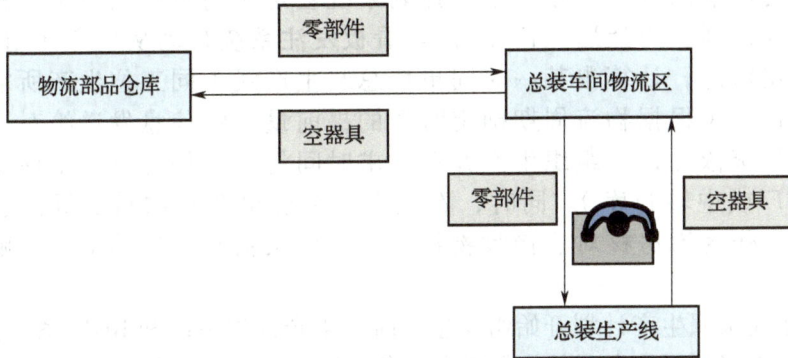

图 5-21　物流的主要路径

每一个物流循环都需要在把零部件送达目的地之后再把空器具从目的地返回到出发点，以便进行下一个物流供给循环时使用。如果依靠人员进行这种作业，粗略估算大约需要 40 人，人工成本是一个可观的数字。

为了提高效率，降低物流成本，新的物流系统采用 AGV 全自动运输方式来替代人工驾驶牵引车的运输作业。通过物流信息系统提供的作业指示，完成生产线上车型所需要的零部件的准时、准量的拣选；通过物联网，完成物流专用 AGV 与工艺专用 AGV、升降设备之间的协调，把车辆所需的零部件准时配送到指定的装配工位。此项改善每年可以大幅度降低人工成本。

红旗工厂的物流体系通过构建先进的物流信息系统，实现向零部件供应商精准要货、精准存储和精准配送。红旗工厂物流体系信息流的逻辑模型如图 5-22 所示。

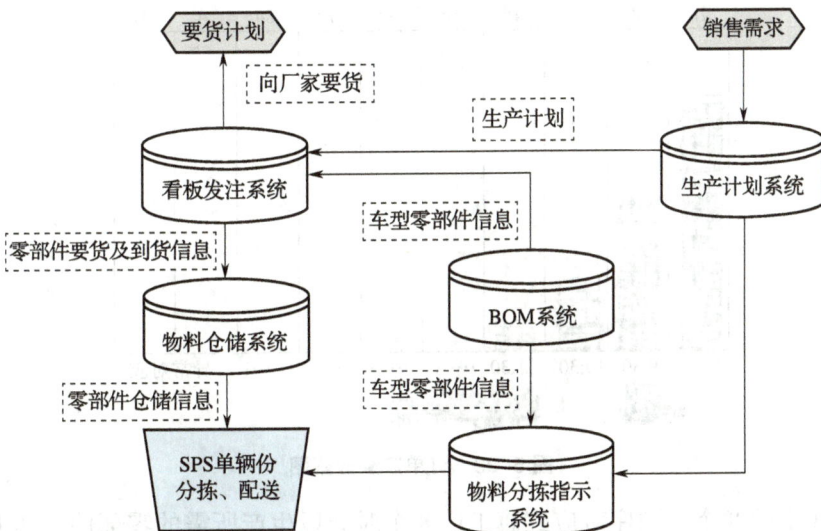

图 5-22　红旗工厂物流体系信息流的逻辑模型

　　按照普遍采用的"以销定产"的生产原则，销售部门的要货需求决定工厂所生产车型的品种和数量。每月在进行产销平衡之后，生产计划系统会将销售需求转化为工厂的（月度）生产计划，并通过系统形成"虚拟生产线"，以"平准化"（各车型品种按照一定的比例平均排列）原则排列出每一个时间单位总装生产线上拟生产的车辆品种和顺序。生产计划系统会定时向看板发注系统释放车辆生产计划（月度计划、周计划、日计划）。看板发注系统自动从生产计划和 BOM 系统中提取数据信息，计算出某一时间单位总装生产线不同工位生产所需要物料种类和数量，提前（根据物流周期确定时间的提前量）将信息发送给对应的零部件生产厂家，厂家依此计划组织生产并在要求时间将零部件定时定量地送达指定地点（红旗工厂或中转仓库）。同时，看板发注系统也会将物料要货信息发送给物料仓储系统，作为库房核对、接收物料和生产厂家物料送达的依据（财务对账和结算）。

　　当总装车间按照生产计划开始组织生产时，生产计划系统和 BOM 系统会同时向物料分拣指示系统释放对应车型的物料需求信息，指示仓库内的作业人员拣选与生产车型相对应的零部件，并按照信息系统指示的时间准时送达生产线对应的工位，满足生产装配的需要。整个环节，在时间点的把握和物料种类、数量的计算上，信息系统都能做到"精准匹配"，消除了全供应链和整个生产环节的作业等待及空间占用方面的浪费，实现了精益物流对资源占用的最小化。

　　考虑到一些供应商的远距离运输和供应零部件货量比较少的特殊情况，红旗工厂允许这些供应商以降低物流成本（提升物流卡车积载率）为目标进行零部件集中（提前）入库。为缓解红旗工厂区域内面积紧张的局面，在工厂区域外设置了中转仓库。中转仓库主要起到"蓄水"的功能，调节进入工厂的零部件种类、数量和时间，实现工厂的物料准时化、准量化进入。具体做法是：

　　1）根据生产计划，把一天的生产量平均成 N 等份（根据物流量测算，红旗工厂采用 8 等份），每一等份所需的零部件码放在一起，组成一个链，如图 5-23 所示。

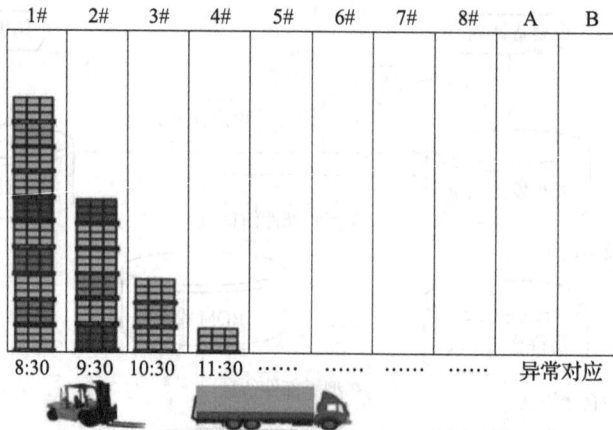

图 5-23　订单产量分割图

　　图 5-23 中的 8 个链顺序对应红旗工厂 8 个时间段生产所需的零部件，其中的 A 链、B 链为备用链，主要作用是在发生某些异常时存储零部件。因为生产计划系统（高级排程）已经对一定生产周期所生产的车型实现了平准化，所以各链内存放的零部件品种和

数量应基本相同。

2）生产计划系统和 BOM 系统会定时指示中转仓库的作业人员将对应的零部件按照链的顺序搬入对应的链中（称为"入链作业"）。在进行入链作业时，物流信息系统会根据工厂仓库各零部件的暂存位置，指示作业人员将同一暂存区的零部件码放在一起（同一托盘），以减少零部件放入工厂暂存区时的分拣作业量。这也是红旗工厂物流信息系统为了减少工厂物流部品仓库中的分拣作业浪费实现的亮点之一。

3）生产线的生产进度信息通过物流信息系统向中转仓库同步传送。在某一个时间段的车辆开始装配之前，物流分拣指示系统会向中转仓库发出指示，中转仓库会按照要求把对应链的零部件准时送达工厂仓库。工厂仓库在进行对应单辆份零部件分拣之后把零部件送达生产线。这个过程如同一场"接力赛"，"接力棒"就是不同物流车辆上搭载的生产所需的零部件。

总体来说，借助信息系统，可以最大限度地减少物流环节的库存量，减少资金和仓储面积的占用。根据粗略测算，这种模式可以节约 30% 以上的库房面积，每年可节约大量的物流存储费用，同时还可以降低质量损耗。通过持续改善，可以逐渐向着零库存的终极目标迈进。（案例摘自《物流技术与应用》，作者：杨成延）

项目 6
精益生产之物流规划

任务 1　线边规划 ⊙

➤ 任务描述

为了保证生产线的正常生产，通常会在线边放置常用的工具、原材料、半成品等物料，如何进行合理的规划和布局，才能确保现场整洁、生产有序，提高效率呢？

➤ 任务要求

1. 理解线边换箱流程。
2. 准确区分几类不同上线方式的差别。
3. 理解上线方式选择原则和优先级。

➤ 相关知识

1. 何为线边规划

要理解何为线边规划，首先得理解何为"线"。"线"，其实就是生产线。生产线是产品生产过程所经过的路线，即从原料进入生产现场开始，经过加工、运送、装配、检验等一系列生产活动所构成的路线。

生产线的种类，按生产线上生产对象的种类划分，分为单一对象生产线和多对象生产线；按生产线连续程度划分，分为连续生产线和间断生产线；按自动化的程度划分，分为自动化生产线和非自动化生产线。

理解了生产线的概念，那么线边规划直译就是生产线的物料区规划，规划零件以何种包装形式，用何种运输工具，以多少数量运输到生产线边所需位置，并且定义其在生产线边的存储状态。这里的存储状态包括线边布局以及在线边用何种工位器具（料架）存放。

汽车行业以外的一些企业，线边库除了放置原材料、零部件等，还放置生产成品、半成品等。汽车总装线的生产成品、半成品就是汽车车身，比较大，有固定的移动轨道和存放场地，不可能放在线边库。所以汽车总装线的线边库只放置本岗位所需要装配的零部件，附近还可放置工装、记录表等小工作台或用品箱。如图 6-1 所示为某汽车厂总装车间生产线边状态。

图 6-1　某汽车厂总装车间生产线边状态

很多总装车间的厂内物流运作的基本流程是 RDC（区域配送中心）收货入库，再由 RDC 发货至总装车间仓库收货。总装车间物流规划顺序如图 6-2 所示。总装车间仓库入库后根据需求拣料并在编组站编组，然后上线至排序中心进行排序操作后上线至生产线边或不经过排序中心，直接从车间仓库上线至生产线边。车间仓库至生产线边实际运作的流程或者说实物流的流向，是从车间仓库到编组站，再到排序中心和生产线；但是物流规划流程的逻辑为以终为始，即从需求的终点——生产线边开始规划，逆向至排序中心、编组站、车间仓库乃至仓库的收货区域（即本项目任务 5 将讲到的收货区规划）。

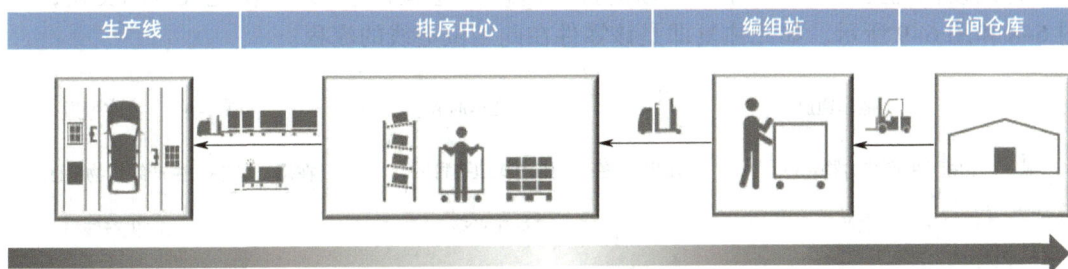

图 6-2 总装车间物流规划顺序

2. 线边规划的目标

在进行线边规划的时候，首先要确定规划前提或者规划目标。线边规划的目标如下：

1）减少线边拉动响应时间，提高上线效率以及准确性。物流在生产制造企业里起辅助生产的作用，其中最关键、最基本的要求是及时将所需的零件送至所需的工位，以保障生产的顺利进行，所以物流部门常常被称为供货保障部门。

2）有效利用人力资源或优化上线设备，精益人力配比。在满足最基本要求的前提下，如何用更少的人力或资源达到所需的效果是线边规划的关键。

3）提高线边空间利用率。线边空间的利用率影响着上线方式的选择，如果空间利用率低将导致选择相对不太精益的上线方式。空间资源是物流宝贵的资源，必须充分利用。

4）提高自动化率，采取 AGV 等自动上线模式。人力成本势必越来越高，而自动化设备在不断创新和批量化生产后单件成本将越来越低，且设备的稳定性相对较好，在经济性和可行性允许的前提下，物流自动化也成为物流规划领域越来越看重的方向。

3. 线边规划的原则

线边规划的原则如下：

1）尽可能在线边物料操作区域内进行规划。物料需要放置在操作工的操作三角区内，如图 6-3 所示。一般来说，一个工人的操作三角区即其工位线边缓存区域宽度以及长度范围以内。例如，1 号工位工人所需零件应尽可能放置在 1 号工位的线边缓存区域内。若放不下，需通过调整线边布局和零件上线方式的途径解决，或者在不影响车间工人工作节拍的情况下，放置在 2 号工位靠近 1 号工位的位置。

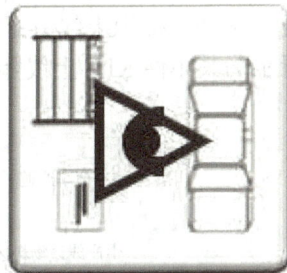

图 6-3 操作三角区

2）线边零件摆放需要设置双库位，便于切换与返回空箱，且需方便生产线操作工取料。在线边规划中一直强调双箱原则，使上线换箱操作简便，系统拉动模式安全简单。

双箱原则即相同零件，线边会放置两箱。如图 6-4 所示，以当前线边有两箱，且一箱为"在用"状态为例，生产线工人正在使用标记为"在用"的一箱；在生产的进行中，该箱零件逐渐消耗，最终消耗至剩余 0 个，即该箱变为空箱，生产线工人开始使用靠左侧这箱，此时两箱状态分别变为"空"和"在用"，如图 6-5 所示；同时空箱的信息将通过系统传递给仓库产生拣货信息，仓库拣货编组完成后，将由拖车工带着一个满箱上线至线边，如图 6-6 所示；拖车工将线边的空箱取出，并将满箱放置在原空箱的位置，进行空满交换，交换完成后如图 6-7 所示，此次上线结束。接下来，标记为"在用"状态的箱将继续消耗至为空，产生一条新的拣货信息，拖车工再上线一次完成空满交换，如图 6-8 和图 6-9 所示。如此往复即是该零件在此工位上线的流程。

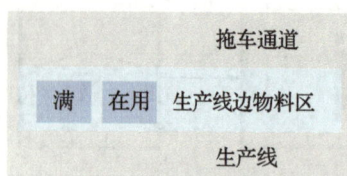

图 6-4　当前线边状态　　　　图 6-5　空箱产生　　　　图 6-6　拖车工上线

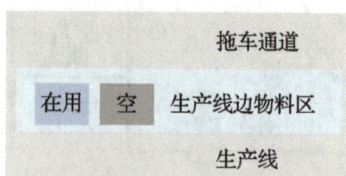

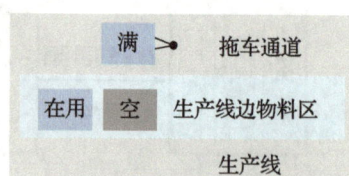

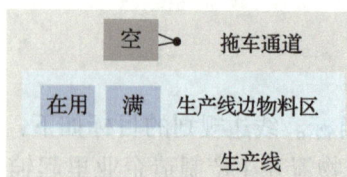

图 6-7　线边空满交换　　　　图 6-8　后续状态（1）　　　　图 6-9　后续状态（2）

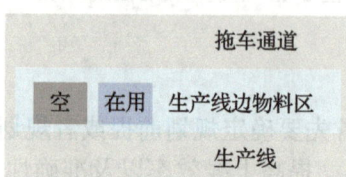

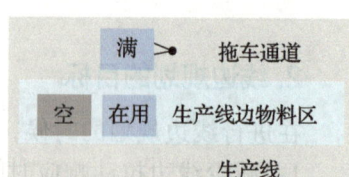

　　同时，物流先进先出原则在上线流程也需要注意，即先上线的一箱必须先使用，只有该箱已使用至空箱才能使用后上线的一箱。

　　为了方便生产线操作工取料，线边双箱往往采用平行于生产线的方向放置，而不是前后双箱放置，即双箱垂直于生产线。如图 6-10 所示为前后双箱放置。之所以不前后双箱放置，一方面是因为有的生产线边物流区域宽度较窄，区域宽度无法满足前后放置两箱；另一方面是因为如果前后双箱放置，生产线操作工拿取后侧一箱时不方便，且拖车工进行空满箱交换也不方便。只有在线边平行于生产线方向的物流空间相当紧张时，才可能考虑前后双箱放置。

　　3）线边需设定必要的目视化标识并定期更新。物流区域会有很多目视化的标识，如线边零件需标识上线方式、工位、库位、零件名称、Min/Max 值等相关信息。如图 6-11 所示为某小件 KLT 上线零件在线边料架上的标识。

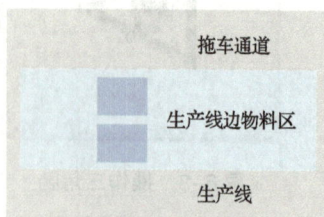

图 6-10　前后双箱放置　　　　图 6-11　线边零件标识

4）线边物料摆放包装开口方向需便于生产线操作工取料，并保证操作时不会损伤零件。线边物料的放置必须方便生产线操作工取料，以节省其非增值操作时间，让其将有限的时间充分用在零件装配上。同时零件的质量保护也是重中之重，上线需尽量减少中间环节和与零件直接接触，避免零件受损。

5）线边切换主通道需要满足双向通道，如无法满足，需在行进方向上做目视化标识或方向限定。理论上，各通道为双向通道可以缩短上线路线长度；但实际现场运作中，可能由于基建、自动化设备干涉、流量等原因导致个别通道只能单向行驶，因此必须做好相关目视化标识。

6）线边零件摆放时如出现左右零件，需根据线边情况及线体流向左右分开摆放。生产线的同一工段也有左右工位的区分，甚至有的工段工人在生产过程中是无法跨越的，即左侧的操作工由于物理隔断等原因无法从工段内走至该工段的对侧，所以如果某工位左右都有操作工，且左右都需要某相同零件时，需在该工位的左右侧都设置投料点。

7）线边规划需根据实际运行情况，在工艺调整的后期进行同步调整。工艺调整在实际生产中非常常见，调整原因包括技术更改、车型改款、新车型导入、工艺拆分/合并等。工艺的调整往往导致零件需求位置的调整，从而需要重新进行线边规划。

4. 线边规划设备配置

在线边规划中，一些常用设备的特点及适用范围见表6-1。

表6-1 线边规划常用设备的特点及适用范围

设备	图示	特点及适用范围
拖车		特点：配置较多，应用广泛 适用范围：零件上线
AGV		特点：按规定路径移动，无须人工驾驶 适用范围：SPS/JIS上线
自滑式料架		特点：存放零件种类多，充分利用垂直于生产线方向的空间和纵向高度空间，节约面积 适用范围：KLT小件线边存储

（续）

设备	图示	特点及适用范围
带轮托盘		特点：便于使用拖车上线且可拖挂多节 适用范围：GLT 大件上线（与料箱配合使用）
料箱		特点：可折叠，空间利用率高 适用范围：GLT 大件上线（与托盘配合使用）
带轮料架		特点：料架自身带轮，不需要托盘 适用范围：排序零件上线

5. 线边布局规划

生产线边布局一般由生产线主体、线边零件摆放区以及物流主通道组成，根据不同的车型和生产线平台规格，具体尺寸会发生变化。

线边 GLT 零件一般采用两箱原则，即同一零件号至少放置两箱。KLT 零件采用企业标准塑箱放置且装箱数满足周转要求，在线边采用料架（通常为自滑式料架）形式摆放。根据工位线边实际条件与工艺情况，设定零件摆放位置与具体上线方式。如图 6-12 所示为某生产线各区域俯视图。

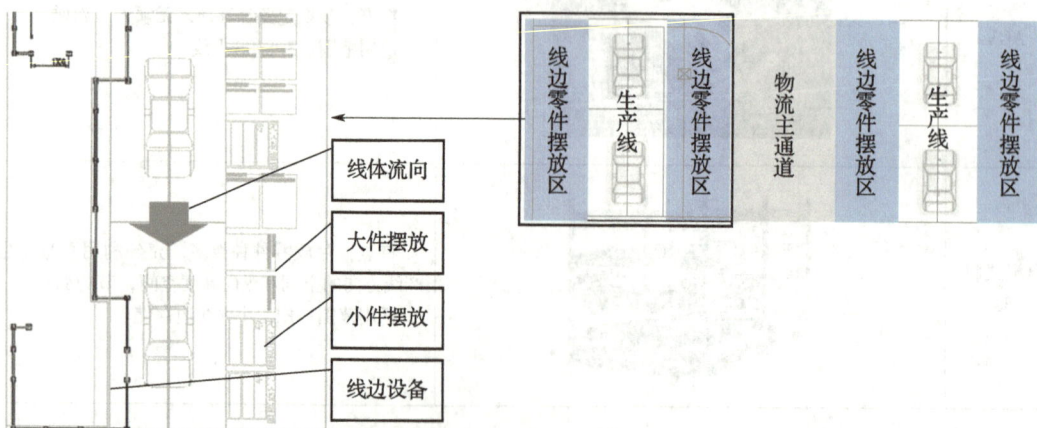

图 6-12　某生产线各区域俯视图

6. 线边规划方法

第一步：解读工艺，将工艺信息转换为零件需求信息。前面讲到厂内物流规划以终为始，也就是从需求点即线边规划开始，而每个工位具体需要哪些零件则由工艺得知，故首先需查阅各工位的具体工艺，将工艺信息转换为零件需求信息。表 6-2 所列为某车企 006 号工位 006-1 岗位 A 车型工艺信息。

表 6-2　工艺信息

工步号	内容描述	零件号	零件名称	数量 / 个	工时 /s
001	阅读装配单				0.5
002	拿取车顶阻尼垫				4.3
003	安装车顶阻尼块（有天窗版）	1Z086****F	车顶隔声垫	2	49.3
		3T086****A	车顶隔声垫	2	
		3T086****F	车顶隔声垫	1	
004	安装车顶阻尼块（无天窗版）	1Z0*****7F	车顶隔声垫	2	48.2
		3T0*****7A	车顶隔声垫	2	
005	走向下一辆车				3.8

将此工艺信息转换为零件需求信息，见表 6-3。

表 6-3　零件需求信息

零件号	零件名称	车型	每车用量 / 个	工段	工位 / 岗位
1Z086****F	车顶隔声垫	A	2	工段 1	006-1
3T086****A	车顶隔声垫	A	2	工段 1	006-1
3T086****F	车顶隔声垫	A	1	工段 1	006-1
1Z0*****7F	车顶隔声垫	A	2	工段 1	006-1
3T0*****7A	车顶隔声垫	A	2	工段 1	006-1

第二步：匹配零件包装信息，见表 6-4。

表 6-4　零件包装信息

零件号	零件名称	车型	每车用量 / 个	工段	工位 / 岗位	长 / mm	宽 / mm	高 / mm	装箱数 / 个
1Z086****F	车顶隔声垫	A	2	工段 1	006-1	600	400	148	20
3T086****A	车顶隔声垫	A	2	工段 1	006-1	800	400	248	36

（续）

零件号	零件名称	车型	每车用量 / 个	工段	工位 / 岗位	长 / mm	宽 / mm	高 / mm	装箱数 / 个
3T086****F	车顶隔声垫	A	1	工段 1	006-1	600	400	148	20
1Z0*****7F	车顶隔声垫	A	2	工段 1	006-1	600	400	248	26
3T0*****7A	车顶隔声垫	A	2	工段 1	006-1	600	400	148	20

第三步：定义上线方式。这一步是线边规划的重中之重。

上线方式大致可以分为两类：

（1）直接上线　最常见且对于物流来说中间流程最少的为 GLT 大件和 KLT 小件直接上线模式，即在仓库拣货后直接在编组站编组，然后由拖车工上线至线边，没有二次翻包的操作。

如图 6-13 所示为 KLT 小件直接上线在线边的存储状态，即采用标准的自滑式料架，零件以标准塑箱、专用塑箱以及标准纸箱等原包装形式上线到自滑式料架上。一般自滑式料架分为满箱层和空箱回收层，料架有一定的斜度，且有滚轮，料箱会受重力作用自动滑至低侧，高侧为投料侧，低侧为取料侧。自滑式料架上一列放置的为同一物料，生产线操作工用完面前一箱物料后将空箱放置到空箱回收层，该列后面一箱的满箱会自动滑至原空箱处，方便操作工取料。

如图 6-14 所示为 GLT 大件直接上线在线边的存储状态，即大件原包装直接放在带轮托盘上，由拖车上线至线边，一般线边存储采用两箱原则。

图 6-13　KLT 小件直接上线线边存储状态

带轮托盘

图 6-14　GLT 大件直接上线线边存储状态

（2）根据车辆过点顺序进行拣选　由于汽车配置多样且一般一条生产线不只生产一个车型，导致同种零件的品类较多，线边没有足够面积摆放所有配置的零件。例如汽车加油口的盖子，不同颜色的车加油口盖是不同的，即使某款车只有黑、白、灰 3 种基础色，那么至少有 3 种零件号；而一条生产线至少会生产两种车型，更多的是三四种车型，有的甚至生产五六种车型，每个车型加油口盖的形状都不同，所以仅这一个零件可能就有几十种零件号；而该零件只在一个工位安装，该工位线边是无法放置这么多种零件号的原包装的，故无法采用直接上线的方式。在这种情况下，需要提前根据车辆过点顺序及每车实际需要的零件进行配料，即该车需要哪个零件号的加油口盖，就在料架对应的位置放置 1 个该种加油口盖，而不用整箱原包装的加油口盖都放置在线边。

车辆过点顺序，是车辆在正式上线之前已经排好的顺序。车辆在上线前就已经有了编号，编号是连续的，且顺序无法改变，即 10 号车后面就一定是 11 号车，10 号车和 11 号车分别是什么车型、何种配置、何种颜色等也是在正式上线之前就已确定的，所以物流可以根据这些信息提前获取每辆车所需的零件信息。这个信息就是在车辆正式上线之前，经过某一物流扫描点时通过系统传递的，所以常常称为"过点"。

需要根据车辆过点顺序进行拣配的上线方式有 3 种，分别为排序上线、物流篮上线和 SPS 上线。这 3 种上线方式的大体逻辑一致，即每台车所需的零件按照车辆过点顺序在排序区进行排序，并按照固定路线固定节拍循环上线。线边操作人员需要按照顺序来取料。

1）排序上线。排序上线在汽车整车厂中很常见。如图 6-15 所示为排序上线方式所用料架。排序上线一般是针对单种或者两种零件的排序。下面举例说明。

共有 12 辆车，按图 6-16 所示顺序进入生产线。单从颜色上看，这 12 辆车共 2 种颜色，其中车号为 1、3、5、6、7、8、10 和 11 的 8 辆车为黑色，车号为 2、4、9 和 12 的 4 辆车为蓝色。假设该生产线只生产一种车型（实际情况往往一个生产车间生产至少 2 种车型），某工位需要安装一外饰件，其没有配置区分，仅有颜色区分。该零件为排序上线零件，排序料架侧视图如图 6-17 所示，则 1 号车的该零件需要放置在 1 号格子中，2 号车的该零件需要放置在 2 号格子中。以此类推，12 个格子都放满零件，排序结束。

图 6-15　排序上线料架

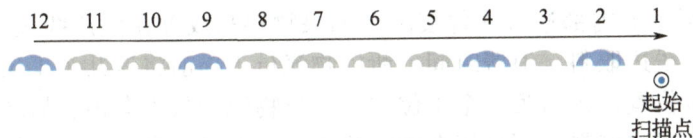

图 6-16　过点车辆状态

图 6-17　排序料架侧视图

将该零件用三角形表示，如图 6-18 所示，左侧为该排序大类在排序中心操作的俯视图，右侧为对应状态下排序料架的侧视图。

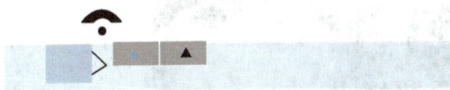

图 6-18　排序初始状态

假设排序中心分别有一箱蓝色的该零件和一箱黑色的该零件，排序流程如下：

首先排序工走到蓝色零件料箱旁，拿取 4 个该零件分别放置在标号为 2、4、9、12 的格子中，完成后状态如图 6-19 所示。

然后排序工走到黑色零件料箱旁，拿取 8 个该零件分别放置在标号为 1、3、5、6、7、8、10、11 的格子中。至此排序完成，整个排序料架装满，排序结束，状态如图 6-20 所示。

按排序顺序逐个够取

1	2	3	4	5	6
7	8	9	10	11	12

排序料架

图 6-19　蓝色零件排序完成状态

按排序顺序逐个够取

1	2	3	4	5	6
7	8	9	10	11	12

排序料架

图 6-20　排序完成状态

在实际应用中，一般当零件配置较多（至少 3 种）且零件尺寸中等及以上时才会考虑使用排序上线的方式。因为此种方式与直接 GLT 大件或者 KLT 小件上线相比，增加了在排序中心进行排序的物流环节，从而增加了物流运作成本，因此只有在零件种类较多导致线边面积不足时才会考虑。

2）物流篮上线。如图 6-21 所示为物流篮，一般一定工位内的零件成套组合在物流篮中，多个物流篮放置在一个料架上线，即一个物流篮中放置多个连续工位所需零件。一般这些工位的操作工需要走至车辆内部进行零件装配，如果物料都放置在生产线边，操作工需要频繁出入车辆而走至线边取料，浪费时间，所以物流员工提前将这几个工位所需物料放置在物流篮中的对应位置，仅需第一个工位的工人将物流篮放入车内，后续工位工人在车内操作时，无须至线边取料，而直接在物流篮中取料即可。最后一个使用完物流篮中物料的工人将空的物流篮放回其工位线边的物流篮回收处即可。

图 6-21　物流篮

3）SPS 上线。除了前面讲到的排序上线和物流篮上线，还有一种在车企中比较常见，且运用工段比较固定的上线方式，即 SPS 上线。

SPS 虽然也是将零部件供应给装配线组装人员的一种方法，但与传统的物料批量配送方式相比，在物流环节上存在很大不同。在传统的批量配送物流方式下，生产线作业人员首先需要选择零部件，然后进行装配，最后进行空箱返回。在此过程中，往往会造成过度生产浪费、搬运浪费、库存浪费、加工本身浪费和等待浪费等。而 SPS 成套供应采用拉动式的引取方式，在引取量上做得非常精细。

目前，整车厂的 SPS 台车多采用 AGV 等自动化输送系统送至线边，最终实用于整车装配，且一般运用于仪表、门线、底盘、前围等工段。如图 6-22 和图 6-23 所示分别为底盘线 SPS 和仪表线 SPS。

图 6-22　底盘线 SPS

图 6-23　仪表线 SPS

除了前面重点介绍的几种上线方式，还有线边补料、JIS 供应商排序上线以及自动化上线等，如 AGV、KIVA、机运链上线。是否使用自动化上线，主要是考虑使用自动化上线的适用性和经济性。

7. 上线方式选择原则

掌握了各种上线方式的特点，在选择上线方式时应遵循以下原则：

1）优先考虑 GLT 大件和 KLT 小件直接上线。

2）优先考虑双箱原则，无法满足且不适用于其他上线方式时可考虑大件单箱上线，其提前拉动值的设置非常重要。

3）来料状态为大件，但实际可以装至小件包装，且翻包后装箱数可以满足循环要求时，可考虑将大件翻包装为小件直接上线。

4）尽可能在线边物料操作区域内进行规划。

5）无法使用 GLT 大件和 KLT 小件直接上线的，则考虑是否可以补料上线；否则，选择根据车辆过点顺序进行拣选的方式，优先使用排序上线方式，其次选择物流篮和 SPS 上线方式。

如图 6-24 所示为上线方式选择的优先级。

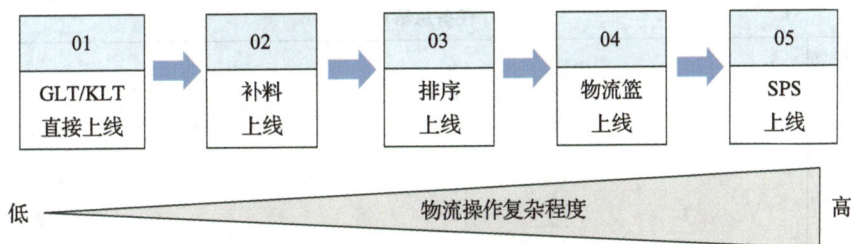

图 6-24　上线方式选择的优先级

➤ 任务工单

任务名称	线边规划				
学生姓名		班级		学号	
学习场所		学时		日期	
任务目标	1. 理解线边换箱流程 2. 准确区分几类不同上线方式的差别 3. 理解上线方式选择原则和优先级				
任务描述	根据任务目标，确定本任务所需要的设备、工具，查阅并整理学习资料，以小组讨论的方式，梳理上线方式选择的原则和思路				
任务构思					
相关概念					
任务准备					
任务设计					
实施计划					
任务实施					
操作步骤					
任务总结					
任务结果					

学习自测

一、填空题

1. 线边零件一般遵循＿＿＿＿＿＿＿箱原则上线。
2. 线边规划优先选用＿＿＿＿＿＿上线方式。
3. SPS 是一种将＿＿＿＿＿＿和＿＿＿＿＿＿的工作分离的一种上线方式。

二、选择题

1. 生产物流规划先从（　　　）开始。

    A. 库区规划　　　　　B. 物流超市规划　　C. 线边规划　　　　D. 人员规划

2. 在（　　　）情况下会引入 SPS 上线方式。

    A. 生产线品种变化频次高　　　　　　B. 装配工位的零件品种多

    C. 老员工多　　　　　　　　　　　　D. 员工流失率低

3. 下列描述正确的是（　　　）。

    A. 物料尽可能放置在需求工位，不跨工位

    B. 线边零件摆放需要设置双库位，便于切换与返回空箱

    C. 工位内的左右零件不用区分

    D. SPS 上线的物流成本最低

三、思考题

作为某汽车生产企业总装车间的一名厂内物流规划员，你在确定车间内零件上线方式时，一般会使用哪些要素进行综合规划？

| 任务 2　排序中心规划 ◎

▶ 任务描述

排序作为汽车行业常用的上线方式，需要一个单独的区域进行排序拣选操作。如何规划使排序中心效率更佳，排序操作又是如何进行的呢？排序作为人员密集型操作，是否有更好的辅助手段来提高排序效率和正确率呢？

▶ 任务要求

1. 理解排序中心规划目标和原则。
2. 准确区分语言拣选和昵称拣选，并理解各自的模式。

▶ 相关知识

1. 何为排序中心规划

排序中心为对零件进行翻包并按车型过点信息进行排序操作的区域，有的企业会把它叫作物流超市。之所以会出现排序中心，一方面是由于线边物流空间不足，无法将同类的所有物料都放置在线边；另一方面是为了减少生产线操作工进行物料挑选和判断等不创造价值的操作，提高核心操作的效率和质量，而将物料密集型操作进行整合，都在排序中心进行。一般一个汽车总装车间有几十个排序大类，涉及零件近千个，排序中心

面积达上万平方米，如何通过合理的布局保障排序工和排序拖车工的工作效率更优、排序区面积利用率更优，这些都是排序中心规划的关键所在。排序中心有很大一部分区域是用于 SPS 的排序操作，将在本项目任务 3 中单独介绍，本任务主要介绍排序区域的规划。

2. 排序中心规划目标

1）消除或减少非增值活动，提高核心服务质量。在生产流程中，零件的挑选拿取属于非增值活动；但对于物流操作工而言，零件的拣选则是其增值工作。排序中心的规划需要提高操作工拣选工作的效率，尽量减少走动、判断等不增值的操作。

2）改善整体工作流程，对密集性操作进行整合。排序中心的排序工作是物流环节中相对劳动密集型的工作，合理的整合和设计操作流程更有利于整体操作高效进行。

3）减少中间缓存过程，提高响应速度。每增加一个缓存过程即增加了一个物流操作，提高了物流运作成本，降低了整体的响应速度。

3. 排序中心规划原则

1）排序中心尽量靠近生产线，各大类排序区域尽量靠近其最终上线投料点，使上线距离更短，响应更及时。

2）有规范的拣配过程指导与指导书。排序操作有专门统一的操作流程和要求，且个别零件大类还对拆包装、拿取及放置等操作有特殊要求，这些都会写入相关操作指导书。

3）配料区零件和线边一样，尽量保证双箱原则，使切换运行稳定。

4）配料区零件需符合人机工程，避免出现较大、较重等不便于拿取的零件。在选择上线方式时要考虑单个零件的重量，排序员工是否可以操作。

5）配料区零件尽量避免放入外饰件、外观易损件、质量控制件等特殊零件。由于排序操作增加了一个操作流程，也就增加了零件损坏的风险。对于像外饰件、外观易损件、质量控制件这样质量要求高的零件，如果配置较少且线边面积足够，应尽量选择直接上线的方式；如果只能采取排序上线，则在排序料架设计及排序操作规范时需要特别注意，以免废料产生。

6）区域规划遵循"常近少远"的原则。流量高的大类尽量靠近上线点，同一种类零件中使用频次高的靠近发货口，反之可稍远。

4. 排序中心布局

每个企业的排序中心在总装车间的具体位置各不相同。例如，丰田汽车公司将排序中心打散，分散到各工段附近；有的企业希望更好地进行排序工和拖车工的整合，将排序中心设计得相对集中。两种方式各有利弊。总体上，排序中心主要分为排序工拣货操作区、物料摆放区、拖车通道三大区域，这三大区域的布局需要根据现场实际情况而定。下面介绍两种布局方式：

（1）排序布局一　如图 6-25 所示，同一排序大类的两排零件面对面摆放，中间为排序工拣货操作区，零件外侧为拖车通道，供零件和排序料架空满交换。该方案规划原则、适用情况和优缺点如下：

1）原则。各大类排序区域尽量靠近其最终上线投料点，减少上线距离，提高响应速度。

2）适用情况。区域立柱分布规则，区域形状较规整且区域较大。

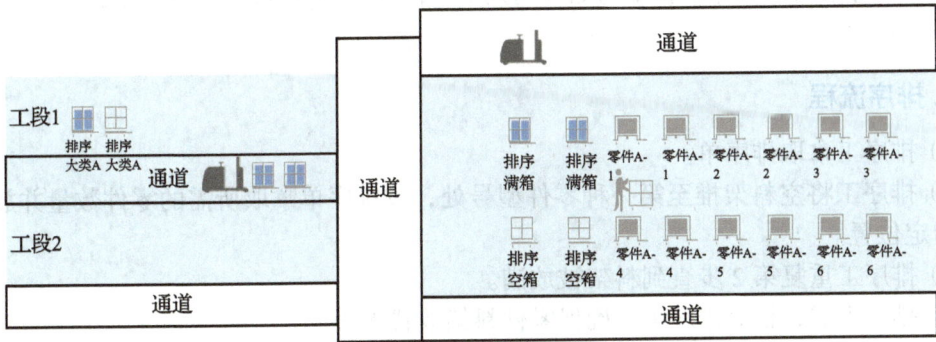

图 6-25　排序布局一

3）优点。补货设备与排序工分离，确保安全，零件切换时换箱方便。

4）缺点。对场地要求高。

此种布局方式的侧视图如图 6-26 所示。

图 6-26　排序布局一侧视图

（2）排序布局二　如图 6-27 所示，拣配主通道被零件包围。该方案规划原则、适用情况和优缺点如下：

1）原则。各大类排序区域尽量靠近其最终上线投料点，减少上线距离，提高响应速度。

2）适用情况。区域内立柱较多，布局不规整，大型或较重零件需辅助设备操作。

3）优点。叉车、拖车与人工操作完全分离，安全性较高。

4）缺点。通道面积占比较大，拣配区域较小，只能单人操作，调整柔性较低。

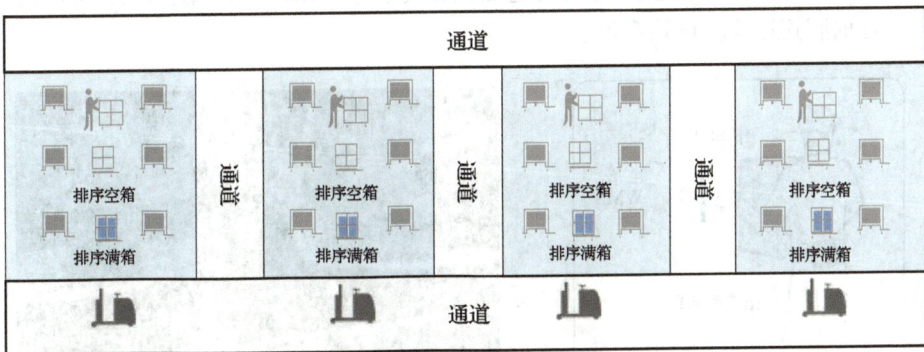

图 6-27　排序布局二

实际运用中到底采用何种布局，需要根据现场实际情况决定，甚至可能出现同一车间不同零件大类采取完全不同的布局方式的情况。

由于排序中心拣选工作密集，且传统的人走到货物处拣货的模式存在较多的人员走动情况，故现行业内也在探索新型的如货到人拣选模式，被称为超市 2.0 模式，这里不做详细介绍。

5. 排序流程

1）排序工拿取排序单。

2）排序工将空料架推至第一种零件型号处，按排序单拿取所需的零件数量并放到料架的指定位置。

3）排序工重复第 2 步直到料架被放满。

4）排序完成，核对排序单，确保零件料架放置无误。

5）排序工将排序完成的满料架移至满料架指定位置。

6）重复第 1~5 步，对下一个排序大类排序。

6. 排序辅助手段

在排序过程中常常使用一些辅助手段，下面介绍两种较为常用的辅助手段：

（1）语音拣选　语音拣选即通过语音提示的方式替代读取排序单和扫描的操作，流程示意图如图 6-28 所示，相关操作流程如下：

1）排序工身上携带语音终端，接收到由 WMS（仓库管理系统）发出的工作指令。

2）语音终端可将 WMS 经由中间件发出的工作数据转换成语音指令。

3）排序工通过回答语音终端来确认工作完成。

4）语音终端将排序工完成的工作传送回 WMS。

（2）昵称拣选　昵称拣选又叫 PTN（Pick To Name），即通过简单好记的昵称替代复杂的零件号辅助检查。由于零件号由多位数字和字母组成，构成复杂，有的同类零件的零件号之间可能只有一两位数据的差异，排序工在长时间用眼和工作疲劳的情况下，容易看错零件号或者拿错零件，故可以通过给零件号起更简单易记的昵称辅助判断，减轻排序工的疲劳，提高排序准确率和效率。但是要注意设置昵称时，尽量一个排序大类的零件昵称属于同一类事物，例如方向盘排序大类里各零件的昵称可以为苹果、西瓜、橘子等各种水果，不要出现大灯、桌子等其他类型的事物。设置好昵称后，会在排序单上该零件号旁加入昵称，同时也会在现场地面上该零件料箱前打印如图 6-29 所示的图片和昵称名，帮助排序工迅速找到零件。

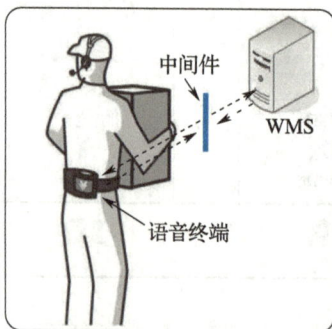

图 6-28　语音拣选流程

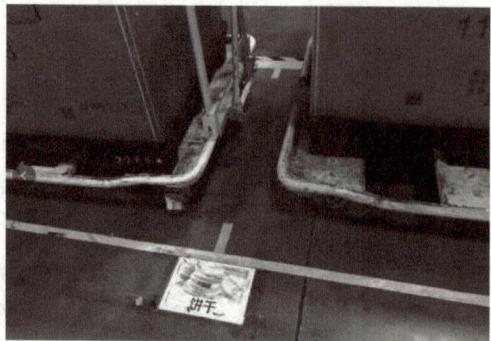

图 6-29　地面昵称

➢ 任务工单

任务名称	排序中心规划				
学生姓名		班级		学号	
学习场所		学时		日期	
任务目标	1. 理解排序中心规划目标和原则 2. 准确区分语音拣选和昵称拣选，并理解各自的模式				
任务描述	根据任务目标，确定本任务所需要的设备、工具，查阅并整理学习资料，以小组讨论的方式，梳理排序中心的规划原则				

任务构思
相关概念
任务准备

任务设计
实施计划

任务实施
操作步骤

任务总结
任务结果

➤ 学习自测

一、填空题

1. 排序中心拣配区零件的摆放根据零件类型优先集中存放，同一种类零件中使用频次高的靠近_____，反之可稍远。
2. 通过简单好记的昵称替代复杂的零件号辅助检查的拣选方式为_____。
3. 语言拣选和昵称拣选相比，_____的成本更高。

二、选择题

1. 排序中心存在的意义主要为（　　）。
   - A. 减少工位上不创造价值的操作，提高核心操作的质量
   - B. 提高线边拉动响应及时性
   - C. 改善员工操作量，对物料密集性操作进行整合
   - D. 优化各个工序的人机工程
2. 关于排序中心规划描述错误的是（　　）。
   - A. 排序中心尽量靠近生产线，各大类排序区域尽量靠近其最终上线投料点，使上线距离更短，响应更及时
   - B. 配料区零件和线边一样，尽量保证双箱原则
   - C. 外饰件配置较多，优先选择排序上线
   - D. 配料区零件需符合人机工程，避免出现较大、较重等不便于拿取的零件
3. 关于排序中心辅助排序手段描述错误的是（　　）。
   - A. 语言拣选是通过语音提示的方式替代读取排序单和扫描的操作
   - B. 昵称拣选通过简单好记的昵称替代复杂的零件号辅助检查
   - C. 昵称拣选时昵称的选择可以天马行空，只要排序工自己能记住就行
   - D. 语言拣选时排序工身上会携带语音终端等设备

三、思考题

作为某汽车生产企业总装车间的一名厂内物流计划员，你在进行排序中心规划时，一般会使用哪些要素进行综合规划？

| 任务 3　SPS 配载区规划 ◎

➤ 任务描述

SPS 单车配载方式起源于日本丰田汽车公司，是一种新型的精益物流方式，现已广泛运用于汽车行业。其有什么布局特点？单车配载量较大，又有何种辅助配载手段可以提高配载效率和准确率？

➤ 任务要求

1. 理解 SPS 配载特点。
2. 理解 PTL 辅助拣选模式。

➤ 相关知识

本项目任务 2 已提到 SPS 配载区属于排序中心的一部分，由于 SPS 上线方式较特殊，

其配料区比一般的排序区更有特点，故在此任务单独介绍。SPS 配载区的规划和排序区的规划绝大部分是一样的，本任务仅讲解 SPS 配载需特别注意的地方。

1. SPS 配载特点

由于 SPS 上线方式为单车配载，零件有大有小，一般的排序大类零件都是大件，而 SPS 零件中有较多小件，故在规划时需使用小件自滑式料架，如图 6-30 所示。

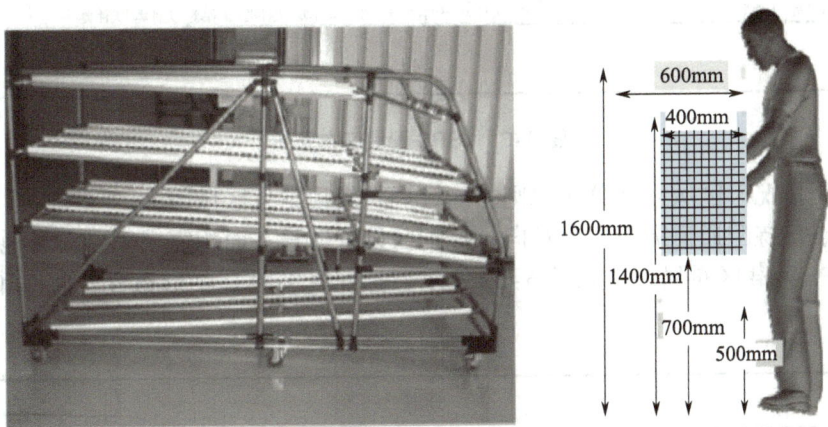

图 6-30　自滑式料架

自滑式料架的特点如下：

1）两层或三层取料层，最底层为空箱回收层。料架有坡度，物流从料架高端投料，生产线员工从料架低端取料。

2）总高度最大值为 1600mm（图 6-30 所示各尺寸仅为某企业标准）。关于取料高度，主要考虑取料时的人机工程，图 6-30 所示的网格区域为最佳舒适区，物料应优先放置在此高度区域。如物料较多，则需将用料频次高或者流量高的零件放置在最佳舒适高度区域。

3）考虑到取料操作工的人机工程，最低取料层滑轨高度应大于 660mm，以保证取料高度大于 700mm。

4）料架尺寸实行标准化。一般 SPS 配载区的大件和线边一样尽量设置为双库位，小件设置 MIN/MAX 值（最小箱数 / 最大箱数）放入标准自滑式料架。功能区的设置一般有拣货通道、补货通道、满箱区、空箱区、自动化挂接区（SPS 的上线一般配合 AGV 使用）、班组或取单区，尽量将同一车型的零件集中摆放在一起。

2. SPS 配载区布局

各类 SPS 配载区各自集中且相对独立，SPS 配载区的出口应尽量靠近该大类 SPS 的上线位置，保证上线距离最优，提高响应效率。布局需要根据现场实际情况而定，下面介绍两种布局方式：

（1）SPS 配载区布局一　如图 6-31 所示，拣配通道双向布置，零件布置在拣配通道两侧，大小件集中摆放。

1）原则。生产线 SPS 料架上线位置与 SPS 配载区尽量靠近，减少上线距离，缩短响应时间。

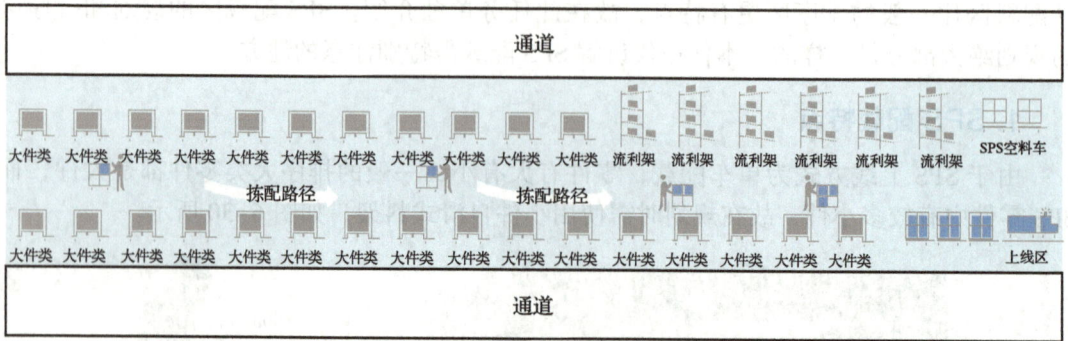

图 6-31　SPS 配载区布局一

2）适用情况。区域立柱分布规则，区域形状较规整且区域较大。

3）特点。拣配通道需设置为双向，拣配区设置较长；面积需求大，对场地要求高。

（2）SPS 配载区布局二　如图 6-32 所示，拣配区采用 U 字形布置，大件和小件分开摆放。

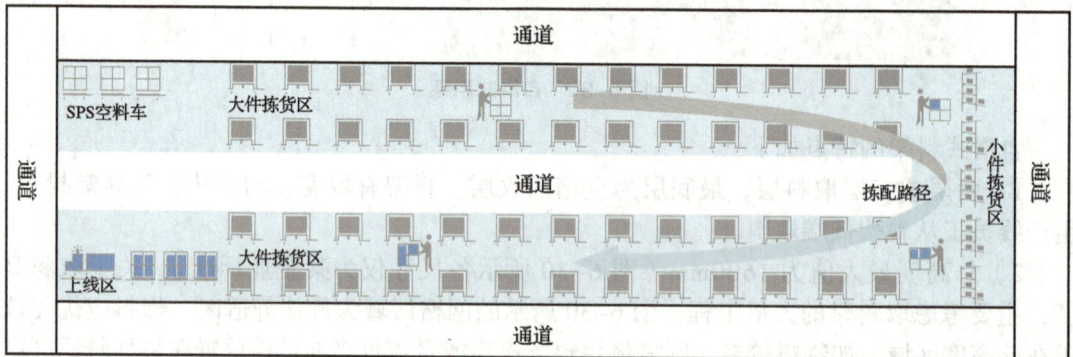

图 6-32　SPS 配载区布局二

1）原则。生产线 SPS 料架上线位置与 SPS 配载区尽量靠近，减少上线距离，缩短响应时间。

2）适用情况。拣配区面积紧张。

3）特点。节省面积，同时大小件状态区分明确；拣选走动距离较长。

和排序区的规划一样，实际运用中 SPS 配载区到底采用何种布局需要根据现场实际情况决定，甚至可能出现同一车间不同 SPS 大类采取完全不同的布局方式的情况。另外，SPS 上线甚至配料过程中常配合 AGV 自动小车一起使用，故在进行规划时还需结合 AGV 型号、运行环境要求、拖挂节数、AGV 充电要求等一起考虑。

3. 拣选辅助手段

由于 SPS 配料周期长、零件多、大小件混合，且参与同一 SPS 大类配载人员较多，若完全依靠人工挑选，容易出现错配、漏配甚至多配的异常情况。故 SPS 配载往往借助 PTL（Pick To Light）按灯拣选系统辅助完成。

原有配料员工按照拣货单进行操作时，容易错配漏配。通过 PTL 系统，将原来的看配料单配载变成了亮灯配载，实现目视化配料，从而提高了配料准确性及配料速度。通过简化配料操作培训，就可以使新员工快速上岗。

前面已提到 SPS 配载区零件主要分为大件和小件两类，相应的 PTL 安装形式也有所不同。如图 6-33 所示为大件 PTL 形式，料箱前侧会有线槽，每个库位会有一个小立柱，立柱上安装按灯，立柱高度根据人机工程会设计为员工相对比较舒适的高度。

如图 6-34 所示为自滑式料架的 PTL 安装方式，即将现有自滑式料架改造成模块化电子拣选料架，每个库位前有按灯，一行货架前有线槽，同一行的货架可自由添加或移除。

图 6-33　大件 PTL 形式

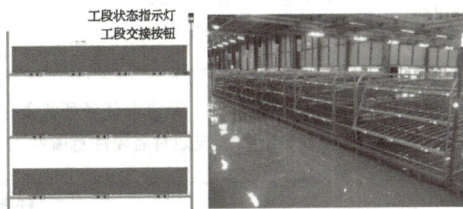

图 6-34　自滑式料架的 PTL 安装方式

前面讲到的都是有线 PTL，需要安装线槽，若需要将 SPS 配载区整体或者个别区域进行位置调整，则施工量较大，施工时间也较长。故现在车企开始尝试无线 PTL 的模式，相关原理一样，但用无线通信替代有线的线槽等使施工周期大大缩短，调整也更加方便，所以更受企业青睐。

4. 配载流程

SPS 配载往往结合 PTL 技术一起进行，故配载流程中也具体定义了配料工的 PTL 按灯操作流程。具体配载流程如下：

1）配料工打印 SPS 配料单。

2）用扫描枪扫描配料单上的流水号条形码，该配料单上所需零件对应库位上的按灯亮起。

3）由于 SPS 中需拣配零件较多，现场实际运用时往往会将整个配料线路根据拣配工作量分为多段，PTL 按灯也是分段亮起，即扫描配料单上的流水号条形码后，并非配料单上所有零件对应库位上的按灯都会亮起，而是只有在配料线路上第一段的零件按灯先亮起。配料工仅拣配亮灯的零件，且按流程规定拿取该零件后就将此零件对应的按灯按灭，以免重复配料。然后再去下一个亮灯处取相应零件并将按灯按灭。如此往复，直至第一段的按灯全部按灭。

4）将配料小车推至下一段，第二段按灯自动亮起，操作工根据第二段的亮灯进行配料，直至所有段的按灯都已按灭，配载结束。

5）将配料小车推至待发区。前面已提到，SPS 上线往往采用 AGV 自动小车方式，故 SPS 待发区一般会有导轨导引，以便后续 AGV 拖挂上线。

如图 6-35 所示，两位员工正在进行 SPS-PTL 配载操作。

图 6-35　SPS-PTL 配载操作

➢ 任务工单

任务名称	SPS 配载区规划				
学生姓名		班级		学号	
学习场所		学时		日期	
任务目标	1. 熟悉 SPS 配载模式 2. 熟悉精益料架模式				
任务描述	根据任务目标，确定本任务所需要的设备、工具，查阅并整理学习资料，以小组讨论的方式，讨论 SPS 配载区规划时需要注意哪些内容				
任务构思					
相关概念					
任务准备					
任务设计					
实施计划					
任务实施					
操作步骤					
任务总结					
任务结果					

学习自测

一、选择题

1. 精益料架物流从（　　　）端投料，生产线员工从（　　　）端取料。

    A. 高　　　　　　　　　　　　　　B. 低

2. SPS 上线模式，拣配过程往往配合（　　　）进行辅助拣货。

    A. PTV　　　　　　　　　　　　　B. PTN

    C. PTL　　　　　　　　　　　　　D. 自动拣选

3. 关于 SPS 配载区描述错误的是（　　　）。

    A. SPS 配载区的大件一般设置为双库位

    B. SPS 配载区的小件放入标准自滑式料架存储

    C. SPS 配载区的出口应尽量靠近该大类 SPS 的上线位置，保证上线距离最优，提高响应效率

    D. 有线 PTL 比无线 PTL 施工周期更短，调整更方便

二、思考题

作为某汽车生产企业总装车间的一名厂内物流规划员，你在进行 SPS 配载区规划时，一般会考虑哪些要素？

| 任务 4　库区规划

▶ 任务描述

仓库规划涉及的功能区域较多，那么仓库主要分为哪些区域？各区域如何规划？资源如何预估？涉及哪些物流设施设备呢？

▶ 任务要求

1. 掌握货架面积需求的计算方法。

2. 掌握地堆零件面积需求的计算方法。

▶ 相关知识

1. 区域分类

仓储主要涉及收货、入库存储、拣货、上线等流程，仓库按区域划分可分为收货区、货架存储区、地堆存储区、编组站、空箱区和其他功能区。收货区规划将在本项目任务 5 重点介绍，本任务主要介绍货架存储区和地堆存储区规划。

存储区分为货架区和地堆区。如图 6-36 所示为某汽车厂总装仓库现场，图中较远侧为货架存储区，较近侧为地堆存储区。

图 6-36　某汽车厂总装仓库现场

2. 货架存储区规划

如图 6-37 所示为某货架存储区。货架存储区充分利用仓库高度方向空间，且每个库位相对独立，特别适合小品种、零件较多的情况。

图 6-37　某货架存储区

（1）规划目标　总体目标：高效、精益、准时、无错、安全。

（2）布局原则

1）考虑好货架存储区在整个流程中的位置，保证高效收货、高效拣选出货。由于货架存储区需要高位叉车，应将货架存储区尽量集中，使高位叉车资源可以合理调配。

2）高位货架铺设充分利用仓库净高，合理设置货架尺寸。由于货架都是定制的，可以根据库区场地特点、存储零件尺寸、运作特点等设置合适的尺寸。

3）充分利用存储空间，严格做好先进先出。

4）考虑叉车和拖车作业特点，预留合适的设备通行道路宽度。

5）做好目视化工作，充分设置辅助设施，保障操作安全和货架安全。若货架存储区存在非设备操作工进行手工拣货操作，则需严格做好人车分流，确保拣货人员的安全。

（3）设备配置　存储区相关设备的特点及适用范围见表 6-5。

表 6-5　存储区相关设备的特点及适用范围

设备	图示	特点及适用范围
长齿叉车		特点：单次铲运货物量大，效率高 （叉齿长度一般为 1.5~2.4m） 缺点：操作所需通道面积较大 适用范围：道口装卸货物
短齿叉车		特点：操作所需通道面积较小 （叉齿长度一般为 0.8~1.2m） 缺点：单次铲运货物量小 适用范围：存储和拣货

（续）

设备	图示	特点及适用范围
高位前移式叉车		特点：叉齿抬升高度可达 8~10m 缺点：单次铲运货物量小 适用范围：高位货架存储和拣货
货架		特点：货架尺寸可根据需要定制且承重性好 缺点：对于个别超重超长货物无法存储 适用范围：大件或托盘零件存储

（4）高层货架需求计算

1）确定零件存储时的包装形态。

2）根据单箱零件重量和尺寸，确定重量是否在货架限重之内，尺寸是否符合货架库位要求，选择符合要求的货架区域。

3）理论上，大件一箱即占用一个库位，小件应放置在托盘上存储，故将箱数折算成标准托数，一托即占用一个库位。

4）货架一般成组安装，高位料架组数 =Sum（单个零件存储库位数）/ 单组高位料架存储库位数。

5）高位货架存储面积 = 高位料架组数 × 单组面积 × 通道系数（不同布局对应的通道系数不同）。

6）以上计算的结果仅为理论值，在实际规划中还会预留一定的余量。

3. 地堆存储区规划

如图 6-38 所示为地堆存储区，即料箱直接放置在地面，且同一零件的料箱可堆叠。

图 6-38　地堆存储区

（1）规划目标

1）减少响应时间，提高存储、拣选发运效率及准确性。

2）有效利用资源，优化流程，减少资源投入。

3）提升仓库利用率，包括面积和空间利用率。

4）优化设备配备，精益人力配比。

5）总体保持现场运作的高效和稳定。

（2）布局原则

1）根据目标仓库的特点，合理地进行区块划分，优化存储结构。

2）考虑铲运作业要求，地堆零件的每一垛货物前、后、左、右设定一定空间间隔。

3）考虑存储货物箱型特点，根据堆高要求设定每种货物堆垛层数。

4）做好目视化材料并定期更新，严格做好先进先出。

5）考虑叉车作业特点，预留合适的设备通行道路宽度。

（3）存储面积测算

1）确定零件存储时的包装尺寸。

2）零件存储堆高层数 =Rounddown（仓库限高 / 料箱高度，0），即仓库限高除以料箱高度，并向下取整。这里之所以向下取整是因为箱数必须是整数，如果向上取整则会超过仓库限高，不符合存储要求。同时要注意，料箱本身可能有提供堆高的标准层数，此时需要对比根据仓库限高所计算出的堆高层数和料箱本身提供的堆高标准层数，取两者中的较小值。

3）单个零件存储堆垛垛数 =Roundup（箱数 / 堆高层数，0），即所需存储的最大箱数除以每垛可以存储的箱数，并向上取整。

4）单个零件存储地面投影面积 = 包装长度 × 包装宽度 × 堆垛垛数。

5）所有零件投影面积 =Sum（单个零件投影面积）。

6）地堆区域存储面积 = 所有零件投影面积 × 面积系数。面积系数一般根据自身仓库的情况计算得到，这里不展开介绍。

7）以上计算的结果仅为理论值，在实际规划中还会预留一定的余量。

➤ 学习自测

一、填空题

1. 地堆零件堆高不超过仓库规定的存储限高，若已知该箱型的堆高标准，则实际堆垛层数为堆高标准和仓库存储限高计算所得中，取_____值。

2. 已知某零件库存 12 箱，在库区的堆垛层数为每垛 5 层，则该零件在库区存储为_____垛。

3. 货架存储区充分利用仓库高度方向空间，且每个库位相对_____，特别适合小品种、零件较多的情况。

二、计算题

一仓库需分别存储 A 零件和 B 零件。A 零件存储量为 60 箱，箱体尺寸（长 × 宽 × 高）为 1130mm×725mm×745mm，堆高标准为 5 箱；B 零件存储量为 50 箱，箱体尺寸为 1450mm×750mm×1100mm，堆高标准为 3 箱。

已知仓库存储限高为不超过 4.5m，仓库存储面积系数为 3，求仓库面积需求。

三、思考题

作为某汽车生产企业总装车间的一名厂内物流规划员，你在进行仓库存储区规划时，一般会使用哪些要素进行综合规划？

➢ 任务工单

任务名称	货架存储区需求规划				
学生姓名		班级		学号	
学习场所		学时		日期	
任务目标	1. 了解库区大致分为哪些区域 2. 掌握货架资源的计算方法				
任务描述	已知某仓库拟存储 A、B 两种货物于货架存储区，A 货物为小件，包装尺寸（长 × 宽 × 高）为 500mm × 280mm × 180mm，在 1200mm × 1000mm × 150mm 的标准托盘上堆垛，已知货物高度（含托盘高度）不超过 900mm，A 货物最高存储量是 19200 箱。B 货物为大件，一个箱子占用一个托盘库位，B 货物最高存储量是 260 箱（已知货架每一货格存放两个托盘货物）。根据任务目标和以上已知条件，以小组讨论的方式，核算存储 A、B 两种货物需要规划多少个高架货格				
任务构思					
相关概念					
任务准备					
任务设计					
实施计划					
任务实施					
操作步骤					
任务总结					
任务结果					

┃任务 5　收货区规划 ◉

➤ 任务描述

收货区是货物进入仓库的第一站，由于货物性质和仓库性质的不同，有不同的卸货方式。那么有哪些卸货方式？各种卸货方式的优劣和使用情况如何呢？泊位数量是在土建阶段就需规划的，如何合理规划泊位数量保证投产后收货流程的顺利进行也是至关重要的。

➤ 任务要求

1. 准确区分横向侧卸式、纵向侧卸式和后卸式三种卸货布局类型的特点和适用场景。
2. 掌握泊位需求计算的方法。

➤ 相关知识

1. 收货区功能

收货区是货物进入仓库的第一站，是整个仓库的品质窗口。收货区主要用于卡车的停靠、货物装卸、收货检查等相关操作。合理的收货区规划可以提升卡车、收货员、收货叉车等资源的效率，优化物流成本。

2. 规划目标

1）减少响应时间，提高装卸效率。
2）注重人车分离，有效保证现场人员安全。
3）合理利用道口面积，提升存储利用率。
4）引入自动化设备，提高自动化水平。
5）总体保持现场运作的高效和稳定。

3. 布局类型

在卸货过程中有三种常用的卸货方式，其各自优缺点及适用场景见表 6-6，其中示意图为道口俯视图。图 6-39~ 图 6-42 所示为这三种方式对应的现场实景，方便大家更好地理解。

表 6-6　卸货方式对比

卸货方式	示意图	优缺点及适用场景
横向 侧卸式	 道路 雨棚 仓库	优点：叉车作业区域大，便于装卸作业 缺点：仓库单侧道口可设置泊位数量较少 适用场景：仓库面积大，四侧均可设置泊位

（续）

卸货方式	示意图	优缺点及适用场景
纵向侧卸式		优点：可设置泊位数量多，叉车共享部分作业区域 缺点：叉车作业区域相对小，作业要求较高 适用场景：仓库流量高，泊位需求量大，或可利用道口少
后卸式		优点：可直接进入车内卸货，可设置泊位数量多 缺点：泊位下沉或仓库整体抬高，建设成本相对较高 适用场景：集装箱零件

图 6-39 横向侧卸式

图 6-40 纵向侧卸式

图 6-41 后卸式

图 6-42 后卸式道口铲车工卸货操作

4. 设备配置

收货区相关设备的特点及适用范围见表 6-7。

表 6-7 收货区相关设备的特点及适用范围

设备	图示	特点及适用范围
移动式警示柱		作用：禁止进入标识，用于卡车停车及收货区点检提示 缺点：塑料材质，容易磨损及损坏 适用范围：收货区卡车停车及收货点检

（续）

设备	图示	特点及适用范围
地面 引导钢管		作用：卡车停车指引，保证车辆准确进入泊位 缺点：安装量大，安装比较麻烦，成本较高 适用范围：后卸式泊位停车指引
卡车 限位块		作用：卡车车轮限位，防止车辆溜滑影响装卸并造成安全事故 缺点：安装及拆卸比较麻烦 适用范围：卡车后轮限位

5. 泊位需求计算

由于泊位后期很难更改，故泊位数量是在土建阶段就需规划的。必须合理规划泊位数量，保证投产后收货流程的顺利进行。泊位规划步骤如下：

1）根据流程设计和不同货物的卸货特点及要求，选择不同的卸货道口类型。前面已介绍了几种泊位布局形式，需要根据工厂类型、货物运输形式、货物特性、工厂整体布局等进行综合考虑。

2）每辆卡车平均装载立方数 = 卡车装载量 × 卡车平均装载率。在运输中自然希望卡车装载率为 100%，但在实际运输配载中无法做到。

3）每班收货卡车数 =Roundup（每班收货货物总立方数 / 每辆卡车平均装载立方数，0），即每班所需收货货物的总立方数除以每辆卡车平均装载立方数，并向上取整。

4）每班卸货总时间 = 每班收货卡车数 × 平均单车卸货时间。

5）道口资源数 =Roundup｛［每班卸货总时间 /（每班工作时间 × 工作效率）］，0｝，即每班卸货总时间除以单个道口每班有效工作时间，并向上取整。

6）以上计算的结果仅为理论值，在实际规划中还会预留一定的余量。

➤ 学习自测

一、填空题

1. 卸货方式分为侧卸式和_____。

2. 侧卸式布局分为_____ 和_____。

3. 在实际装载中，_____ 达到 100% 的装载率。

二、计算题

一仓库每班收货零件约 13560m³，已知送货卡车统一使用车辆容积为 72m³ 的卡车装载，卡车平均装载率为 70%；又已知平均卸货一车的时间为 30min，单班工作时间为 10h，工作效率为 80%。请计算泊位需求数量。

三、思考题

作为某汽车生产企业总装车间的一名厂内物流规划员，你在进行仓库收货区规划时，一般会使用哪些要素进行综合规划？

➢ 任务工单

任务名称	收货区规划				
学生姓名		班级		学号	
学习场所		学时		日期	
任务目标	1.熟悉常用的卸货方式 2.掌握泊位资源的核算方法				
任务描述	根据任务目标，确定本任务所需要的设备、工具，查阅并整理学习资料，以小组讨论的方式，讨论核算泊位需求时需要哪些基础信息				
任务构思					
相关概念					
任务准备					
任务设计					
实施计划					
任务实施					
操作步骤					
任务总结					
任务结果					

项目 7
现场改善案例分析

┃任务 1　产前供应链库房整合改善项目 ◎

➤ 任务描述

　　某物流企业库房分散，距离主机厂较远，运输成本高，同时应对 4 家供应商，管理难度大，不利于业务拓展；同时客户要求进行成本优化。面对产前供应链中所涉及的多家供应商及库房分散等情况，如何运用精益物流战略，去库存，快速反应，提高物流效率？

➤ 任务要求

　　1.掌握项目改善的基本步骤。
　　2.明确产前供应链的范畴。

➤ 相关知识

1. 项目计划

　　为稳步推进项目实施，结合工作内容及人员分工，运用戴明环（PDCA）质量管理方法，对产前供应链库房现状进行分析，制定优化措施，旨在通过合理整合优化减少外租库房面积，降低租赁成本。工厂供给改善项目计划见表 7-1。

表 7-1　工厂供给改善项目计划

项目		活动期间：1 月~6 月　　计划：──➤　实施：──➤					
	分工	1 月	2 月	3 月	4 月	5 月	6 月
P（Plan）	1. 选定主题	小王					
	2. 现状把握	小刘 / 小陈					
	3. 目标设定	小刘 / 小陈					
D（Do）	4. 要因解析	小刘 / 小陈					
	5. 对策制定						
C（Check）	6. 效果确认	全员					
A（Act）	7. 巩固措施						
	8. 总结及标准化						

2. 目标设定及原因分析

　　本项目改善的目标是将产前供应链业务整合至一个园区，产前 CKD 业务整合至自有库房，减少租赁费用 500 万元。基于此，需要回答如下问题：

1）为什么做（Why）。整合优化，降低成本。客户要求，战略共赢。

2）做什么（What）。外租库房优化整合。

3）什么时候做（When）。2021 年上半年启动。

4）怎么做（How）。业务梳理，库房搬迁整合。

3. 要因分析及对策制定

（1）要因分析　运用树状图分析供应链整合需要解决的主要问题，并针对两项主要问题制定对策，如图 7-1 所示。

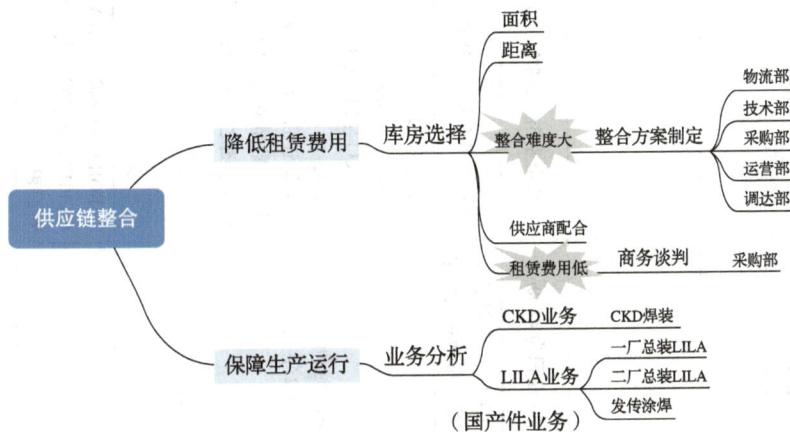

图 7-1　供应链整合要因分析

项目团队成员通过走访周边 11 家可选择库房，对库房条件进行了分析统计，见表 7-2。

表 7-2　库房统计表

序号	名称
1	普洛斯库（在用）
2	B 企业国际物流库（在用）
3	XD 物流库
4	KM 物流库
5	A 企业库
6	F 集团三工厂
7	YL 库房
8	C 企业库房
9	KH 库房
10	RZ 库房
11	GH 库房

对于方案的制定，一方面采用头脑风暴的方式，由技术部协同物流部、采购部与运营部共同探讨多套整合方案，目的在于通过最少的投入实现一体化整合目标。另一方面是制定设计策略。策略制定旨在满足客户优化成本的前提，同时确保公司业务稳定和 VMI 业务拓展，保障公司经营目标稳定实现。

（2）对策制定　基于上述调研与分析，结合公司经营目标，特制定如下对策，见表 7-3。

表 7-3 对策制定表

目标：
2022 年 1 月：退租 A 企业 2#、3#、4#；保留 A 企业 1# 存储二厂焊装 CKD

2022 年 4 月前：B 企业 1# 存储二厂总装 + 准时化；B 企业 6# 存储 BORA 总装零件；B 企业 2# 库存 C8 + 部分焊装 LILA 零件；B 企业 3# 存储 B9+Q5 总装；C 企业存部分焊装 LILA 零件；二厂焊装 CKD 存 DC；一厂返协使用 D 企业 2#、3#

序号	整合步骤	预计开始搬迁时间	预计结束时间	备注	风险点	建议措施
1	一厂返协 B 企业 1#→D 企业 2#	2021 年 12 月 24 日	2021 年 12 月 26 日			
2	A 企业 2# 二厂 LILA→B 企业 1#	2021 年 12 月 28 日	2021 年 12 月 30 日			
3	A 企业 4#BORA LILA→B 企业 6#	2021 年 12 月 29 日	2021 年 12 月 30 日			
4	B 企业 3# 部分焊装 LILA→E 企业 3#	2022 年 1 月 26 日	2022 年 1 月 27 日	E 企业 3# 面积为 4800m²	E 企业 3# 无网络，短期借用	
5	B 企业 3# 部分焊装 LILA→B 企业 2#	2022 年 1 月 26 日	2022 年 1 月 27 日	前提：C7 EOP 零件快速处理，C8 单一车型布局优化	需要 B 企业 2# 空出面积 3200m²	
6	C 企业 Q5→B 企业 3#	2022 年 2 月 15 日	2022 年 2 月 17 日	（Q5 停产时间：2022 年 2 月 3 日至 2022 年 2 月 23 日）	1.B9/Q5 共用入口，物流量大且集中，日均 100 余车次 2.入口与出口在库房同一侧，物流量大 3.搬迁后，供应商到货卡车和配送卡车数量剧增，园区及附近道路车流量随之增加，易造成交通拥堵 4.搬迁需要 3 个连续停产日	1.建议 C 企业 Q5 总装、B9 总装到 D 企业 1# 总装，1# 整合到同一库房，可优化面积 1000m² 2.建议入口和出口分别在库房房两侧，根据实际情况需增加物流门
7	B 企业 3# 剩余焊装 LILA→C 企业	2022 年 2 月 23 日	2022 年 2 月 24 日			
8	B9 总装 D 企业 1#→B 企业 3#	2022 年 3 月 2 日	2022 年 3 月 3 日		BORA Tcross/B9 PHEV/C8 PHEV/Q5 PHEV 新车型混线生产时没有应对面积	
9	E 企业 3# 焊装→B 企业 2#	2022 年 3 月 9 日	2022 年 3 月 10 日			
10	B9 LILA→新建库、C7 LILA→新建库、Q5 LILA→新建库、BORA LILA→新建库		2022 年			

4. 对策实施

通过 2022 年上半年的努力，所有总装 LILA 已整合至中床（B 企业）园区，CKD 焊装已整合至 DC 库房，基本实现了产前供应链库房整合优化，具体实施效果如图 7-2 所示。

图 7-2　整合实施效果

5. 效果验证

效果验证主要是对经济效益与客户满意度两方面的验证。通过验证发现，在经济效益方面，通过整合减少外租库房租赁面积 4.6 万 m²（见表 7-4），优化年租赁费用 1679 万元；在客户满意度方面，达成客户整合要求，提升了客户满意度，确保了 LILA 业务的持续稳定。

表 7-4　库房整合前后对比

序号	园区	整合前面积 / 万 m²	整合后面积 / 万 m²
1	万荣（A 企业）园区	5.3	0
2	龙发（D 企业）园区	1.9	0.8
3	中床（B 企业）园区	7.3	9.1
4	CKD	7	7
5	DC	2.7	2.7
6	江森（C 企业）	1.1	1.1
合计		25.3	20.7

持续改善效果如图 7-3 所示。

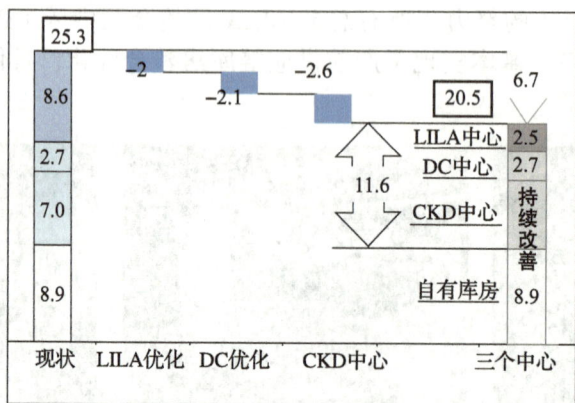

图 7-3　持续改善效果

6. 巩固推广

针对此次改善项目，项目小组运用 PDCA，就项目推广进行了总结，如图 7-4 所示。

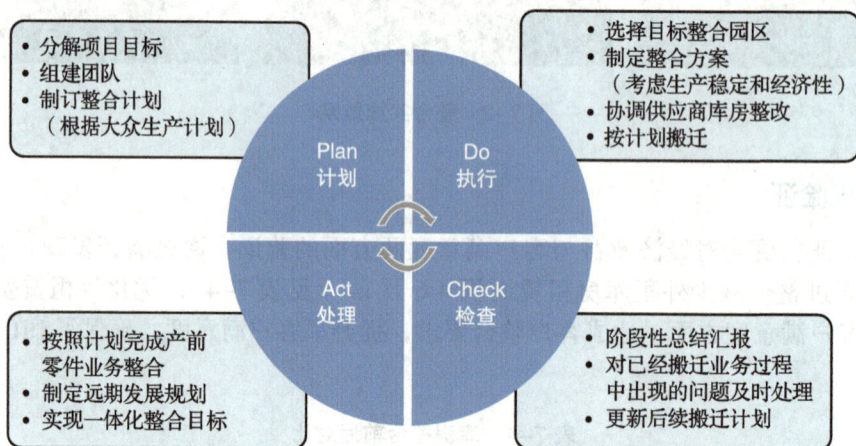

图 7-4　巩固推广总结

7. 项目总结

产前供应链库房整合改善项目通过对园区库房的整合优化，在占地面积、管理效率、成本等方面都取得了一定的改善效果。

➤ 学习自测

请回答以下问题：

1. 作为一名汽车供应链专员，你在开展产前供应链项目整合过程中，一般采用的基本流程是怎样的？有哪些注意事项？

2. 作为一名企业供应链业务专家，若想打造快速反应的供应链，你认为需要从哪些方面入手？

➢ 任务工单

任务名称		产前供应链库房整合改善项目			
学生姓名		班级		学号	
学习场所		学时		日期	

任务目标	1. 分析产前供应链整合的原因 2. 梳理整合优化的基本思路
任务描述	根据任务目标及案例背景，确定本任务所需要的设备、工具，查阅并整理学习资料，以小组讨论的方式，梳理总结产前供应链库房整合改善项目的基本流程

任务构思	
相关概念	
任务准备	

任务设计	
实施计划	

任务实施	
操作步骤	

任务总结	
任务结果	

| 任务 2　零件定置定位存储改善项目 ◉

➤ 任务描述

　　定置定位，是指按照"有物必有区，有区必挂牌，挂牌必分类，按图定置，图物相符""以物对号，以号对图，图号相符"的原则进行现场定置定位管理。通过实施定置定位和标识管理，实现科学合理划分生产区域，物品、设备定位存放，使人流、物流、信息流畅通有序，现场环境整洁，文明生产。某汽车主机厂涉及 6 种车型，日产能为 600辆（12h+12h），以仕分区为例，仕分区占地面积为 675m²，零件达到 1350 种，采用地堆无定置定位存储方式，员工作业无指示，现场翻件找件，导致现场零件就地堆码存放混乱。QC 小组将开展零件定置定位存储改善项目，以期提高汽车主机厂零件定置定位存储效率。针对此种情形，如何开展零件定置定位存储改善呢？

➤ 任务要求

　　1. 理解定置定位的基本原则。
　　2. 掌握定置定位的基本步骤。

➤ 相关知识

1. 项目进度计划

　　QC 小组根据工作内容与人员分工，结合企业对项目改善的时间周期要求，特制订如下进度计划，见表 7-5。

表 7-5　某汽车主机厂零件定置定位存储改善项目进度计划

项目		分工	活动时间：2019 年 3 月—2019 年 6 月				计划：➡		实施：➡	
			3 月		4 月		5 月		6 月	
P	1. 选定课题	组长	➡➡							
	2. 现状把握	全员	➡➡							
	3. 目标设定	全员	➡➡							
D	4. 要因解析	全员			➡➡					
	5. 制定对策	全员			➡➡					
	6. 对策实施	全员				➡➡➡				
C	7. 效果确认	全员					➡➡			
A	8. 巩固措施	全员						➡➡➡		
	9. 总结	全员								➡➡

2. 目标设定与原因分析

　　根据仕分区工作现场，通过在仕分区增设零件存储料架，将 1350 种零件定置定位存储，节省操作人员，减少使用面积。

3. 要因分析及对策制定

（1）要因分析　应用"人机料法环"方式进行要因分析，以实现零件定置定位，人员面积节约的目标，具体分析过程如图 7-5 所示。

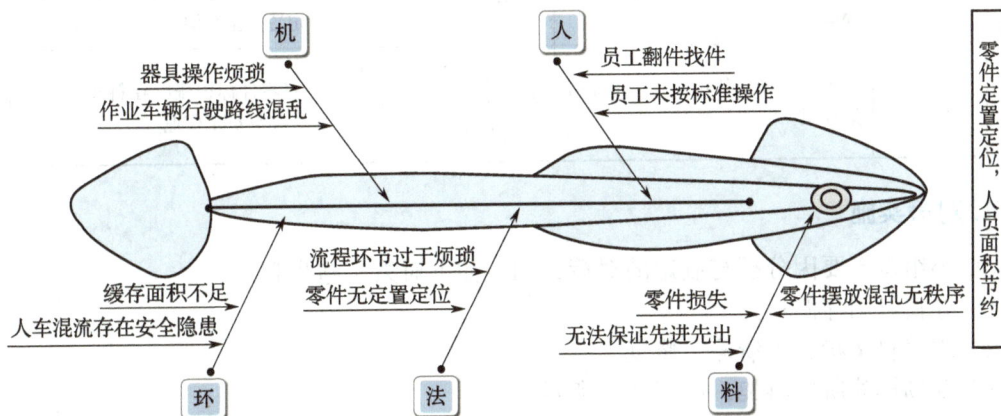

图 7-5　要因分析过程

QC 小组成员通过对仕分区进行观察，发现零件摆放混乱，无定置定位，投货操作员无法准确快速找到对应的零件，如图 7-6 与图 7-7 所示。

图 7-6　零件地堆存储

图 7-7　零件无定置定位

QC 小组成员通过对仕分区备货员备货流程的观察发现，备货员在零件存储区域翻件找件，反复行走，如图 7-8 所示。

（2）对策制定　针对上述发现的两大要因，QC 小组特制定如下对策，见表 7-6。

图 7-8　员工翻件找件

表 7-6   对策制定表

序号	要因	对策	目标	措施	地点
1	到货零件地堆存储	与公司沟通，利用闲置料架布局仕分区，将零件全部投入料架存储	到货零件均投入料架存储	增加料架 150 个，将 1350 种零件投入料架，进行定置定位存储	仕分区
2	员工翻件找件	整理料架的货位信息，增加料架标识	保证员工将零件准确投入货位中，根据标识准确备货	将零件标识张贴在料架上，指导员工作业	仕分区

4. 对策实施

QC 小组基于要因分析与制定的对策，制定如下对策实施步骤：

1）寻找可用存储料架。

2）改善料架状态（清擦、修复）。

3）现场摆放所用料架，如图 7-9 所示。

4）调整现场实际布局，如图 7-10 所示。

5）将货物从原地堆存储处转移。

6）将货物根据料架定置投放。

7）设计货位标识。

8）打印标识并裁剪。

9）粘贴标识，如图 7-11 所示。

10）备货员培训。

经过改善，员工能够按照定置拣货。

图 7-9   现场料架摆放   图 7-10   现场布局调整

图 7-11   粘贴标识

5. 效果验证

QC 小组就改善前后效果进行对比，改善后在设备投入、人员投入、占地面积等方面都取得了一定效果，见表 7 7。

表 7-7　改善前后对比

方案	改善前			改善后		
对比		存储方式	地堆无定置定位存储		存储方式	料架定置定位存储
		料架	0 个		料架	150 个
		人员	21 人		人员	18 人
		面积	675m²		面积	462m²
分析	仕分区零件定置定位，员工操作方便、准确，减少了人员投入及占地面积					

6. 巩固推广

（1）巩固　为巩固改善后的成果，QC 小组编制了仕分区作业要领书，对仕分区全员进行培训、考核，记录投货准确率。具体巩固活动如图 7-12 所示。

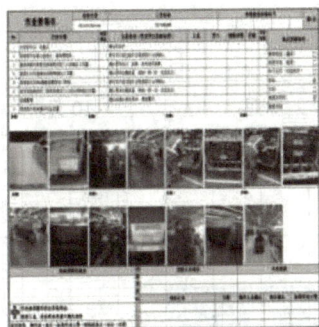

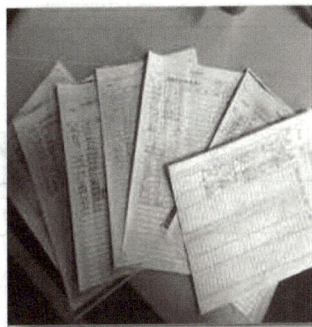

图 7-12　巩固活动

（2）推广　为将改善成果进行有效推广，QC 小组将改善成果推广至该公司总装车间，且取得了明显的效果，如图 7-13 所示。

图 7-13　改善效果

7. 总结及未来计划

（1）总结　通过此次改善活动，QC 小组成员得到充分锻炼，能力得到较大提升，如图 7-14 所示。

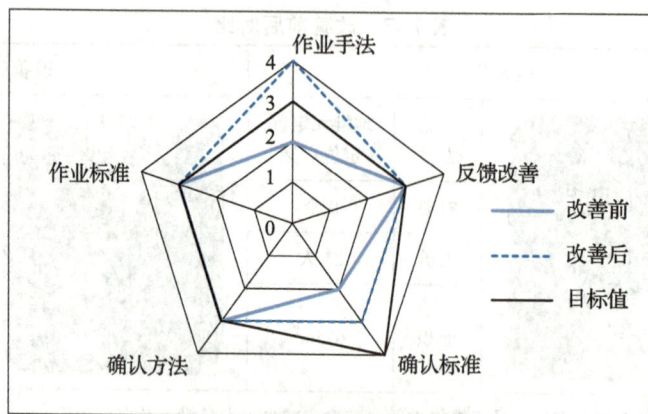

图 7-14　能力提升展示

（2）未来计划　延展该 QC 项目，将二厂总装车间动力班组的入库存储区改善为料架定置定位存储，降低员工作业难度，提高作业精度，减少作业人员，降低使用面积。未来工作计划见表 7-8。

表 7-8　未来工作计划

项目	分工	2019 年															
		7 月				8 月				9 月				10 月			
1. 现状调研	全员	■	■	■													
2. 料架准备	全员				■												
3. 现场切替	全员					■	■	■									
4. 员工培训	全员									■	■	■					
5. 跟踪改善	全员													■	■	■	■

➤ 学习自测

请回答以下问题：

1. 作为一名现场改善人员，你认为在现场开展改善的意义是什么？

2. 请就你参与的改善项目，对比项目改善前后的差异。

➢ 任务工单

任务名称	定置定位改善项目				
学生姓名		班级		学号	
学习场所		学时		日期	
任务目标	1. 理解定置定位的原则 2. 掌握定置定位的基本步骤				
任务描述	根据任务目标，通过网络查找有关企业现场定置定位存在的问题，并提出改进措施，然后以 PPT 的形式进行汇报				
任务构思					
相关概念					
任务准备					
任务设计					
实施计划					
任务实施					
操作步骤					
任务总结					
任务结果					

┃任务 3　看板增加投货位置信息改善项目 ◎

➤ 任务描述

看板最初是丰田汽车公司于 20 世纪 50 年代从超级市场的运行机制中得到启示，作为一种生产、运送指令的传递工具而被创造出来的。经过几十年的发展和完善，已经在很多方面都发挥着重要的作用。

看板管理在精益生产中用在同一道工序或者前后工序之间，进行物流或者信息流的传递。某物流企业针对 SPS 零件投货及时率低、入口零件积压等情况进行立项研究，项目小组通过增加看板投货位置信息对现场进行改善，以提高现场物流效率。

➤ 任务要求

1. 明确看板管理在现场管理中的重要作用。
2. 掌握看板在信息传递中的具体应用。

➤ 相关知识

1. 现状调查

（1）生产车型　车型多，共生产 10 种车型。

（2）基础信息　按照生产数据，当前产量较高，一厂日产 600 辆（8h+8h），二厂日产 600 辆（12h+12h）；一厂日到货量为 18400 箱，二厂日到货量为 17521 箱。

（3）现场物流作业现状　整体表现为投货慢，具体表现在 SPS 零件因投递困难，入口暂存区零件滞留，经常发生零件积压现象；操作员工凭经验找件，老员工离职影响生产，新员工入职无培训依据，如图 7-15 所示。

图 7-15　现场物流作业现状

2. 目标设定与活动计划

（1）目标设定　2022 年 3 月总装车间 SPS 区域零件投货及时率提升 10min/ 循环，减少零件积压。

（2）活动计划　针对此次改善项目，项目小组特制订如下活动计划，见表 7-9。

表 7-9　活动计划

项目		分工	活动时间：2022 年 3 月—2022 年 6 月				计划：	实施：
			3 月	4 月	5 月	6 月		
P	1.选定课题	组长						
	2.现状把握	全员						
	3.目标设定	全员						
D	4.要因解析	全员						
	5.制定对策	全员						
	6.对策实施	全员						
C	7.效果确认	全员						
A	8.巩固措施	全员						
	9.总结	全员						

3. 要因分析及对策制定

（1）要因分析　运用"人机料法环"方法，对物流作业现场展开要因分析，如图 7-16 所示。

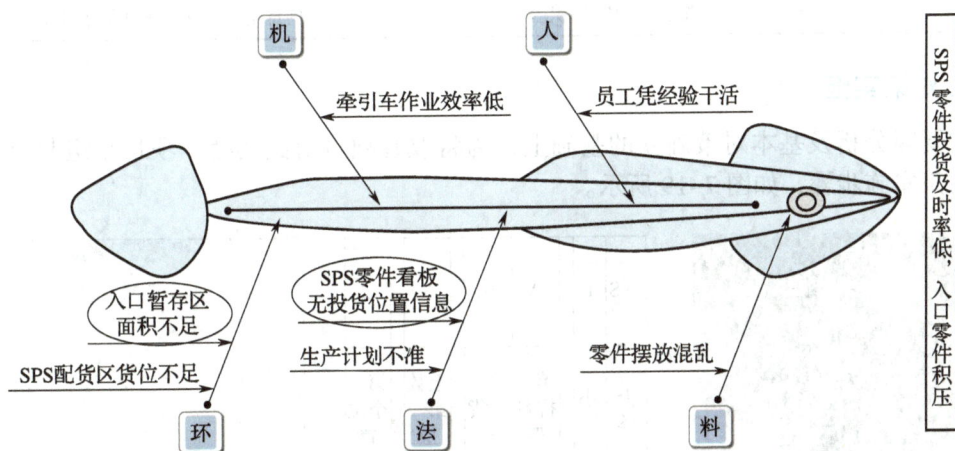

图 7-16　要因分析

1）要因一：入口暂存区面积不足。要因分析过程如图 7-17 所示。

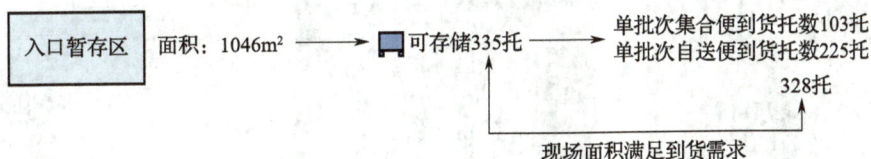

图 7-17　要因分析过程

经小组成员现场测量、数据测算，发现入口暂存区的面积可满足到货要求，不是投货效率低的真正原因。

2）要因二：SPS 零件看板无投货位置信息，如图 7-18 所示。

图 7-18　SPS 零件看板无投货位置信息

小组成员通过现场调查，发现 SPS 零件看板无投货位置信息，员工凭记忆或经验进行投货，是投货效率低的真正原因。

（2）对策制定　根据要因分析及改善目标，项目小组特制定了如下对策，见表 7-10。

表 7-10　对策制定表

真正原因	目标	对策
SPS 零件看板无投货位置信息	SPS 到货零件均有位置信息指示，指导员工作业，提高投货及时率，减少人口零件积压	1. 与公司沟通，通过信息系统开发，增加在看板上显示投货位置信息的功能 2. 信息维护，保障该功能落地实施

4. 对策实施

在要因分析及基本对策确立的基础上，为将改善项目落到实处，项目小组制定了具体的对策实施步骤，如图 7-19 所示。

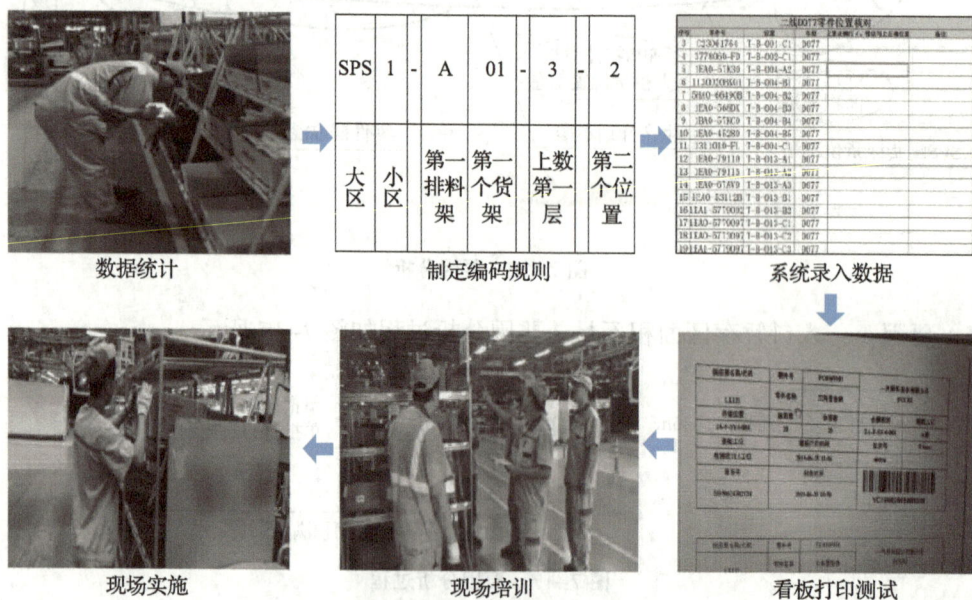

图 7-19　对策实施步骤

5. 效果验证

项目小组就改善前后效果进行验证，检测是否达到预期目标，见表 7-11。

表 7-11 改善前后对比

方案	改善前			改善后		
对比		积压次数	22 次 / 月		积压次数	0 次 / 月
		投货时间	55min/ 循环		投货时间	45min/ 循环
		人员	14 人 / 班		人员	12 人 / 班
分析	通过在看板上增加投货位置信息，有效提高了投货及时率，单班次可减少 2 人					

6. 巩固推广

（1）巩固　为确保改善效果得到大范围推广，需要对改善成果进行巩固。项目小组采取了如下措施：实施阶段记录问题，及时做出修正；编制员工标准作业指导书，对员工进行培训、固化，保障新入职员工按标准作业执行操作等，如图 7-20 所示。

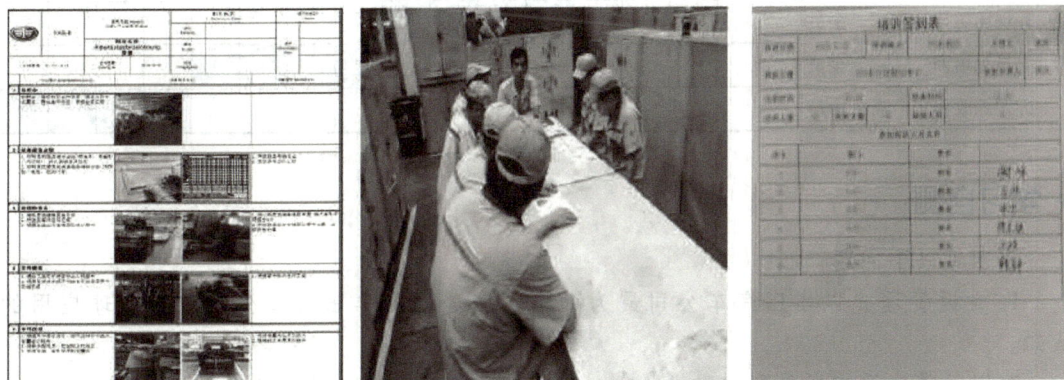

图 7-20 巩固实施过程

（2）推广　项目小组为有效推广改善成果，将 SPS 零件看板位置信息改善项目推广至批量零件、顺建零件，提高该类零件的投货及时率。

7. 总结及未来计划

（1）总结　通过本次改善活动，小组成员的目标值达成，在项目实施过程中团队意识、问题解决思路、改善方法、措施执行等方面均有较大提升。具体目标达成如图 7-21 所示。

（2）未来计划　延展该改善项目，增加一厂、二厂总装车间的批量零件、顺建零件的到货看板位置信息。未来工作计划见表 7-12。

Y轴项目–小组活力	目标
1　人际关系及团队精神	3
2　QC小组会议事实情况	3
3　上司、员工、各部门合作情况	3
4　对QC工作知识、工作技能的期望	3
5　工作岗位遵守5S规则	4
平均值	3.2

X轴项目–小组能力	目标
1　QC的基本理念和解决问题的步骤	3
2　QC小组活动的运行方法	3
3　QC手法和活动结果的归纳、发表	3
4　专业技能,多能工的培养	4
5　改善技能、改善能力	4
平均值	3.4

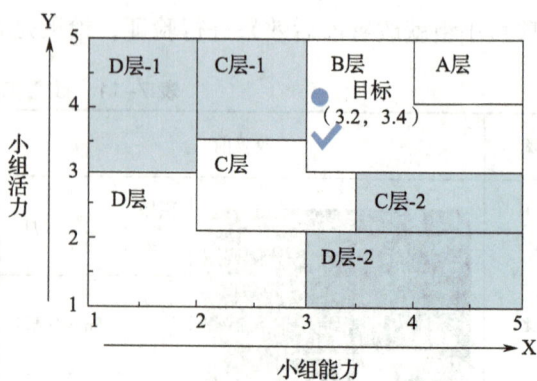

图 7-21　具体目标达成

表 7-12　未来工作计划

项目	分工	2022 年			
		7 月	8 月	9 月	10 月
1.现状调研	全员	▓▓▓			
2.料架准备	全员	▓			
3.现场切替	全员		▓▓▓		
4.员工培训	全员			▓▓▓	
5.跟踪改善	全员				▓▓▓

➤ 学习自测

请回答以下问题:

1. 看板管理尤以丰田汽车公司最为知名,谈谈你对丰田汽车公司看板管理应用的认知。

2. 以日常生活中所见到的看板为例,谈谈它发挥了哪些作用,对你有哪些启发。

➢ 任务工单

任务名称	看板管理改善项目				
学生姓名		班级		学号	
学习场所		学时		日期	
任务目标	1.明确看板管理在现场管理中的重要作用 2.掌握看板在现场信息流转中的应用				
任务描述	根据任务目标，由小组成员共同完成有关看板的制作，并进行小组展示				
任务构思					
相关概念					
任务准备					
任务设计					
实施计划					
任务实施					
操作步骤					
任务总结					
任务结果					

项目 8
精益生产物流模拟项目实训

扫码看视频

| 任务 1 　精益生产实训项目介绍 ◎

➤ 任务描述

新一代信息技术与制造业深度融合，正在引发影响深远的产业变革，形成新的生产方式、产业形态、商业模式和经济增长点。工业企业转变经济发展方式，实现转型升级，需要大批适应先进管理模式、制造工程、智能制造技术的现代工业技能人才。当前，我国职业教育比较侧重单项技能训练，不能满足企业对高技能人才的需求，需要拓宽其能力素质。为此，根据现代工厂建设标准，引入汽车总装模拟生产线，将看板、节拍、ANDON 系统等融入精益生产实训项目中，将精益生产理念贯穿生产实训全流程。

➤ 任务要求

1. 了解精益生产实训项目准备过程。
2. 熟悉精益生产实训工厂运作方式。

➤ 相关知识

1. 精益生产实训项目开发背景

（1）全球制造业格局面临重大调整　新一代信息技术与制造业深度融合，正在引发影响深远的产业变革，形成新的生产方式、产业形态、商业模式和经济增长点。各国都在加大科技创新力度，推动三维（3D）打印、移动互联网、云计算、大数据、生物工程、新能源、新材料等领域取得新突破。基于信息物理系统的智能装备、智能工厂等智能制造正在引领制造方式变革；网络众包、协同设计、大规模个性化定制、精准供应链管理、全生命周期管理、电子商务等正在重塑产业价值链体系；可穿戴智能产品、智能家电、智能汽车等智能终端产品不断拓展制造业新领域。我国制造业转型升级、创新发展迎来重大机遇。

全球产业竞争格局正在发生重大调整，我国在新一轮发展中面临巨大挑战。国际金融危机发生后，发达国家纷纷实施"再工业化"战略，重塑制造业竞争新优势，加速推进新一轮全球贸易投资新格局。一些发展中国家也在加快谋划和布局，积极参与全球产业再分工，承接产业及资本转移，拓展国际市场空间。我国制造业面临发达国家和其他发展中国家"双向挤压"的严峻挑战，必须放眼全球，加紧战略部署，着眼建设制造强国，固本培元，化挑战为机遇，抢占制造业新一轮竞争制高点。

（2）我国经济发展环境发生重大变化　我国经济发展进入新常态，制造业发展面临新挑战。资源和环境约束不断强化，劳动力等生产要素成本不断上升，投资和出口增速明显放缓，主要依靠资源要素投入、规模扩张的粗放发展模式难以为继，调整结构、转型升级、提质增效刻不容缓。形成经济增长新动力，塑造国际竞争新优势，重点在制造业，难点在制造业，出路也在制造业。建设制造强国，必须紧紧抓住当前难得的战略机遇，积极应对挑战，加强统筹规划，突出创新驱动，制定特殊政策，发挥制度优势，动员全社会力量奋力拼搏，更多依靠中国装备、依托中国品牌，实现中国制造向中国创造的转变，中国速度向中国质量的转变，中国产品向中国品牌的转变，完成中国制造由大变强的战略任务。

《中国制造 2025》战略目标为到 2025 年，制造业整体素质大幅提升，创新能力显著增强，全员劳动生产率明显提高，两化（工业化和信息化）融合迈上新台阶。重点行业单位工业增加值能耗、物耗及污染物排放达到世界先进水平。形成一批具有较强国际竞争力的跨国公司和产业集群，在全球产业分工和价值链中的地位明显提升。在重点领域试点建设智能工厂 / 数字化车间，加快人机智能交互、工业机器人、智能物流管理、增材制造等技术和装备在生产过程中的应用，促进制造工艺的仿真优化、数字化控制、状态信息实时监测和自适应控制。加快产品全生命周期管理、客户关系管理、供应链管理系统的推广应用，促进集团管控、设计与制造、产供销一体、业务和财务衔接等关键环节集成，实现智能管控。

2. SWE+ 先进制造模拟工厂简介

精益生产实训项目依托 SWE+ 先进制造模拟工厂展开。SWE（模拟工作环境）是基于汽车企业最佳管理实践，贯彻从订单到交付全过程，将现代汽车企业精益化生产、现代信息技术融入教学过程的综合训练平台，可以完成生产计划制订、质量管理、物流管理、信息管理、班组管理、现场管理与安全管理等制造元素课程。

SWE 是遵循汽车总装生产工艺设计的，模拟汽车总装生产线建设，通过电动机驱动滚筒及人工手推操作式环线运行，以此来带动线体上方的木制模拟汽车按照预设的运行节拍运行，线体两侧工位的学员则在对应的工位完成规定零部件的拆装。对于操作中出现的质量问题、缺料或者安全问题，均可以通过拉动 ANDON，将问题传递至环线中央的电视屏幕上，由现场管理人员进行对应支援解决。

先进制造模拟工厂是一个全景式展现先进制造工厂体系的实训平台。它借鉴沃尔沃汽车、通用汽车、丰田汽车企业大学的场景培训平台，融合了精益生产与制造执行系统诸多要素，填补了国内空白。它是一个全面展现先进制造的精益工厂、数字工厂、智能工厂，可以直观、全景式地为学生提供现代工厂的最佳实践。

- 精益工厂：展现精益管理 6 项原则及其 33 个要素的工厂管理系统。
- 数字工厂：以制造执行系统为核心的覆盖订单计划到产品交付的制造信息系统。
- 智能工厂：基于过程控制系统的工业总线、智能仓储系统、自动导引小车等智能技术。

该实训项目以先进制造为导向，以精益管理为中心，融合信息化和自动化，建设先进制造模拟工厂。

3. 精益生产实训项目准备

本精益生产实训项目依托先进制造模拟工厂开展，主要由以下几个区域组成：模拟生产线、物流超市、产品存储与发运区、质量 AUDIT 区、班组园地、生产计划控制中心。

该实训项目需要做好如下准备：

（1）场地准备　场地建设要符合学校学生容量和设备要求。具体规划及布局如下：

1）总体规划如图 8-1 所示。

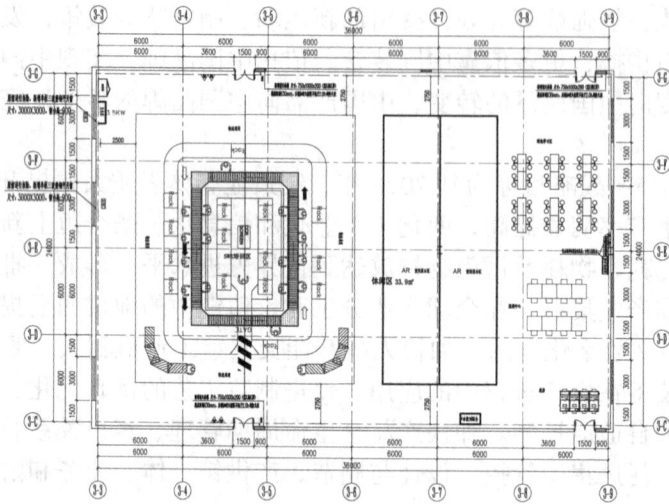

图 8-1　总体规划

2）SWE 分区规划如图 8-2 所示。

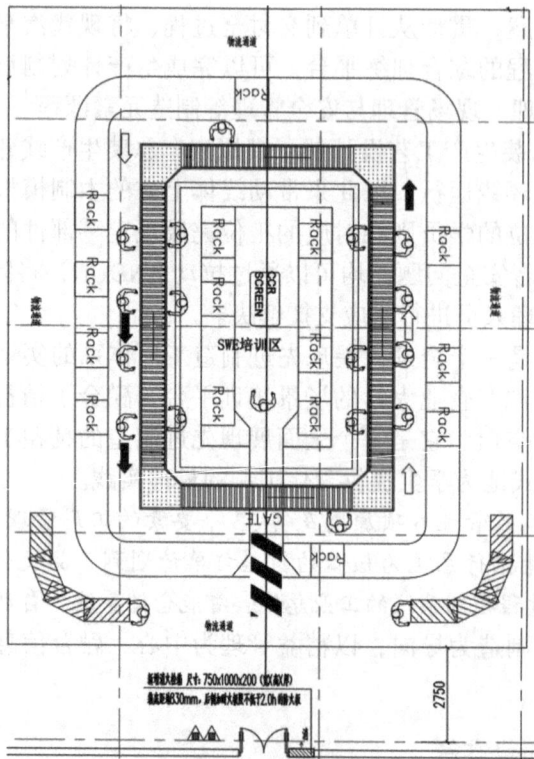

图 8-2　SWE 分区规划

3）工位规划如图 8-3 所示。本实训项目共分为组装工位、拆装工位、物流工位及质检工位等。

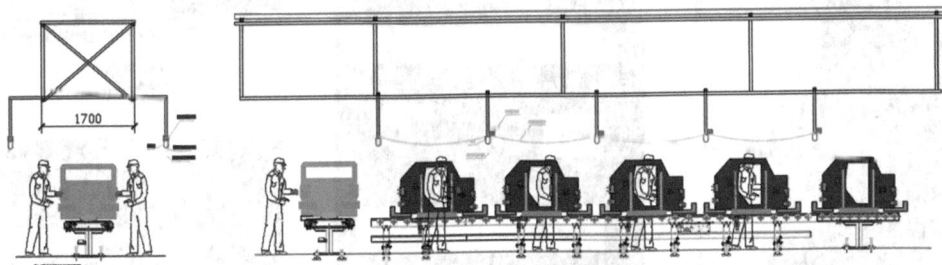

图 8-3　工位规划

4）场地准备完善。实训工厂建设完成，实训项目场地准备完毕，如图 8-4 和图 8-5 所示。

图 8-4　实训项目场地（1）

图 8-5　实训项目场地（2）

（2）设备准备　本实训项目的模拟生产线由传动器等设备组成。该设备的机械部分做成模块式，电气部分做成接插式和转接盒，方便拆装。

1）设备场内布置方式如图 8-6 所示。

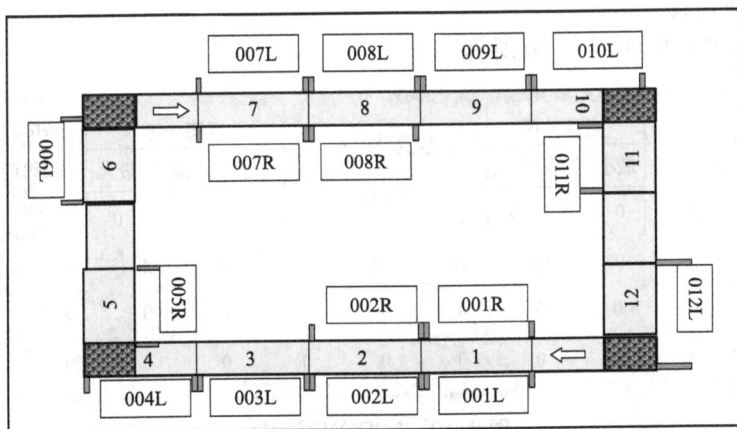

图 8-6　设备场内布置方式

2）安东（ANDON）系统准备。ANDON 系统为一种可视化的讯号系统，是一种将现场状况用视觉方式表示的电子看板。借此可提供信息，以协调联系各工作中心的工作。

通常讯号的意义为：绿色代表缺料，黄色代表异常呼叫，红色代表停线。生产线出现紧急情况（如安全隐患）时，按下急停按钮，如图 8-7~图 8-9 所示。

图 8-7 暗灯颜色

图 8-8 屏幕显示工位

图 8-9 急停按钮

① ANDON 指示灯准备。

物料 ANDON（蓝色）：当员工拉下物料 ANDON 时，本工位物料指示灯亮，该工位在 ANDON 显示屏上的相应工位也亮灯，流水线检测是否到 FPS 线。如果没有，则流水线继续运行；如果检测到培训车已经到 FPS 线，则生产线停止。无论在何种情况下，再次拉动该 ANDON，流水线恢复运行。

质量 ANDON（白色）：当员工拉下质量 ANDON 时，本工位质量指示灯亮，该工位在 ANDON 显示屏上的相应工位也亮灯，流水线检测是否到 FPS 线。如果没有，则流水线继续运行；如果检测到培训车已经到 FPS 线，则生产线停止。无论在何种情况下，再次拉动该 ANDON，流水线恢复运行。

线旁一般 ANDON（黄色）：当拉动该 ANDON 时，本工位的相应指示灯亮，流水线检测是否到 FPS 线。如果没有，则流水线继续运行；如果检测到培训车已经到 FPS 线，则生产线停止。无论在何种情况下，再次拉动该 ANDON，流水线恢复运行。

急停按钮（红色）：按下急停按钮，生产线立即停止，ANDON 显示屏上该工位显示为红灯，所在流水线（LINE-1 或 LINE-2）指示灯也变为红色。当再次按下该急停按钮时，流水线重新运转。

② ANDON 显示屏如图 8-10 所示。

计划产量 425 18:04:20	前缓冲区			仪表板线 自动运行			后缓冲区			实际产量 369 理论产量 368 OPR 100%
	最小	实际	最大				最小	实际	最大	
	0	0	0				0	0	0	
工位	01	02	03	04	05	06	07	08	09	总停线时间
拉绳频次	0	0	0	0	0	0	0	0	0	
停线时间	0	0	0	0	0	0	0	0	0	0

图 8-10 ANDON 显示屏

（3）材料准备 本实训项目用木制模型车来模拟生产线整车，如图 8-11 和图 8-12 所示。

（4）人员准备 要充分借鉴企业培训经验，围绕精益生产知识、精益生产实训操作技能、培训师培训技巧等，通过理论培训、实操培训和现场演练 3 个环节，递进式地培训和考核教师，层层选拔出教练和总教练，如图 8-13 所示。

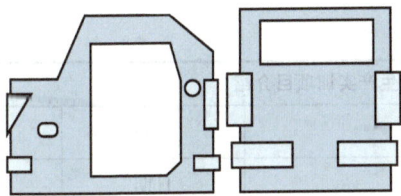

图 8-11　木制模型车平面图

图 8-12　木制模型车立体图

理论培训　→　实操培训　→　现场演练

理论培训：
1. 精益生产概论
2. 工业互联网
3. 标准化工作
4. TWI技巧
5. 出题并考试

实操培训：
1. 工厂整体介绍
2. 工业互联网系统功能讲解及演示
3. 工位栏板、FPS点等讲解
4. 暗灯系统
5. 标准化操作培训
6. 学员上线实操及研讨引导
7. 学员考评

现场演练：
1. 由学员组织学生现场演练
2. 顾问过程指导并点评
3. 对演练过程进行考核
4. 颁发总教练、教练资格证书

图 8-13　教练团队培养

➤ 学习自测

一、填空题

1. _____ 是基于汽车企业最佳管理实践，贯彻从订单到交付全过程。

2. _____ 是一个全景式展现先进制造工厂体系的实训平台。

3. 按下 _____ 按钮，生产线立即停止，ANDON 显示屏上该工位立即显示为红灯，所在流水线（LINE-1 或 LINE-2）指示灯也变为红色。当再次按下该按钮时，流水线重新运转。

二、选择题

1. ANDON 板内的每个指示面板内部均安装（　　）盏灯。

　　A. 两　　　　　　　　B. 三　　　　　　　　C. 一　　　　　　　　D. 四

2. 木制模型车配件装配方式为（　　）。

　　A. 预埋螺杆锁紧

　　B. 预埋螺杆螺母锁紧

　　C. 预埋螺母锁紧

　　D. 现场螺杆螺母锁紧

3. 对于操作中出现的质量问题、缺料或者安全问题，均可以通过拉动（　　），将问题传递至环线中央的电视屏幕上，由现场管理人员进行对应支援解决。

　　A. 急停　　　　　　B. 看板系统　　　　　C. ANDON　　　　　D. 操作杆

三、思考题

通过了解精益生产实训工厂运作模式，并查找相关资料，试论述未来智慧物流的发展方向，以及能给企业带来的变化。

➤ 任务工单

任务名称	精益生产实训项目介绍				
学生姓名		班级		学号	
学习场所		学时		日期	
任务目标	1. 了解精益生产实训项目准备过程 2. 熟悉精益生产实训工厂运作方式				
任务描述	根据任务目标，确定本任务所需要的设备、工具，查阅并整理学习资料，以小组讨论的方式，梳理总结精益生产实训工厂运作方式				
任务构思					
相关概念					
任务准备					
任务设计					
实施计划					
任务实施					
操作步骤					
任务总结					
任务结果					

| 任务 2　精益生产实训项目标准化操作 ◎

➤ 任务描述

标准是现场人员多年智慧和经验的结晶，代表了最好、最容易、最安全的作业方法。在精益生产实训中心实施标准化操作，能够帮助学生更加快速掌握标准作业方法，提高其在实际企业中的工作效率，降低生产损耗，减少浪费。在工厂里，"制造"就是以规定的成本、规定的工时生产出品质均匀、符合规格的产品。要达到上述目的，必须对作业流程、作业方法、作业条件加以规定并贯彻执行，使之标准化。

➤ 任务要求

1. 掌握精益生产实训中心标准化操作。
2. 能够完成阶段性实训任务。

➤ 相关知识

1. 实训项目注意要点

（1）现场安全注意要点　精益生产实训项目在实施过程中需要特别注意现场安全问题。

1）"0123"安全管理模式如图 8-14 所示。

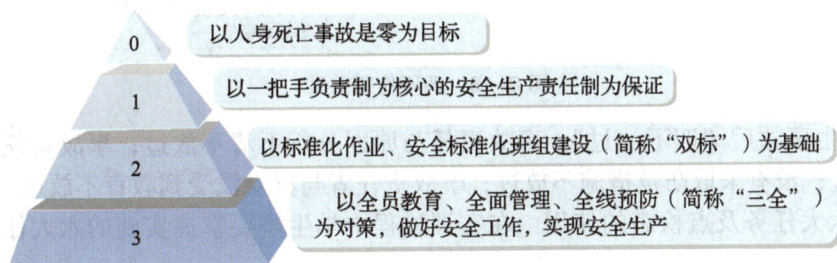

0	以人身死亡事故是零为目标
1	以一把手负责制为核心的安全生产责任制为保证
2	以标准化作业、安全标准化班组建设（简称"双标"）为基础
3	以全员教育、全面管理、全线预防（简称"三全"）为对策，做好安全工作，实现安全生产

图 8-14　"0123"安全管理模式

2）三级安全管理分为公司级、厂部级、班组级，如图 8-15 所示。

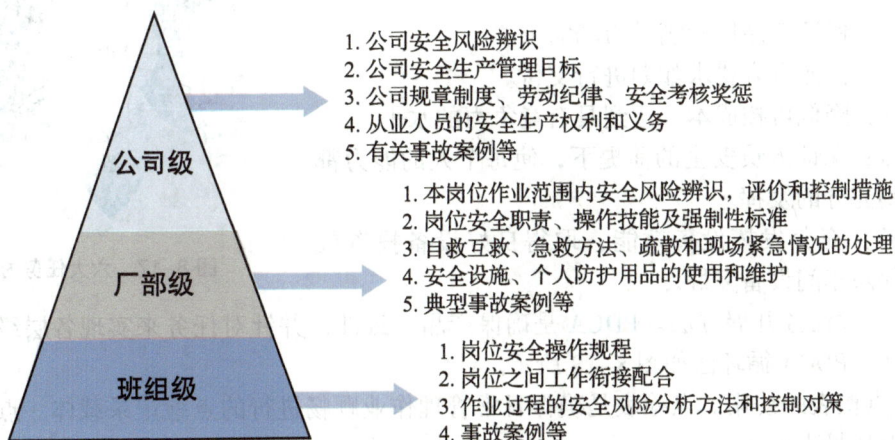

公司级
1. 公司安全风险辨识
2. 公司安全生产管理目标
3. 公司规章制度、劳动纪律、安全考核奖惩
4. 从业人员的安全生产权利和义务
5. 有关事故案例等

厂部级
1. 本岗位作业范围内安全风险辨识，评价和控制措施
2. 岗位安全职责、操作技能及强制性标准
3. 自救互救、急救方法、疏散和现场紧急情况的处理
4. 安全设施、个人防护用品的使用和维护
5. 典型事故案例等

班组级
1. 岗位安全操作规程
2. 岗位之间工作衔接配合
3. 作业过程的安全风险分析方法和控制对策
4. 事故案例等

图 8-15　三级安全管理

3）提前防范的基础如下：

①虚惊事件／预知危险。因作业场所中受到工艺、制造、材料、设备、人等不安全因素的影响，使人员受到惊吓，但无人员受到伤害或无财物、设备受到损害的未遂事件，称为"虚惊事件"。

②危险预知训练（Kiken Yochi Training，KYT）。KYT是针对生产特点和作业全过程，以危险因素为对象，以作业班组为团队开展的一项安全教育和训练活动。它是一种群众性的"自主管理"活动，目的是控制作业过程中的危险，预测和预防可能出现的事故。

4）四不伤害理论，即不伤害自己、不伤害他人、不被他人伤害、保护他人不受伤害，如图8-16所示。

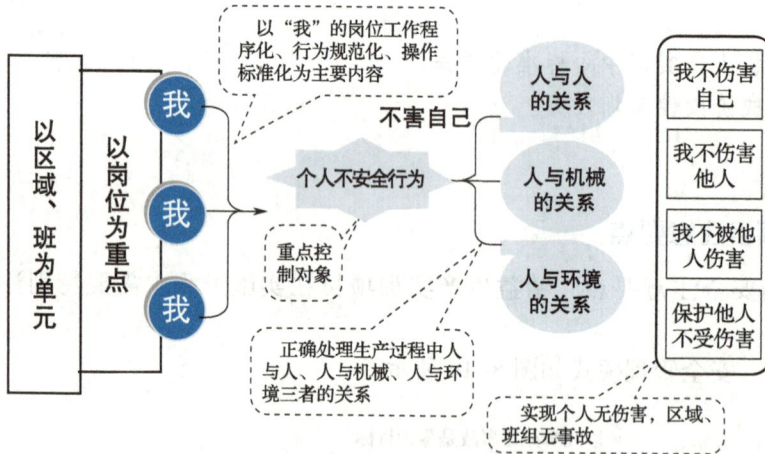

图8-16　四不伤害关系

5）发生事故后"四不放过"。事故责任与原因分析不清不放过；事故责任者没受到处理不放过；没有采取防范措施不放过；事故责任者与群众没受到教育不放过。

（2）六大任务及点检表的使用　在实训过程中学生需要掌握实施的六大任务及点检表的使用方法。

1）六大任务内容如图8-17所示。

安环：不断改进人机安全，为工人提供安全无事故的环境。

质量：保证产品质量满足市场需求。

交付：按照顾客要求如期进行交付。

成本：降低可控成本，达到具有竞争力的水平。

人力：保证人员安全的前提下，使每个人的能力都能够得到充分的发挥。

设备：充分发挥设备效能，取得良好设备投资效益，并保障车间设备完好。

图8-17　六大任务内容

2）六大任务开展方法。PDCA是确保产品一致性，并针对任务来实现各层级目标的基本方法。PDCA循环法如图8-18所示。

3）点检表的使用。点检表是确保日常管理作业顺畅进行的点检记录载体。点检表使用情况对比见表8-1。

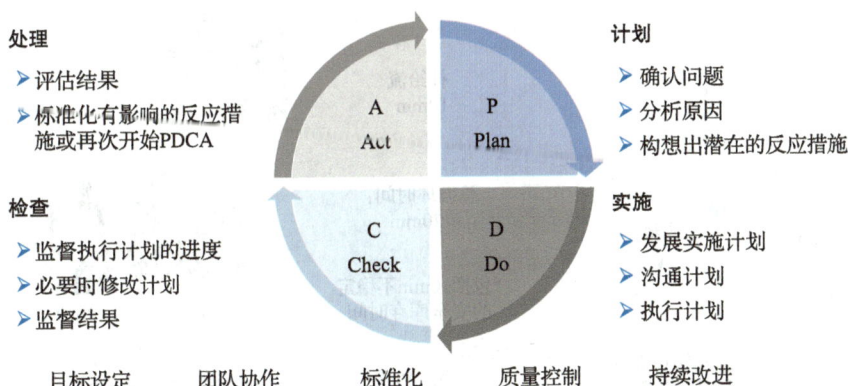

图 8-18 PDCA 循环法

表 8-1 点检表使用情况对比

项目类别	未使用点检表	使用点检表
是否执行	不确定是否执行	放置于目视板，可立即判断作业是否执行
执行正确性	容易遗漏	可依据已规划好的事项逐一点检

2. 精益生产实训项目基础知识

在实训项目之初要对现场工艺及基本工具进行详细介绍，为学生熟练操作打下基础。

（1）实训项目生产线工艺认知

1）四大车间分布如图 8-19 所示。

2）制造工艺介绍。

冲压：将钣金类材料以变形或除去方式获得所需形状及尺寸。

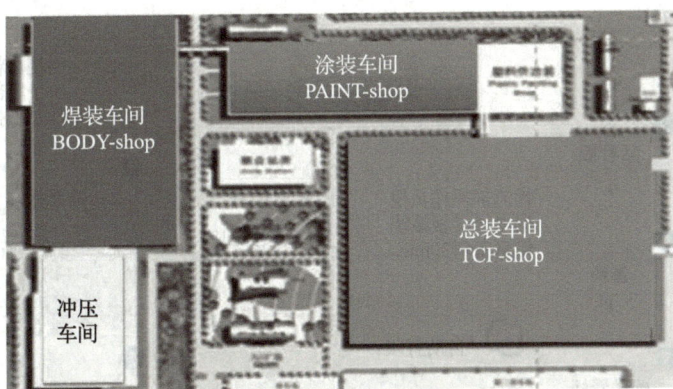

图 8-19 四大车间分布

焊装：将冲压完成的工件以焊接方式或装配方式结合。

涂装：对车身表面覆盖保护层或装饰层，以达到防锈及商品化外观目的。

总装：将供应商及厂内零部件装配结合成整车。

（2）实训项目生产物流概要　该实训项目主要采用拉动式生产模式。

1）按钮呼叫（拉动式生产）如图 8-20 所示。

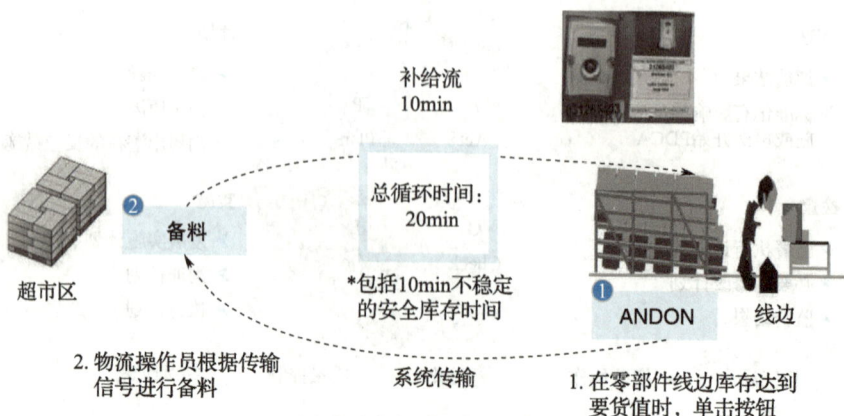

图 8-20　按钮呼叫

优势：基于物料消耗（线边实际存储）的 ANDON 系统，几个缺陷件不会影响生产；对于大体积 / 大量的零部件是一个好的看板系统的补充。

劣势：需要提前平衡 / 均衡生产计划；安装成本高；设置不适当的订购水平会影响产线操作人员的工作效率。

2）电子看板和扫描看板（拉动式生产）如图 8-21 所示。

优势：基于物料消耗（线边实际储存）的电子看板系统，几个缺陷件不会影响生产；取消看板收集 / 取出 / 放入动作，缩短了补给周期并降低了线边库存；没有看板丢失 / 遗失 / 补给问题，系统中清楚记录了停线的责任；减少了人工和管理；不仅适用于小件，也适用于大件及大批量零部件。

劣势：需要提前平衡 / 均衡生产计划；投入卡片和装置成本高；影响产线操作人员的工作效率。

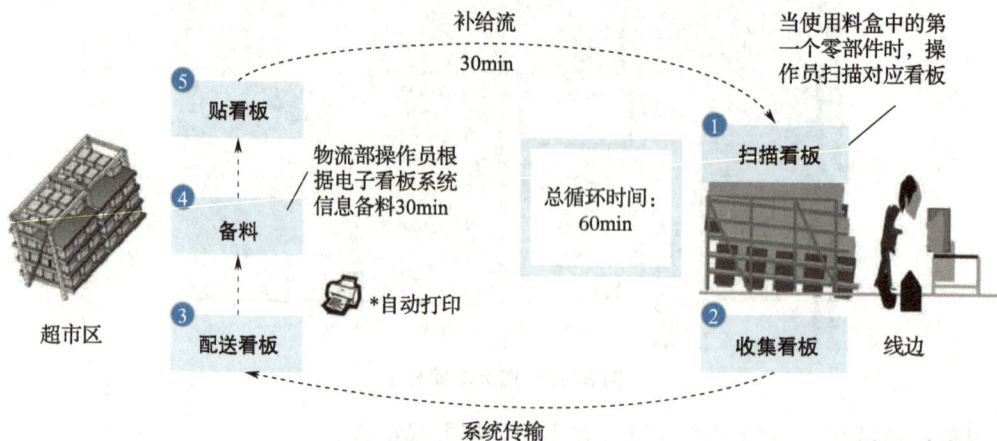

图 8-21　电子看板和扫描看板

（3）认识基础工具

1）KITTING 料车如图 8-22 所示。

2）KITTING 区域料架物料标识如图 8-23 所示。

图 8-22　KITTING 料车

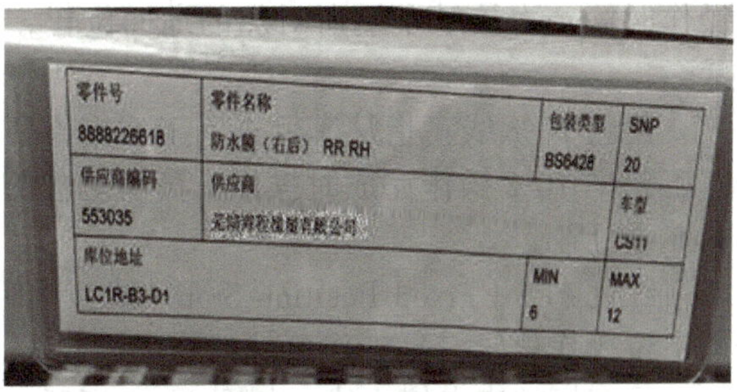

图 8-23　物料标识

3）SWE 使用周转箱如图 8-24 所示。该周转箱外径尺寸为 400mm×300mm×120mm，内径尺寸为 365mm×255mm×104mm。

4）周转箱标识与料号如图 8-25 所示。

图 8-24　周转箱

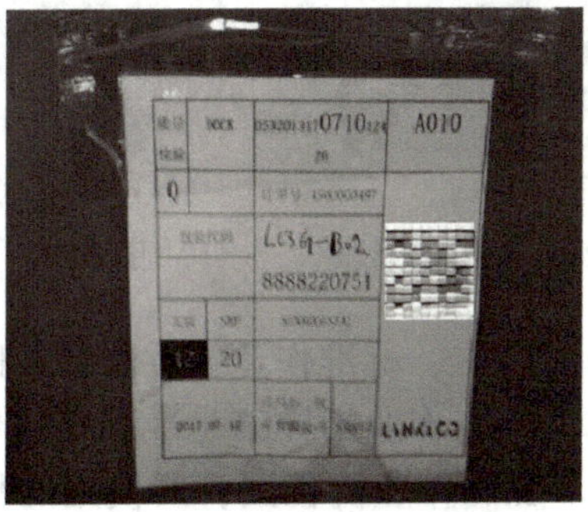

图 8-25　周转箱标识与料号

3. 精益生产实训项目标准化操作

（1）实训操作程序

1）角色分工。

2）分发道具。

3）教师讲解操作流程及注意事项，学生明确各角色任务。

4）实施实训任务。

5）分析讨论。

6）实训结束后撰写实训报告。

7）实训评价。

（2）实训标准化操作

1）实训任务一：现场标识线 5S 管理，以生产线工位地面标识线为例。

① 实训目的。通过对生产线侧工位地面标识线进行 5S 整理及粘贴的过程，使学生清楚每个工位的工作进度要求及注意事项，了解生产线的节拍进度。如果没有在事前已规划好的作业时间内完成工作，则作业会超时，给生产带来损失。该实训任务能让学生对生产线进度有精准把握，避免出现错装、漏装及闲置等待的浪费现象。

② 任务说明。将学生进行分组，以小组为单位，对现场 14 个工位进行地面三种颜色标识线（即绿色起始线、黄色 70% 线、红色 FPS 线）的粘贴。具体示例如下：

a. 绿色起始线：指从车辆进入工位 FPS 开始，操作人员按照作业指导书（OIS）正常操作时第一次接触车辆所对应的地面位置，是员工开始操作的起始位置，如图 8-26 所示。

b. 黄色 70% 线：指从车辆进入工位操作开始，操作人员按照作业指导书正常操作，全部工艺中 70% 操作完成时操作人员所对应的地面位置，用于提醒员工注意操作节奏，如图 8-27 所示。

c. 红色 FPS（Fixed Position Stop）线：也叫作业终止线，指生产车间内机运线结束 / 开始工位操作位置，是工作区域的物理分割线。它是上一个工位的截止，也是此工位的开始，是车辆的定点停止线，如图 8-28 所示。当车身 / 车辆停止时，FPS 线位于前轮罩的中心垂直下方。

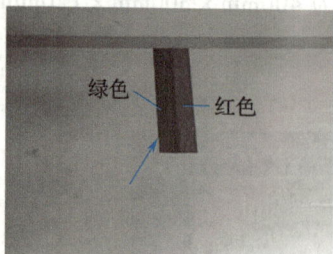

图 8-26　绿色起始线

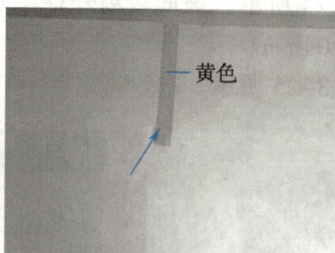

图 8-27　黄色 70% 线

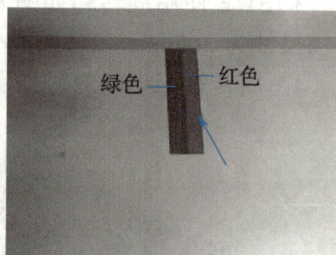

图 8-28　红色 FPS 线

2）实训任务二：标准作业文件制作，以制作作业指导书为例。

① 实训目的。作业指导书是准确描述各工位作业内容的目视卡，包括所加工产品的工序、操作步骤和作业流程图；所使用的材料和设备，包括材料型号、规格和材质，设备名称、型号、技术参数规定和维修保养规定；作业所使用的质量标准、技术标准和对作业人员的能力要求，以及判定质量符合标准所依据的准则；检验和实验方法，包括对计量器具的使用、调整和校准要求；对工作环境的要求，包括温度、湿度、安全和环保方面的要求。学生通过对生产线侧工位作业指导书的制作，能清楚各工位的职责和权限及具体操作要求，为后续实施模拟生产线实训操作打下基础。

② 任务说明。将学生进行分组，以小组为单位，对现场 16 个工位的作业指导书进行编制及粘贴，如图 8-29 所示。

图 8-29　编制及粘贴作业指导书

具体示例如下：

对 T-014L 工位作业活动进行分解，编制作业指导书，如图 8-30 所示。

精益智造实训中心	作业单编号	JY-OIS-14	拆卸件数	3	作业时间	100~120s
	组别及工位	拆装、T-014L	车型及配置	A/B/豪华/标配	OIS版本	2022001
	对应组装工位	组装、T-006L	拆卸物品名称	左后车轮、铭牌、左后保险杠		

作业序号	作业内容	标准时间/s	工序属性	注意事项
0	明确本工序的作业内容，确认本工序拆卸零件对应物料箱的位置，确认电动螺丝刀功能是否正常	60	作业准备	注意组装错误零件的识别和零件与物料箱的匹配
1	走到本工位的起始点，准备作业	5		注意绿色为起始点
2	左后车轮拆卸：电动螺丝刀松动螺母，取下螺母和垫片放入料盒，拆卸零件并放在对应的物料箱内	35	通用	注意垂直操作
3	铭牌拆卸：电动螺丝刀松动螺母，取下螺母和垫片放入料盒，拆卸零件并放在对应的物料箱内	35	通用	注意垂直操作
4	左后保险杠拆卸：电动螺丝刀松动螺母，取下螺母和垫片放入料盒，拆卸零件并放在对应的物料箱内	25	A/B豪华/标配	注意零件与物料箱匹配
5	放下电动螺丝刀，自检	5		
6	回到工序起点，准备拆卸下一台车，之后循环	10		从确认车辆型号开始
作业时间合计		115		
安全提醒	1. 双手作业；2. 小心工具及工件掉落；3. 拆卸作业时电动螺丝刀需要与作业面垂直；4. 紧急状态可使用ANDON系统停止产线			

图 8-30 作业指导书

3）实训任务三：模拟生产线操作。

① 实训目的。该实训任务可为在校学生提供工厂所需的管理、技能等方面的情境实践，为学生掌握现代工厂知识与技能提供真实体验。学生通过该实训任务可以锻炼动手能力，从掌握单项技能转变为掌握工程与管理相融合的综合技能，更重要的是通过各种实战演练可提高管理素养。

② 任务说明。将学生按照岗位分组，进行现场模拟生产线操作。具体示例如下：

将参加实训项目人员分为 8 类岗位，场地可同时容纳 21~31 人实训，见表 8-2。

表 8-2 实训中心岗位

序号	参数	参数值	说明
1	项目占地面积	35m × 23m	805m^2
2	总功耗	8 kW	
3	岗位人数	21~31 人	
4	实训产品	木制模型车	

序号	实训岗位名称	工位	人数	运行必需	备注
1	操作员工	14	14	是	每工位1人（装配7人、拆分7人）
2	物流人员		6~8	是	拉动系统3人、排序1人、SPS 1~2人、空箱拉动1~2人

（续）

序号	实训岗位名称	工位	人数	运行必需	备注
3	检验人员	2	1	否	
4	车间主任		1	否	
5	计划员		1	否	
6	班长		3	否	装配、拆分、物流各1人
7	仓库管理员		1~2	否	
8	质量评审工程师		1	否	

生产线按照设定好的节拍运转，各岗位人员同步节拍操作。演练顺序如下：

➤ 各班组领取劳保用品，取电动螺丝刀。

➤ 到工位放置电动螺丝刀后，做5S点检、风险分析。

➤ 员工就位，自己识读作业指导书、操作要素表。

➤ 班长进行工作教导。

➤ 现场模拟生产线操作，如图8-31所示。

图8-31　模拟生产线操作

（3）实训评价与总结　实训任务结束后，学生在班组园地就实训过程中出现的问题展开讨论，撰写实训报告，进行实训评价。实训报告模板见附录。

练一练

1. 识别现场零件。
2. 电动螺丝刀操作。
3. ANDON系统操作。
4. 物流标签的识别。
5. 填写车辆配置信息单及产线组装挑选识别。
6. 物料拆卸放回。

➤ 任务工单

任务名称	精益生产实训项目标准化操作				
学生姓名		班级		学号	
学习场所		学时		日期	
任务目标	1. 掌握精益生产实训中心标准化操作 2. 完成阶段性实训任务				
任务描述	根据任务目标,确定本任务所需要的设备、工具,以小组的形式,开展零件的介绍、识别与演练;物流标签的识别;作业指导书的编制;线侧地面标识线的粘贴;模拟生产线组装小车				
任务构思					
相关概念					
任务准备					
任务设计					
实施计划					
任务实施					
操作步骤					
任务总结					
任务结果					

➤ 学习自测

一、填空题

1. _____ 是指生产过程中，原材料、在制品、半成品、产成品等在企业内部的实体流动。

2. _____ 为一种可视化的讯号系统，一种将现场状况用视觉方式表示的电子看板，借此可提供信息以协调联系各工作中心的工作。

3. ANDON 系统的讯号意义：绿色代表_____，黄色代表_____，红色代表_____。

二、选择题

1. 生产物流的管理理念：以（　　　）的理念，结合信息化构建和完善的体系，打造低成本、高效率的物流。

　　A. 精益生产　　　　　B. 敏捷生产　　　　C. JIT 生产　　　　D. 高效生产

2. （　　　）：生产车间内机运线结束 / 开始工位操作位置，是工作区域的物理分割线。它是上一个工位的截止，也是此工位的开始，是车辆的定点停止线。

　　A. 黄色 FPS 线　　　B. 红色 FPS 线　　　C. 绿色 FPS 线　　　D. 蓝色 FPS 线

3. 改善就是持续追击和消灭（　　　），鼓励所有人提高工厂生产效能，有问题就解决，有进步的空间就有改进。

　　A. 成本　　　　　　　　　　　　　B. 无效工作时间

　　C. 浪费　　　　　　　　　　　　　D. 等待时间

三、思考题

作为某汽车生产企业总装车间的一名厂内物流配送人员，在进行物料配送上架过程中发现不合理的设施布局时，你会如何做？

精益模拟生产实训报告

第____组

指导教师：_____

班　　级：_____

组　　长：_____

姓　　名：_____

一、实训岗位（工位）说明

（请结合实训过程中模拟的岗位，将本岗位的主要工作内容、工作职责、注意事项等进行详细说明）

二、问题分析及解决方案

（分析项目 8 任务 2 三项任务实训过程中出现的各项问题，并制定切实可行的解决方案）

1. 实训任务一：现场标识线 5S 管理

2. 实训任务二：标准作业文件制作

3. 实训任务三：模拟生产线操作

三、实训总结

四、实训评价

考核项目	满分	教师评分（1）
1. 明确并认真执行所在工位的任务	10	
2. 准确进行标识线粘贴	12	
3. 标准作业卡制作准确	10	
4. 能够独立完成生产线侧工位的操作及零件复位任务	10	
5. 从精益生产的角度出发，运用专业知识解决问题	12	
6. 掌握了生产线工艺的完整流程	12	
7. 通过项目训练，掌握了两种拉动式生产模式	12	
8. 项目报告撰写认真，问题分析准确，对策得当	12	
9. 能够有效沟通，团队合作意识强	5	
10. 项目执行过程中，能够做到"整理、整顿、清扫、清洁、素养"	5	
小计	100	
小组得分（2）	100	
总分：（1）×0.5+（2）×0.5	100	

组长评价：

签字：   年   月   日

教师评价：

签字：   年   月   日

参 考 文 献

［1］张晶成.物流仓储效率提高研究［J］.物流工程与管理，2014，36（6）：23-24.

［2］王远炼.库存管理精益实战手册：图解版［M］.北京：人民邮电出版社，2015.

［3］徐健.丰田精益管理：物料与仓储管理［M］.北京：人民邮电出版社，2015.

［4］李娟.生产制造类企业库存管理策略研究［J］.现代经济信息，2018（17）：121.

［5］单伟.精益化管理在煤矿物资库存管理实践中的应用［J］.现代经济信息，2019（14）：112.

［6］李潇.基于精益生产的制造业企业管理创新模式探讨［J］.现代经济信息，2019（8）：32-33.

［7］刘群.基于精益生产的制造业企业管理创新模式研究［J］.企业改革与管理，2020（8）：34-35.

［8］赵娟娟.基于精益物流的制造企业生产物流系统优化［J］.物流工程与管理，2020，42（4）：52-53，56.

［9］王玉.精益时代的汽车线边物流规划与发展［J］.物流技术与应用，2019，24（10）：92-95.

［10］江支柱，董宝力.汽车精益智能物流系统实务［M］.北京：机械工业出版社，2018.

［11］刘胜军，毛同霞.图解精益生产［M］.北京：机械工业出版社，2014.

［12］刘胜军，廖景洁.图解精益物流［M］.北京：机械工业出版社，2015.

［13］邢刘祥.JIS 模式下 A企业厂内物流研究［D］.南京：南京航空航天大学，2019.

［14］孙林辉，吕莹，张伟，等.汽车零部件生产物流中物料上线方式选择研究［J］.包装工程，2019，40（9）:127-134.

［15］叶建.面向整车生产车间 SPS物料配送的方法研究［D］.合肥：合肥工业大学，2017.